中国经济高质量发展下对外贸易结构优化研究

张　群　吴石磊　著

黑龍江大學出版社
HEILONGJIANG UNIVERSITY PRESS
哈尔滨

图书在版编目（CIP）数据

中国经济高质量发展下对外贸易结构优化研究 / 张群，吴石磊著. -- 哈尔滨：黑龙江大学出版社，2021.9
ISBN 978-7-5686-0492-5

Ⅰ. ①中… Ⅱ. ①张… ②吴… Ⅲ. ①对外贸易－贸易结构－研究－中国 Ⅳ. ①F752

中国版本图书馆 CIP 数据核字（2020）第 081277 号

中国经济高质量发展下对外贸易结构优化研究
ZHONGGUO JINGJI GAOZHILIANG FAZHAN XIA DUIWAI MAOYI JIEGOU YOUHUA YANJIU
张　群　吴石磊　著

策划编辑　刘　双
责任编辑　宋丽丽　范丽丽　张琳琳
出版发行　黑龙江大学出版社
地　　址　哈尔滨市南岗区学府三道街 36 号
印　　刷　哈尔滨市石桥印务有限公司
开　　本　720 毫米 ×1000 毫米　1/16
印　　张　15.25
字　　数　234 千
版　　次　2021 年 9 月第 1 版
印　　次　2021 年 9 月第 1 次印刷
书　　号　ISBN 978-7-5686-0492-5
定　　价　48.00 元

本书如有印装错误请与本社联系更换。

前　言

改革开放以来，中国的对外贸易发展取得了令世界瞩目的成就，从贸易总量、贸易规模、贸易区域上看，中国已经成为名副其实的世界贸易大国。但是，我国与贸易强国相比仍有较大差距，在贸易规模迅速扩大的背后存在着贸易利益分配失衡的问题。经济质量是对经济发展品质优劣所进行的规范性价值判断。党的十九大报告做出我国经济已由高速增长阶段转向高质量发展阶段的重要论断，同时指出中国经济正处在转变发展方式、优化经济结构、转换增长动力的攻关期。贸易结构的优化是我国转变外贸发展方式、推动外贸高质量发展的根本要求，也是我国从贸易大国向贸易强国转变的必然要求。

本书从结构的视角，综合利用国际贸易、国际投资、国际金融、产业经济学等相关学科的理论和方法，通过对中国货物贸易商品结构、方式结构、主体结构、模式结构、区域结构，以及中国服务贸易商品结构、模式结构、区域结构的演进进行动态和静态的分析，找出中国贸易结构演进的影响因素，利用各种已有的和新建的指数测度贸易诸结构演进过程中的优化情况，分析货物贸易商品结构和服务贸易商品结构互动发展的机制，进而提出中国对外贸易结构进一步优化升级的建议。具体内容包括以下九个部分：

第一章为概述，主要阐述了本书的研究背景、研究意义、研究目标、研究框架、研究方法、创新点与不足等。

第二章为理论研究，主要包括对贸易结构相关概念的阐明和对国内外相关文献的梳理。

第三章为中国货物贸易结构的演进历程，从中国货物贸易商品结构、方式结构、主体结构、模式结构、区域结构五个方面展开分析。

第四章为中国货物贸易结构演进的影响因素分析。首先阐述了经济发展水平、产业结构、要素禀赋、技术创新、对外直接投资的流入与流出、贸易开放度、汇率水平、金融发展等对货物贸易结构的作用机制。然后采用面板数据分析了这些因素对中国的进出口商品结构、主体结构、模式结构和区域结构演进的影响。再结合灰色关联分析法,分析了这些因素与货物贸易方式结构演进的关联度。

第五章为中国货物贸易结构演进的指数测度。该章采用不同的指数主要测度了中国货物贸易商品结构、方式结构、主体结构、模式结构和区域结构的优化情况,在商品结构中还测度了不同分类法下的商品竞争力、商品比较优势、商品结构变化水平、商品结构优化水平和出口结构相似程度。

第六章为中国服务贸易结构的演进历程,从中国服务贸易商品结构、模式结构和区域结构三个方面展开分析。在阐述中国服务贸易商品结构的演进时介绍了中国服务贸易进出口结构、增长率、差额结构;在阐述中国服务贸易模式结构的演进时介绍了中国服务贸易整体产业内贸易水平变化和各项产业内贸易变化;在阐述中国服务贸易区域结构的演进时描述了中国旅游服务贸易的内部和外部区域结构变化。

第七章为中国服务贸易结构演进的影响因素分析。首先阐述了经济发展水平、产业结构、要素禀赋、技术创新、对外直接投资的流入和流出等对服务贸易结构的作用机制。然后采用面板数据分析了这些因素对服务贸易商品结构、模式结构和区域结构演进的影响。

第八章为中国服务贸易结构演进的指数测度。该章采用不同的指数测度了中国服务贸易商品结构、模式结构和区域结构的优化情况。在中国服务贸易商品结构演进的指数测度中测度了中国服务贸易商品结构的集中度、稳定性、国际竞争力;在中国服务贸易模式结构演进的指数测度中测度了中国服务贸易模式结构的产业内贸易水平变化;在中国服务贸易区域结构演进的指数测度中测度了中国服务贸易区域结构的竞争力、集中度和地区差距。

第九章为本书的结论部分，总结和概括了本书主要研究内容和论点，并提出了相应的政策建议。

本书作者为张群和吴石磊。具体分工为：张群负责总体设计与写作，约22.4万字；吴石磊负责部分实证及政策建议等内容的写作，约1万字。

目　录

第一章 概述

第一节 研究背景和意义

一、研究背景

在对内外环境变化的深刻认识和对经济发展进入新阶段的精准把握基础之上,习近平总书记在十九大报告中做出了我国经济已由高速增长阶段转向高质量发展阶段的科学判断。改革开放以来,作为国民经济重要组成部分的对外贸易,在驱动中国经济增长过程中一直发挥着重要作用。对于已经深度融入全球价值链分工体系的开放型大国来说,经济高质量发展离不开对外贸易的高质量发展。新时代对外贸易的高质量发展,本质上就是要发展更趋平衡和更加充分的对外贸易。从更加平衡的角度看,就是要实现区域结构、产业结构、开放领域更加平衡。从更加充分的角度看,就是要在稳定外贸发展"量"的同时,在专业化分工链条上向具有更高附加值的技术密集型等环节和阶段升级,实现"质"的跃升;在驱动力上由以往的主要基于要素的驱动向创新驱动转型;在参与经济全球化方面要从简单融入来推动转型,即实现全球经济治理能力和话语权的提升,为高质量外贸发展创造更加优越的外部环境。①

1978年,中国货物贸易排在世界货物贸易的第32位,贸易总额只有206亿美元,所占比重不足1%。随后中国对外贸易规模迅速扩大,对国民经济的贡献率不断提高,取得了令世界瞩目的成就。特别是在2001年12月中国加入世界贸易组织以后,中国的贸易总量增长更加迅速,中国在国际市场上的地位也得到快速提高。到2019年,中国货物贸易总额达到45 761.3亿美元,比1978年增长了222倍。其中,货物出口总额为24 990.3亿美元,货物进口总额为20 770.9亿美元,中国成为全球货物贸易第一大国,其进口和出口的规模均创下历史新高。从贸易结构角度看,中国的出口商品贸易结构不断改善。在20世纪80年代的出口商品中以工业制成品为主,在20世纪90年代资本密集型产品则成为工业制成品出口的主要类型。进入21世纪以来,工业制成品中资本和技术密集型商品的比重超过了劳动密集型商品的比重,机电产品和高新技术产品占据我国出口贸易的支配地位。② 从贸易总量、贸易规模、贸易种类、贸易区域上看,中国已经成为名副其实的全球贸易大国。

自改革开放以来虽然中国能够利用自身的比较优势融入全球国际分工中,并在对外贸易量上和对外贸易结构上都取得了巨大的成绩,但是我们必须正视这样的现实,即虽然中国已经是贸易大国,但是要成为贸易强国还有很长的路要走。这表现在如下几点:第一,贸易利益分配仍然不均衡。尽管中国的贸易规模持续增长,贸易顺差不断加大,但是却没有带来更多的贸易收益,贸易利益分配也不均衡。中国的加工贸易仍占据重要地位,而加工贸易企业主体为外商企业,因此,中国的外贸顺差就容易被外商企业的进出口放大。实际上如果扣除掉外商企业的进出口和顺差,中国的实际进出口就会大大减少。以2019年为例,中国商品出口总额为24 990.3亿美元,其中外资企业出口达9 660.6亿美元,占出口总额的38.7%。而且加工贸易企业通过尽量降低要素价格来提高资本的利润率,致使国民的福利没有真正增

① 戴翔、宋婕:《我国外贸转向高质量发展的内涵、路径及方略》,载《宏观质量研究》2018年第6卷第3期。

② 黄锦明:《我国出口商品结构优化:进展、机理与对策——基于1980~2008年数据的分析》,载《工业技术经济》2010年第11期。

加,却用中国的价格补贴了全球的消费者。第二,增加值贸易条件趋向稳定,但在全球价值链分工中仍然处于不利的交换地位。经测算,2000—2014年间,增加值贸易条件指数基本处于0.837—0.959之间,这说明了中国在全球价值链分工中遭遇着不平等交换的事实。[①] 第三,中国的人口占世界总人口的比重与出口占世界总出口的比重不协调。如2017年中国人口占世界总人口的18.4%,而中国出口只占世界总出口的12.8%。但一些国家则恰恰相反,如:2017年美国人口占世界总人口的4.3%,出口占8.7%;德国人口占世界总人口的1.1%,出口占8.2%;日本人口占世界总人口的1.7%,出口占世界总出口的3.9%。第四,传统低成本比较优势逐渐丧失。中国外贸过去几十年实现的高速增长,不仅来自于发达国家低端产业的转移,从承接产业和产品生产环节的国际梯度转移角度看,还来源于中国自身优势要素对发达国家的优势要素的强大吸引力,如低劳动力成本、低土地成本、环保管制较松等带来的低成本优势。然而,伴随着中国经济发展和要素禀赋不断变化,传统比较优势逐渐丧失,中国外贸逐渐向高质量阶段转型和发展。

改革开放以来,随着经济的全球化、产业结构的调整以及国际分工的日益加深,各国的国际贸易特别是国际服务贸易也高速发展。虽然世界服务贸易起步晚于货物贸易,但是得益于互联网以及计算机、通信行业的发展,世界服务贸易也获得了长足的发展。2018年世界服务贸易进出口总额达到112 549亿美元,是1980年9 125亿美元的12.3倍。其增速之快令人惊叹。与货物贸易相比,服务贸易具有产品无形、附加值高、能耗低等特点,符合各国发展绿色经济、集约型经济的要求。鉴于此,各国不断扩大服务贸易的规模,国际服务贸易市场也成为各国"经济战"的必争之地。与世界服务贸易发展趋势相同,我国服务贸易也获得了长足的发展,我国成为仅次于美国的第二大服务贸易进出口国。2019年,我国服务贸易进出口总额达到7 850亿美元,是1982年44亿美元的178倍,年均增速领先大多数国家。同时,服务贸易在我国对外贸易总额中的份额也在不断攀升,至2019年已占到14.6%,短短几十年就有如此成绩,是值得肯定的,其对我国经济的刺激作用不容忽

① 戴翔、宋婕:《中国贸易条件变动趋势再考察——基于贸易增加值的新测算》,载《贵州商学院学报》2019年第32卷第3期。

视。但我国服务贸易起步晚，其发展落后于货物贸易，结构不够合理，国际竞争力较弱，2019 年我国货物贸易进出口总额是服务贸易进出口总额的 5.8 倍，因此，我国服务贸易的规模还需要进一步提升。与此同时，结构方面的难题日益成为制约我国服务贸易发展的桎梏。我国新兴的高附加值的知识、技术和资本密集型服务贸易发展相对缓慢，传统低附加值的资源、劳动型服务贸易仍占据过半江山。国际服务贸易市场日益成为新兴服务贸易的天下，依靠传统服务贸易的进出口很难有效带动服务贸易长期发展。另外，我国服务贸易的进出口结构不尽合理，逆差现象一直存在。

目前全球经济放缓背景下需求减弱、攀升全球产业高地的竞争日益激烈、更多发展中国家参与全球竞争、发达经济体“逆全球化”思潮兴起、外贸依存度偏高、中国人口老龄化趋势明显、国际贸易摩擦急剧增加等问题都给进出口贸易实现高质量发展带来了严峻的挑战。贸易结构的优化不仅有利于我国转变外贸发展方式和直接有效应对目前面临的挑战，更是我国从贸易大国转变成贸易强国的必然路径。中国只有加快贸易结构的优化，加速自主创新的步伐，促进出口实现从劳动密集型向资本密集型及技术密集型转变，才能在国际分工中获得更多的利益，改变“国内高价格、出口低价格”的失衡格局，改善贸易条件，实现中国经济的高质量发展。本书主要从货物和服务贸易两个方面，研究和分析中国对外贸易结构优化，力争提出有建设性的可操作的建议。

二、研究意义

（一）理论意义

1. 完善了贸易结构研究的体系。到目前为止，国内学者对中国货物和服务贸易结构的影响因素与变动规律，对贸易商品结构、方式结构、模式结构、区域结构和主体结构以及它们之间的内在联系和深层次机制等问题的研究仅局限于部分结构和区域视角，而没有将它们作为一个系统来研究。笔者通过对上述各个结构的多角度、多方面的研究，力求更完整地展现我国贸易结构的演进情况。

2. 丰富了已有的结构优化研究。贸易结构“演进”过程中必然伴随着贸易结构的“优化”,即贸易结构发展的合理化和高级化。通过不同影响因素对诸结构影响的实证分析和不同指数对诸结构演进优化的测度,全方位呈现了中国贸易量的变化和质的提升,并且从互动关系的角度,分析了货物贸易和服务贸易结构之间优化升级的关系。

(二)现实意义

1. 货物贸易结构优化研究有利于在中国经济高质量发展中为实现外贸高质量发展寻找到新的平衡点。当前中国外贸面临着外需市场萎缩、经贸合作格局重新调整、贸易保护和贸易摩擦增多、全球价值链重构导致订单转移、传统竞争优势丧失、宏观经济面临巨大压力等阻碍因素。在这种环境下,对中国贸易结构优化进行研究,从长远考虑,能够打造外贸企业新的竞争优势,激发企业活力,为中国的对外贸易增添后劲。

2. 货物贸易结构优化研究有利于实现中国的产业结构升级和对外投资战略的制定。通过对贸易主体结构、区域结构进行研究,可以发现主体比例结构不协调、贸易区域分布不均匀等问题。而问题的原因则包括地区产业结构调整不够充分、企业主体发展不均衡、对外投资流入行业和地区分布不均匀等。因此,通过细致的研究可以提出有利于我国产业结构升级和制定对外投资战略的政策建议。

3. 服务贸易结构优化研究可以帮助政府制定新的服务业发展目标和计划,实现经济的良性发展,从而进一步优化服务贸易结构,促进对外贸易的增长和产业结构的升级。通过对服务贸易商品结构、模式结构和区域结构的研究,探寻变化趋势和规律,分析影响因素,最终提出促进服务贸易结构优化的建议,提高我国服务贸易的国际竞争力,使其向贸易强国迈进。

第二节　研究目标和研究框架

一、研究目标

笔者结合中国货物和服务贸易商品结构、方式结构、主体结构、模式结构和区域结构演进的大量现实数据,既分析了对外贸易量的变化,又探究出了对外贸易质的变化和影响因素,进而提出了优化贸易结构的对策建议。具体研究目标设定如下:

(一)分析改革开放以来中国货物贸易进出口商品结构、方式结构、主体结构、模式结构和区域结构,服务贸易商品结构、模式结构和区域结构的演进历程;

(二)分析影响中国货物贸易进出口商品结构、方式结构、主体结构、模式结构和区域结构,服务贸易商品结构、模式结构和区域结构的变动的因素;

(三)结合已有的和新建的贸易指数测度和评价货物和服务贸易各种结构演进的情况;

(四)提出中国对外贸易结构优化升级的政策建议。

二、研究框架

本书研究的框架结构见图 1.1:

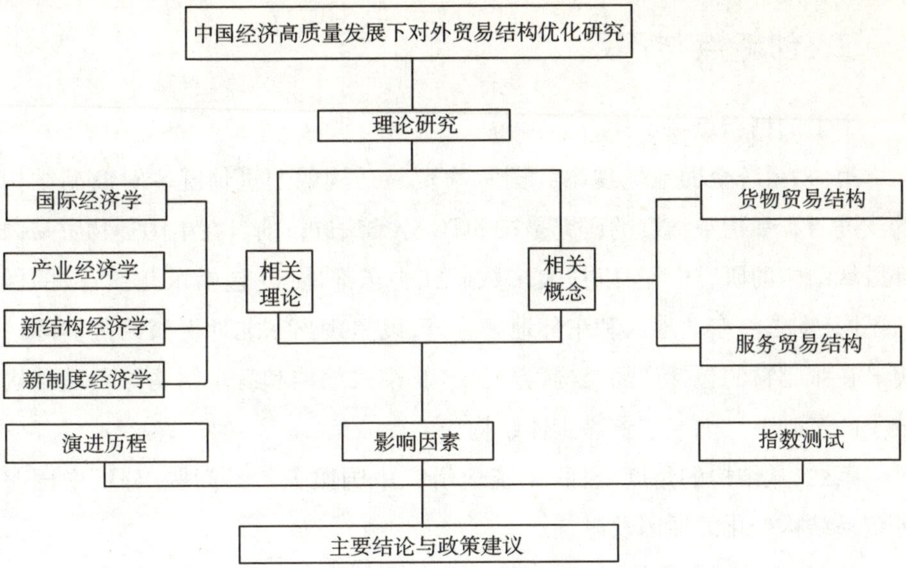

图 1.1 研究框架

第三节 研究方法、创新点与不足

一、研究方法

本书综合运用了国际贸易理论、国际投资理论、国际金融理论、产业经济学、新结构经济学、新制度经济学等相关学科的理论与方法，通过定量分析与定性分析相结合的方法，对中国货物贸易商品结构、方式结构、主体结构、模式结构和区域结构，服务贸易商品结构、模式结构和区域结构的演进历程、影响因素和优化情况进行分析，从而发现了贸易结构演进过程中存在的问题和不利因素，并提出了相应的政策建议以推动贸易结构的优化升级。本书主要采用的定量分析法有固定效应模型、随机效应模型、混合最小二乘法和灰色关联分析法等。

二、创新点与不足

本书的创新点在于：

第一，系统全面地呈现出我国货物贸易结构的演进情况。对商品结构的演进历程和指数测度的研究是按 SITC 分类法进行的。在中国货物贸易内部区域结构的研究中，与以往大多数研究中东部地区（包括东北三省）的做法不同，本书将东北地区和东部地区分开，以呈现出东北地区贸易的实际情况。在张曙霄的包括商品结构、方式结构、模式结构和区域结构等贸易结构分类的基础上又加入了贸易主体结构。①

第二，从结构的角度全面、系统地研究中国服务贸易问题，分析中国服务贸易结构变化的原因及影响。

第三，选择统一的影响各种贸易结构的变量。影响贸易结构的因素很多，笔者基于相关的经济学理论和前人的研究，选取了最关键和最常用的因素进行实证分析并做出比较。

本书研究的不足包括以下几个方面：

第一，对中国货物贸易结构影响因素进行实证分析过程中，因为所获得的数据不够全面，所以无法对所有形式的贸易结构都采用面板数据进行分析和比较。另外，为了保持前后研究的连贯性及有效性，各个因素所选指标不能很完美地代表自变量，比如金融发展的指标，通常包括金融中介发展指标和金融市场发展指标，而此处笔者只选择了其中之一进行研究，因此最终研究结果可能存在说服力不足的情况，这有待在今后的研究中进行细化。

第二，没有对中国服务贸易方式结构进行研究。根据 WTO 的定义，服务贸易方式包括跨境交易、境外消费、商业存在和自然人流动四种方式，服务贸易方式结构是指上述四种服务贸易方式在服务贸易中的比重。由于统计上的原因，目前世界上尚没有一个国家可以完全按照上述四种方式对服务贸易进行统计，因此，对服务贸易方式结构的研究仅能停留在理论上，在实践中尚无法进行。

---

① 张曙霄：《中国对外贸易结构论》，中国经济出版社 2003 年版，第 19 页。

第三,由于目前中国尚未完全建立对各省(自治区、直辖市)服务贸易进行统计的数据库,因此,对中国服务贸易内部区域结构只能以旅游服务贸易为例进行研究,而无法对中国服务贸易内部区域结构进行全面、系统的研究。

第二章　理论研究

第一节　相关概念阐明

相关学者就贸易结构的概念提出了各自的观点。如张曙霄指出，对外贸易结构是指一定时期内对外贸易活动主体之间、客体之间以及主体和客体之间的比例关系及其相互联系，是各类商品或某种商品在一国（或地区）对外贸易中所占的比重及地位。具体包括了商品结构、方式结构、模式结构和区域结构。① 姚枝仲又认为，一个国家的贸易结构反映了这个国家“进口什么和出口什么”的格局。② 笔者将中国对外贸易按照货物贸易和服务贸易两部分进行分析，基于张曙霄的观点，货物贸易中加入“主体结构”，构建了“商品结构、方式结构、主体结构、模式结构和区域结构”的货物贸易结构系统，而服务贸易仍包括服务贸易商品结构、服务贸易方式结构、服务贸易模式结构以及服务贸易区域结构等四个部分。

一、货物贸易商品结构

货物贸易商品结构是指在特定产品分类法下一定时期内一国（或地区）某类商品贸易额占总贸易额的比重。它包括出口商品结构和进口商品结

① 张曙霄：《中国对外贸易结构论》，中国经济出版社 2003 年版，第 19 页。

② 姚枝仲：《中国贸易结构的变动：2001—2008》，载《国际经济评论》2008 年第 6 期。

构。一国(或地区)货物贸易商品结构的变化体现了该国(或地区)的经济、科技发展水平以及国际市场竞争力。所有关于货物贸易商品结构的分析必须以某种商品分类为基础。现有的国际贸易体系基本采用世界海关组织的HS(*International Convention for Harmonized Commodity Description and Coding System*,中文名为《商品名称及编码协调制度的国际公约》)和联合国的SITC(*Standard International Trade Classification*,中文名为《国际贸易标准分类》)方法进行分类。

HS于1988年1月1日正式实施,每4年进行一次修订。HS包括归类规则,类、章及子目注释,目与子目编码及条文等三部分内容。HS的这三部分具有严格的法律效力和严密的逻辑性。HS将全部国际贸易商品分成22类,共97章,各章有目和子目。

SITC采用经济分类标准,包括10大类、63章、223组、786个分组和1924个项目。这10大类商品按照产品的加工程度和产业部门来源分为初级产品(包括SITC0—4类)和工业制成品(包括SITC5—9类)。SITC分类标准中有SITC Rev.2、SITC Rev.3、SITC Rev.4三个修订标准。最新的修订版本SITC Rev.4的贸易数据是从2007年开始提供的。

另外,联合国统计司在1971年出版了BEC(*Classification by Broad Economic Categories*,中文名为《国际贸易按经济大类分类》),编纂每一个报告国的、全世界的及主要区域的大型经济类别商品以对SITC进行补充。之后进行了三次修订。BEC同时被设计成一种转换工具,可以将按标准国际贸易分类的贸易数据转换成国民核算体系框架(SNA,System of National Accounts)中按最终用途类型分类(包括资本货物、中间货物和消费品)的数据。这样就可以将外部贸易统计同国民核算和工业统计等其他类型的一般经济统计放在一起进行处理,同时进行国家、区域或世界一级的经济分析。

部分学者按照贸易品的技术含量不同进行分类。Pavitt(1984)将产品划分成了资源密集型、劳动密集型、规模密集型及以差异化和科技为基础的制成品等类型。OECD(1996)又将加工制成品分为低技术、中低技术、中高技术和高技术水平产品。Lall(2000)调整了SITC Rev. 2的三位数分类代码,将239种产品分成低技术制成品(LT,Low - technology manufactures)、中等技术制成品(MT, Medium - technology manufactures)、高技术制成品(HT,

High - technology manufactures)、初级产品(PP, Primary products)、资源性产品(RB, Resource - based manufactures)等,并更进一步将这些制成品细分为9个小类,按照这种分类法分析了发展中国家的加工贸易出口结构。低技术制成品的劳动力成本是竞争的关键,产品几乎无差异,进入壁垒低,容易形成规模经济;中等技术制成品多为中间产品和资本品,需要较大的R&D投入,技术要求较高;高技术制成品多为人力资本密集型产品,需要很大的人力资本和技术设备的投入。继Lall的分类法后,涌现出了大量关于国际贸易进口和出口商品的技术结构变迁分析的研究。刘钻石等按照Lall的分类法从贸易品类别、技术附加值和质量水平三个角度对中国二十多年来商品贸易结构升级状况进行了分析。①

除上述分类法外,贾杉和甘子夏按照商品的要素密集特征将其分为资源密集型、资本密集型、劳动密集型和技术密集型四类。② 郑展鹏按照商品的要素密集特征,结合HS分类将贸易品分为自然资源密集型产品、人力资本密集型产品、资本密集型产品以及非熟练劳动密集型产品四类。③ 王秋红和王聪提出了三分法,即将商品划分为资源密集型、资本密集型和劳动密集型三类。④

在本书中,笔者将按照SITC方法展开货物贸易商品结构优化的研究。

二、货物贸易方式结构

货物贸易方式是指货物贸易中具体交易的做法。所有贸易活动都是以一定的贸易方式进行的。货物贸易方式结构就是在一国(或地区)的货物贸易活动中各种贸易方式所占的比重(地位)及其之间的关系(联系),包括进口方式结构和出口方式结构。我国海关统计部门将商品贸易方式划分为一

① 刘钻石、张娟:《中国商品贸易结构升级了吗——基于贸易品类别、技术附加值和质量水平的分析》,载《南方经济》2016年第8期。

② 贾杉、甘子夏:《比较优势与中国出口商品结构升级:1992—2007》,载《统计与决策》2009年第4期。

③ 郑展鹏:《中国对外贸易结构及出口竞争优势的实证研究》,载《国际贸易问题》2010年第7期。

④ 王秋红、王聪:《基于聚类分析的我国出口结构研究——以13个省(自治区)为例》,载《管理学刊》2014年第27卷第3期。

般贸易、包括来料加工和进料加工的加工贸易、其他贸易。货物的一般贸易是指具有进出口经营权的我国国内企业单边进口或出口贸易。加工贸易是指企业利用本国的资源禀赋优势，进口原材料和零部件等加工后再出口的贸易，企业在这一过程中获得了加工费。除这两种贸易外的贸易都归类为其他贸易。其他贸易包括边境小额贸易，对外承包工程出口货物，租赁贸易，国家间、国际组织无偿援助和赠送物资，华侨、港澳台同胞、外籍华人捐赠物资，外商投资企业作为投资进口设备物品，两区一库仓储，补偿贸易，寄售代销贸易，出料加工贸易，易货贸易，免税外汇商品等。随着国际贸易量的迅猛扩大，新的贸易方式也在不断涌现。

在本书中，笔者主要按照一般贸易、加工贸易和其他贸易方式在进出口中的比例变动来研究货物贸易方式结构的优化。

三、货物贸易主体结构

货物贸易主体结构是指在一国（或地区）的货物贸易活动中各种贸易企业（按所有制分为国有企业、外商投资企业、集体企业和私营企业等）的货物贸易额所占的比重（地位）及其之间的关系（联系）。它反映了不同微观贸易主体的对外贸易能力和经营的活力。一般来说，我国的国内企业以从事一般贸易为主，而外商企业以从事加工贸易为主。

在本书中，笔者按照国有企业、外商投资企业和其他类型企业在对外进出口贸易中的比重变化来考察货物贸易主体结构的优化。

四、货物贸易模式结构

货物贸易模式结构即一国（或地区）产业间货物贸易、产业内货物贸易和产品内货物贸易三种模式的比重（地位）及其相互联系（关系）。[①] 由于国际分工经历了产业间分工、产业内分工和产品内分工三个阶段，于是就产生了产业间贸易、产业内贸易和产品内贸易三种贸易模式。产业间贸易和产

① 张曙霄：《关于中国对外贸易模式及其结构问题的探讨》，全国高校社会主义经济理论与实践研讨会第20次会议论文，2006，第167—175页。

业内贸易分别是基于要素禀赋差别的贸易，以及以产品和规模经济差别为基础的最终产品的贸易。产业内贸易包括同一产业、同一生产阶段的水平型产业内贸易和同一产业但处于不同生产阶段的垂直型产业内贸易。产品内贸易是一种特殊的垂直型产业内贸易，中间品是其交易内容。

由于历史因素和偶然因素的作用及资源结构的差异，各国的货物贸易模式结构发展不相同。贸易模式的演进是一个相对缓慢的过程，因此，产业间贸易、产业内贸易和产品内贸易这三种模式并存发展，而且会呈现出高层次贸易模式份额不断增大、低层次贸易模式不断衰落的趋势。[①]

所有的贸易品都可能发生产业间贸易和产业内贸易，而产品内贸易的对象是贸易中的投入品。产品内贸易让位于不同生产阶段的产品成为下一个阶段的投入品，通过这样的生产链条有序地连接了各国的生产活动。可以作为中间投入品的产品有四类，包括初级产品（如铁矿石、木材等），与最终产品相对的阶段性半成品，零部件，生产性服务。自然资源密集型的初级产品和技术进步关联不大，不在讨论范围内；生产性服务不在货物贸易范围中，也不列入讨论范围。有学者将零部件贸易品（SITC7 + 8）作为投入品分析了中国产品内贸易的发展[②]，也有学者结合与最终产品相对的中间品来分析中国产品内贸易，贸易内容就由最终产品转向了中间产品[③]。Koopman 等人从贸易附加值和国际分工地位的角度，将国际贸易分解为直接用于进口商消费的最终产品、用于进口商生产国内所需商品的中间产品、用于进口商生产第三国所需商品的中间产品、用于进口商生产本国所需商品的中间产品。

BEC 分类法也包括了中间品。笔者结合 BEC 分类法分析了中国包括半成品和零部件的中间品贸易发展来代表中国产品内贸易的发展。本书的中间品包括的商品如表 2.1 所示：

---

① 梁碧波：《技术进步、制度变迁与国际贸易模式演进：一个分析框架》，载《国际经贸探索》2013 年第 29 卷第 12 期。

② 侯增艳：《产品内分工与贸易的决定因素——基于贸易理论和不完全契约理论相结合的分析》，博士学位论文，南开大学，2009。

③ 夏平：《中国中间产品贸易分析——基于产品内国际分工视角》，博士学位论文，对外经济贸易大学，2007。

表 2.1 按经济类别分类的中间品

		BEC 分类代码	BEC 分类描述
中间品	半成品	121	食品和饮料(加工,主要用于工业)
		22	未另归类的工业用品(加工)
		322	燃料和润滑剂(加工)
	零部件	42	资本货物(运输设备除外)零配件
		53	运输设备零配件

注:此处中间品不包括 BEC 分类中间品中的每类商品下的初级品。

在本书中,笔者采用按 SITC 分类法计算出的结果来研究我国商品的产业间和产业内贸易的发展变化,并以中间品贸易的演进来说明我国产品内贸易的发展情况。

五、货物贸易区域结构

货物贸易区域结构(又称货物贸易地理结构)就是一定时期内货物贸易在不同国家(或地区)的分布情况。包括了一国国内各地区的进出口货物贸易在本国进出口货物贸易中所占比重或地位的内部区域结构和各国、各地区以及各国家集团在该国或该地区的进出口货物贸易中所占的比重或地位的外部区域结构。① 在本书中,笔者研究了中国东北地区、东部地区、中部地区和西部地区等内部四大贸易区域结构和中国由洲际到国别的外部区域结构的优化。

以上所述对外贸易结构的五种结构互相联系,又有差别。货物贸易商品结构说明了不同商品分类下各类贸易品进出口的情况,反映了对外贸易发生的内容;货物贸易方式结构说明了对外贸易发生的形式,也就是不同的商品贸易是以一般贸易方式发生的还是以其他贸易方式发生的,如中间品贸易多以加工贸易方式发生,资本品贸易与一般贸易紧密相关;货物贸易主体结构体现了对外贸易的所有制结构,不同贸易方式对应不同的贸易主体,非外资企业多数从事一般贸易,而外资企业以加工贸易为主;货物贸易模式

① 张曙霄:《中国对外贸易结构论》,中国经济出版社 2003 年版,第 19 页。

结构展现了对外贸易主体间的分工是基于要素禀赋差异还是基于产品和规模经济的差异,随着贸易主体间分工的细化,贸易模式逐渐向高层次发展;货物贸易区域结构则阐明了对外贸易发生的地域分布特点,内部和外部不同区域间贸易发展的差异都会通过各区域的商品结构、方式结构、主体结构和模式结构表现出来。

六、服务贸易商品结构

服务贸易商品结构是指一定时期内各类服务产品在一国(或地区)服务贸易中的比重或地位。目前国际上服务贸易的分类方式并不十分统一,如世界贸易组织(WTO)按照服务贸易的提供方式对服务贸易进行分类,并认为政府服务不属于服务贸易;联合国贸易和发展会议(UNCTAD)则以国际收支平衡表(BOP 表)为基础,将服务贸易划分为运输,旅游,通信,建筑,保险,金融,计算机和信息,专有权,个人、文化及娱乐,其他商业服务,政府服务等 11 项;根据各服务行业利用生产要素情况的不同,可将运输服务贸易视为资本密集型服务贸易,将旅游服务贸易视为资源、劳动密集型服务贸易,这两种服务贸易属于传统意义上的服务贸易形式,其他各类商业服务贸易则主要是技术、知识密集型服务贸易,属于新兴的国际服务贸易形式。

中国国家外汇管理局公布的 2015 年以前的《中国国际收支平衡表》中则将服务贸易分为运输,旅游,通信,建筑,保险,金融,计算机和信息,专有权利使用费和特许费,咨询,广告和宣传,电影和音像,其他商业服务,以及别处未提及的政府服务共 13 项。2015 年以后分为运输,旅行,建筑,保险,金融,电信计算机和信息服务,知识产权使用费,个人文化和娱乐服务,维护和维修服务,加工服务,其他商业服务,未提及的政府服务 12 项。本书没有将别处未提及的政府服务列为服务贸易中的一项,因此,对服务贸易商品结构的研究主要是区分 2015 年以前和 2015 年以后上述这些服务产品在一国(或地区)服务贸易中的比重或地位。

七、服务贸易方式结构

服务贸易方式是指一国(或地区)同别国(或地区)进行服务贸易时所采

用的各种具体做法。服务贸易方式结构是指各种贸易方式在一国服务贸易中所占的比重(地位)及其相互关系(联系)。根据世界贸易组织(WTO)对服务贸易的分类,服务贸易的提供方式可以分为境外消费、跨境交易、商业存在和自然人流动等四种,故本书将这四种服务贸易提供方式在一国服务贸易中所占的比重及其相互联系作为服务贸易方式结构的定义。鉴于目前世界上没有任何一个国家能够按照这种分类方式对服务贸易进行统计,相应地也就无法对中国服务贸易方式结构问题进行研究。因此,本书在下文中将不对中国服务贸易方式结构问题进行分析,只是将其作为一个定义提出,以作为今后进一步研究之用。

八、服务贸易模式结构

服务贸易模式结构是指产业间贸易和产业内贸易在一国服务贸易模式中所占的比重(地位)及其相互间的关系(联系)。

九、服务贸易区域结构

服务贸易区域结构包括外部区域结构和内部区域结构。外部区域结构即国别(地区)结构,是指一定时期内各国、各地区、各国家集团在一国(或地区)服务贸易中所占的比重。内部区域结构是指国内各地区服务贸易进出口额占该国服务贸易进出口总额的比重。在对中国服务贸易内部区域结构进行研究过程中,本书按照东、中、西、东北四大地区的划分方式,研究四大地区旅游服务贸易占中国服务贸易的比重。在对中国服务贸易外部区域结构进行研究过程中,主要研究来华旅游人数的洲际和国别结构。

由于目前服务贸易统计数据还不够全面,在此只分析2000年以来的狭义服务贸易的商品结构、模式结构和区域结构。

第二节 相关理论综述

一、国际贸易相关理论

国际贸易理论主要是围绕国际贸易发生的原因、国际贸易结构的变动和国际贸易的结果三个方面。国际贸易理论随着时代的发展不断完善和丰富,并成为国际贸易学的核心内容。

(一)静态比较优势理论

1. 基于劳动生产率差异的绝对成本论和比较成本论

亚当・斯密在其代表著作《国民财富的性质和原因的研究》一书中认为分工能够使劳动生产率得到提高。① 每个国家都有其有利的自然禀赋和生产条件,因而应该按其绝对优势去进行生产和交换,这样能够使各国的生产要素都得到最有效的利用,对所有交换国家都是有利的。而李嘉图在其所著的《政治经济学及赋税原理》一书中认为一个国家在两种产品的生产中都有绝对的优势,但优势程度不同,而另外一个国家恰恰相反,在两种产品的生产中都只有绝对的劣势,但劣势的程度不同。这样应该按照“两优择其重,两劣择其轻”的原则进行生产和交换,双方通过对外贸易均可获益。②

2. 基于要素禀赋差异和规模经济的要素禀赋论及规模报酬递增理论

赫克歇尔和俄林创立了较完整的要素禀赋论。他们认为在经济活动中必须同时考虑劳动、资本、土地等生产要素。只有生产要素被有效利用才能

---

① [英]亚当・斯密:《国民财富的性质和原因的研究》(上卷),郭大力、王亚南译,商务印书馆1972年版,第28页。

② [英]李嘉图:《政治经济学及赋税原理》,郭大力、王亚南译,商务印书馆1962年版,第113页。

提高一个经济体的生产效率。1977 年，迪克特和斯蒂格利茨共同建立了 DS 模型，他们认为各国应该进行专业化分工，大规模地生产具有差异的同种商品，并进行国际贸易，这样可以获得收益，并且能满足企业达到规模经济和消费者消费多样性的需求。[①] 之后，保罗·克鲁格曼将 DS 模型在《报酬递增、差异产品和国际贸易》中进行论述，指出开展国际贸易是解决企业对规模经济的追求和消费者对差异性产品的需求矛盾的最佳途径。这开创了新贸易理论的新阶段。

3. 基于相互需求的产业内贸易理论

瑞典经济学家林德从需求角度解释了贸易的发生和结构，有力地补充了以往从供给角度解释贸易发生和结构的理论。他认为，初级产品之间的贸易可以用要素禀赋论来解释，制成品之间的贸易则应该从需求角度去解释。当企业在国内建立起一定的生产规模，而国内市场发展有限时，企业出于对利润的追逐就会开拓国际市场。在各国具有代表性的产品上容易形成规模经济，当两国经济发展水平接近、需求模式相似、收入水平差距不大时，会发生更多的产业内贸易。

（二）动态比较优势理论

1. 技术差距论和产品生命周期理论

1959 年，美国经济学家波斯纳修正了赫克歇尔－俄林模型，并运用技术创新理论提出了技术差距论。该理论的前提是不同国家之间都存在技术差距和技术模仿时滞，这就带来了不同的贸易结构。

1966 年，美国经济学家雷蒙德·弗农从产品技术创新视角，认为工业制成品具有产品新生期、产品成长期、产品成熟期、产品销售下降期和产品与让期等五个不同阶段的变化期，同时，要素密集度也发生着变化。

---

① 彭徽：《国际贸易理论的演进逻辑：贸易动因、贸易结构和贸易结果》，载《国际贸易问题》2012 年第 2 期。

2. 国家竞争优势论

美国经济学家迈克尔·波特的三部经典著作《竞争战略》《竞争优势》《国家竞争优势》从微观、中观、宏观三个层次论述了竞争力问题。在《国家竞争优势》一书中他提出了一国兴衰的根本在于能否在国际竞争中赢得优势，一国的竞争优势就是企业、行业的竞争优势，因而其产业发展状况和是否有充分的创新能力及机制是能否取得国家竞争优势的关键。在国内实力雄厚的对手、对产品挑剔的客户和不断进取的供应商等压力之下，一个企业才能更具有竞争力。

（三）产业内贸易理论

20世纪60年代以来，以格鲁贝尔、劳埃德为代表的西方学者提出了解释国际贸易分工格局的新理论——产业内贸易理论。产业内贸易理论认为能满足消费欲望的同类产品的异质性是产业内贸易的基础，市场的不完全竞争和企业的规模经济是产业内贸易的主要原因，而各国的经济发展水平又制约着产业内贸易的发展，当两国经济发展水平接近，人均收入相差不大时，产业内贸易量就大。

（四）内生性贸易理论

内生性贸易理论是新兴古典贸易理论的代表性理论。该理论用交易费用和专业化分工的矛盾描述了经济结构和贸易结构的演进：人先天条件相同，社会最初也是自给自足的，由于交易效率改善的要求，社会出现了分工和交换，社会分工提高了专业化水平和生产率，人与人之间在产品生产成本上出现差距，也就是不同的内生比较优势，进而分工深化，贸易和市场也随之出现了。在社会分工不断推进过程中，人与人之间、国与国之间贸易依存度和生产集中度增加，相应地市场一体化增强，贸易品种类增多，贸易结构和经济结构都呈现出多样性。因此，贸易结构的演进是专业化分工带来的技术进步与交易效率改进过程中的一个表现。[①] 在这个过程中，企业和市场

① 侯蕾：《新兴古典贸易理论述评》，硕士学位论文，吉林大学，2005。

应该结合内生比较优势和外生效率优势自发地决定贸易进出口结构,政府可以制定有利于降低交易费用的贸易和产业政策,培育宏观环境。因此,“新兴古典超边际分析甚至比边际分析更支持自由贸易政策”①。

(五)异质性企业贸易理论和企业内生边界模型

梅里兹(Melitz,2003)提出的异质性企业贸易模型(也被称为“梅里兹模型”)论述了企业以不同的路径从事国际业务的原因和由此带来的效应,奠定了新新贸易理论的基础。他认为虽然某一行业的所有企业并不会都有很高的生产率而进行出口活动,但总有一些高生产率的企业会从事出口活动。因为企业只有当出口生产率的阈值大于国内市场的出口率,出口的净收益可以支付出口的固定成本时才会采取出口的行为,而只有高生产率的企业能满足这一条件进行出口活动,其模型揭示了在开放市场上经济力量的无形而又强劲的作用。他认为贸易自由化起到了重新分配市场份额和重新进行资源配置的作用。2004 年,在异质性企业理论基础上,安卓斯(Antras)和赫尔普曼(Helpman)形成了既强调生产率差异又重视组织结构差异的企业内生边界模型的主要内容。

二、国际投资相关理论

(一)蒙代尔的投资替代理论

外商直接投资理论最早由海默(Hymer,1960)提出,外商直接投资理论即垄断优势理论,研究认为少数企业由于市场的不完全而占有垄断优势,因此可以进行跨国界经营并能够承担所产生的额外成本。但这一理论较少涉及贸易方面,而美国哥伦比亚大学教授蒙代尔(Mundell,1957)基于赫克歇尔-俄林-萨缪尔森(H-O-S)模型建立了投资与贸易的理论框架。他在《国际贸易和要素流动》中构建了这样的国际贸易模型:2×2×2,也就是假定有两个国家、两种商品、两种生产要素,两国有相同的生产函数,而其中一

① 杨小凯、张永生:《新贸易理论、比较利益理论及其经验研究的新成果:文献综述》,载《经济学(季刊)》2001 年第 1 卷第 1 期。

国出台关税产生了贸易障碍，则投资会取代贸易。蒙代尔认为，由于进口国设置了关税壁垒，一国只有通过对外投资才能保持其在国外市场已占据的份额。而且由于对外投资增加，基于比较优势的国际分工和贸易减少了，而各国具有比较劣势的部门生产则增加了。这一理论对二战前世界发达国家间发生的对外直接投资（如美国对日本和欧洲的直接投资等）起到了较好的解释作用。

（二）小岛清的边际产业扩张论

从第二次世界大战后到20世纪70年代中期，海默的垄断优势理论以及弗农的产品生命周期理论一直被日本理论界作为对外直接投资的理论而接受。但随着日本经济的快速发展，日本理论界迫切需要能够解释和指导日本对外直接投资行为的理论，在此背景下，日本一桥大学小岛清教授在1979年的《对外直接投资论》和1981年的《跨国公司的对外直接投资》及《对外贸易论》等著作中提出了新的观点。他最先立足于宏观领域，将国际贸易与国际直接投资建立在同一理论框架内。他认为凡是在国内处于或即将处于比较劣势的行业或部门都应该通过对外直接投资进行转移，因为尽管在投资国可能处于不利的地位，但在东道国结合其要素禀赋却会变得具有比较优势，其生产的产品再出口到日本，从而创造和扩大了日本的对外贸易规模。他又指出若资本输出国的资本要素丰裕，对东道国投资的行业越是劳动密集型，投资和贸易的互补作用就越强；当投资国和东道国没有明显的技术差距时，则技术容易被模仿和普及。

然而小岛清没有进一步阐述贸易和投资之间的关系，投资诱发组合理论则进一步认为外部因素对跨国公司对外直接投资的行为也起着重要的作用。Brainard（1993）论证了跨国公司在进行对外直接投资或国际贸易之前，要比较本地集中生产效应和接近市场效应的大小。本地集中生产效应是指跨国公司在国内大规模集中进行生产并出口，以此实现规模经济，降低生产成本；接近市场效应是指结合当地要素禀赋进行生产，以有效绕开关税等贸易壁垒，直接面向客户，对市场需求做出反应。

三、国际金融相关理论

（一）汇率的弹性分析理论

弹性分析理论可以用于分析汇率变动对贸易差额的调节作用。1923年马歇尔将其开创的弹性分析法与国际贸易相结合，最早提出了“进出口需求弹性”的概念，探讨了不同进出口需求弹性条件下汇率变动对贸易收支的影响。当出口和进口商品的需求弹性之和大于1时，本币贬值有利于出口的增加和进口的减少，从而优化贸易收支；当出口和进口商品的需求弹性之和等于1时，本币贬值只会改变进出口商品的数量，而贸易收支差额不发生变化；当出口和进口商品的需求弹性之和小于1时，本币贬值导致出口收入下降的速度快于进口支出减少的速度，从而使贸易收支恶化。马歇尔-勒纳条件假设出口供给与进口供给的价格弹性都是无限的。这明显是不成立的，因为很多国家在最大限度地利用资源后，即使本国货币继续贬值，也无法向出口部门转移资源。琼·罗宾逊的弹性分析理论认为贬值对贸易收支的影响是不确定的，贸易条件与进出口商品的供给和需求弹性紧密相关。当一国本币贬值时，起初会使贸易收支情况恶化，只有经过一段时间以后，贸易收支恶化的状况才会得到控制并逐渐好转，最终改善一国的贸易收支状况。[①]

（二）巴拉萨-萨缪尔森效应

巴拉萨-萨缪尔森效应（简称巴萨效应）假说是研究一国经济处于高速增长状态下，实际汇率长期如何变动的理论，它是当代国际经济学中一个重要的基础性命题。它的主要内容是一个国家的经济增长越快，那么它的实际工资和实际汇率也会增长得越快。这是因为工资水平在社会大生产的各部门、各行业有平均化的趋势，当贸易产品生产部门（如制造业）迅速提高生产率时，此部门也会提高工资增加的速度，尽管非贸易产品生产部门的生产率提高得较慢，但是其工资仍然会以相似的速度上调，这使得非贸易产品相

① 陈燕：《国际金融》，北京大学出版社2011年版，第219页。

对于贸易产品来说,其价格上升。在固定汇率的条件下,这种相对价格的变化会使总体物价水平上涨。若采取浮动汇率来稳定国内物价,则汇率也必然会上升。两种情况都会使实际汇率上升。因此,一国贸易结构的变化在一定程度上能够反映出贸易品生产部门生产率的变化,进而影响一国的物价水平,并带来其实际汇率的变动。

(三)金融发展

金融自由化程度越高,金融发展越完善,这样的金融体系越有利于加快专业化分工和交换。金融自由化和金融发展程度较高的国家,由于其金融体系非常发达,其经济活动中的交易成本和信息成本也会降低。斯密思想中的核心观念之一,就是较低的交易成本可以允许更大的专业化分工,专业化分工细致,对于一个自给自足的国家来说其所发生的交易就会多很多,从而能够加深专业化分工程度,带来更活跃的交易和市场、产品、技术创新,改变该国的贸易结构,有利于国际贸易的发展。①

四、产业经济学相关理论

产业经济学中的产业结构理论可以被用来解释贸易结构的演进。产业结构是指一个国家或地区在社会再生产过程中的产业组成、产业发展水平和产业间的技术经济联系。产业组成就是资源在产业间配置的状态,产业发展水平则是不同产业所占比重大小,产业间的技术经济联系包括不同产业相互作用和相互联系的机制。产业结构揭示了产业间的技术经济联系,是产业经济学研究的最重要的内容。产业结构的状况既能反映出一个社会的经济发展水平,又能够决定社会经济的发展方向,因此对产业结构进行研究至关重要。另外,产业结构的各种效应还会对经济发展产生决定性的影响。产业结构效应是指产业结构及其变化对经济发展产生影响的方式和效果,主要包括产业结构的成长效应、结构弹性效应、结构开放效应、结构关联效应、结构供给效应、结构需求效应。其中,产业结构的结构关联效应和结

① 王曙光:《金融发展理论》,中国发展出版社 2010 年版,第 14—15 页。

构开放效应都表明，通过参与国际分工和国际贸易，一国的产业结构会对贸易结构产生作用，利用国际贸易结构变动的机遇，反过来会调整本国产业结构，进而促进经济增长。①

五、新结构经济学相关理论

新结构经济学提出了一个新的视角，认为一个国家的每一个特定的发展水平的要素禀赋及其结构（即自然资源、劳动力、人力资本和物质资本的相对丰裕程度）都是给定的，并随着发展水平的不同而变化着，因而一个国家的最优产业结构也会随着发展水平的不同而改变。也就是说要素禀赋由低水平的资本和劳动力比率向较高水平的资本和劳动力比率提升是决定结构变迁的根本动力。相对落后的发展中国家若要实现向资本更密集型产业的升级，就要先提升其要素禀赋结构，而资本积累速度高于劳动力增长速度是必然的要求。当企业所选择的行业和技术都与经济体要素禀赋所决定的比较优势相符时，经济将会更具有竞争力。与新古典经济学相似，新结构经济学认为对外贸易内生取决于一个国家或地区要素禀赋所决定的比较优势情况，而且对外贸易的变化是产业升级过程的重要特征，因为对外贸易的变化反映了比较优势的变化。②

六、新制度经济学相关理论

新制度经济学是用经济学的方法研究制度的经济学，是相对于近代制度经济学而言的。新制度经济学把制度作为经济学的研究对象。从制度的层次来看，分为正式制度、非正式制度及实施机制。正式制度从宏观角度多与国家相关，而非正式制度从微观和中观角度与个人、企业及利益集团紧密相关。产权及交易费用是制度经济学分析中的基本问题。从制度选择来看，国家、个人、企业及利益集团的相互作用决定了制度的选择及其效率。

新制度经济学为国际贸易结构的演进提供了有力的解释。首先，从宏

---

① 简新华、杨艳琳：《产业经济学》（第二版），武汉大学出版社 2009 年版，第 50 页。

② 林毅夫：《新结构经济学——重构发展经济学的框架》，载《经济学（季刊）》2010 年第 10 卷第 1 期。

观角度看，国家为了实现自身利益，通常会运用强制力量，这样国家就会成为“掠夺之手”。这种理论把国家作为一个内生变量来处理。“掠夺之手”模型是新制度经济学国家理论的分析框架。国家作为最大制度供给者、第三方实施者、产权界定和保护者、利益集团的利益协调者，通过政策的制定影响着一国产业结构和贸易结构的变动。从中观和微观的角度看，交易费用的测量、产权理论、契约和企业理论也都与新新贸易理论内容相互交叉，共同解释了贸易模式的变化。同时，制度变迁的路径依赖于理论说明，一种新的制度产生后，在一定时期内，不管是否发生了作用，都会持续存在并影响之后的制度选择，也就是仿佛只能按照这一种特定的“路径”走下去。诺思强调，路径依赖并不意味着没有选择的余地，而是选择范围缩小了。正如我国始终坚持对外开放的基本国策，并保持了较高的对外贸易开放水平，取得了不错的成绩，因此，我国会继续推进对外开放政策。而全球化和国际分工的不断深入细化，必然会推动贸易结构向更高层次发展。

第三章 中国货物贸易结构的演进历程

第一节 中国货物贸易商品结构的演进历程

一、中国货物贸易出口商品结构的演进历程

改革开放以来,我国货物贸易的出口实现了跨越式增长,尤其是加入世贸组织以来,出口增长率连年两位数,出口额占 GDP 的比重也不断上升,出口竞争力显著增强。在世界出口额排名中,我国从 1978 年的第 32 位上升到目前的第 1 位;在世界出口总额的比重中,我国从 1978 年的不足 1% 上升到 2018 年的 12.7%;相应地,我国出口额占 GDP 的比重也从 1978 年的 6% 上升到 2018 年的 17.9%。

(一)SITC 一位码分类下两大类商品出口结构的演进历程

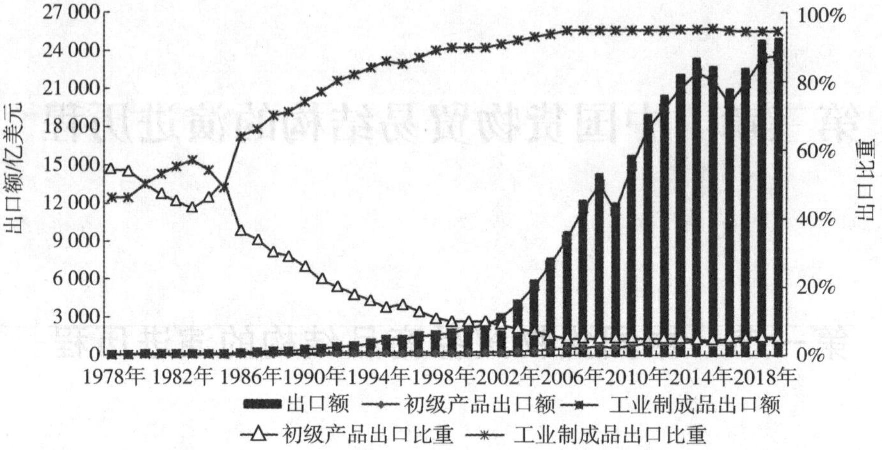

图 3.1　1978—2019 年中国初级产品和工业制成品出口额及比重的变化

数据来源:根据 1999—2019 年《中国统计年鉴》和国家统计局网站数据整理而得。

结合图 3.1 来看,自改革开放以来我国初级产品和工业制成品的出口额及比重的演变大致可分为三个阶段:

第一阶段为 1978—1985 年,在此期间,初级产品仍占据货物出口的半壁江山,所占份额缓慢下降然后上升,而工业制成品所占比重变化相反。1978 年初级产品和工业制成品出口额分别是 52.16 亿美元和 45.29 亿美元,1985 年,初级产品和工业制成品出口额分别是 138.28 亿美元和 135.22 亿美元。所占出口总额比重变化不明显,初级产品仍为重要的出口商品。

第二阶段为 1986—2005 年,在此期间,初级产品出口额及所占比重迅速下降,而工业制成品出口额及所占比重迅速上升。1986 年,初级产品出口额及比重分别为 112.72 亿美元和 36%,到了 2005 年,达到了 490.37 亿美元和 6%,总额是 1986 年的 4.35 倍,而比重减少了 30 个百分点。1986 年,工业制成品出口额及比重分别为 196.70 亿美元和 64%,到了 2005 年,达到了 7 129.16亿美元和 94%,总额是 1986 年的 36 倍,比重增加了 30 个百分点。

工业制成品成为主要的出口产品。

第三阶段为2006—2018年,在此期间,初级产品和工业制成品出口额稳步增长,所占比例保持不变,工业制成品出口额占出口总额的比重维持在95%左右。2006年,初级产品和工业制成品出口额分别为529.19亿美元和9 160.17亿美元,到了2019年,出口额分别为1 339.36亿美元和23 650.93亿美元,分别是2006年的2.53倍和2.58倍。

(二)初级产品内部出口结构的演进历程

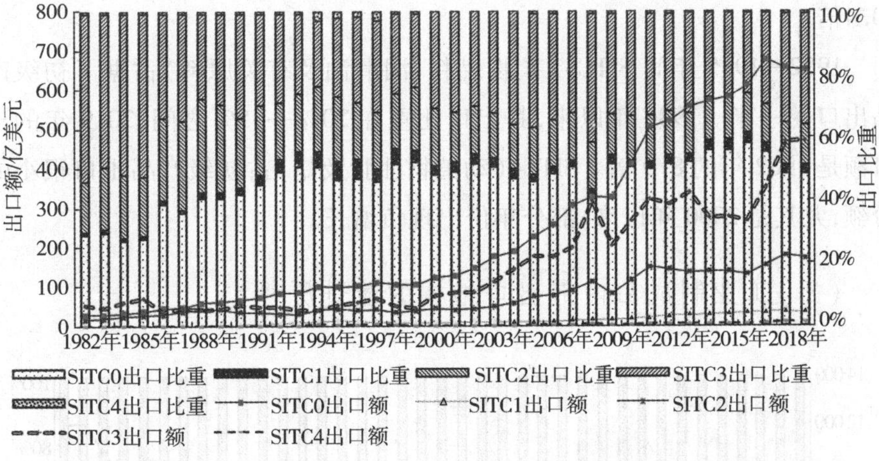

图3.2　1982—2019年中国初级产品内部出口额及比重的变化

数据来源:根据1999—2019年《中国统计年鉴》和国家统计局网站数据整理而得。

图3.2中,SITC0表示食品及主要供食用的活物,SITC1表示饮料及烟类,SITC2表示非食用原料,SITC3表示矿物燃料、润滑油及有关原料,SITC4表示动植物油脂及蜡。

总体来看,1986年以前,SITC3(矿物燃料、润滑油及有关原料)的出口额最多,1986年以后,SITC0(食品及主要供食用的活物)的出口额最多,SITC3(矿物燃料、润滑油及有关原料)在绝大多数年份的出口额高于SITC2(非食用原料)的出口额。而SITC1(饮料及烟类)的出口额较少,SITC4(动植物油脂及蜡)的出口额最少,SITC0、SITC2、SITC3所占出口比重之和一直超过90%。

由各类商品来看,SITC0(食品及主要供食用的活物)自1992年以来成为我国初级产品出口的主力军,之后它的比重变化不大。1982年出口金额及比重分别为29.08亿美元和29%,到了2019年,其出口金额和比重分别为649.9亿美元和48.5%,出口额是1982年的22倍。

SITC1(饮料及烟类)除了1993—1998年间平均占到初级产品出口额的5%外,其余年份所占比例均低于4%。2019年的出口额是1982年的36倍。SITC2(非食用原料)在1983—1991年间占初级产品出口额比重平均在20%以上,其余年份均徘徊在10%—20%之间,2019年的出口额是1982年的10.4倍。

1982—1985年间SITC3(矿物燃料、润滑油及有关原料)占据了初级产品出口的一半。1986年以来,其出口比重在20%—35%之间,2019年的出口额是1982年的8.9倍。SITC4(动植物油脂及蜡)占初级产品出口很小的份额,尤其是2000年以来,部分年份出现负增长。

(三)工业制成品内部出口结构的演进历程

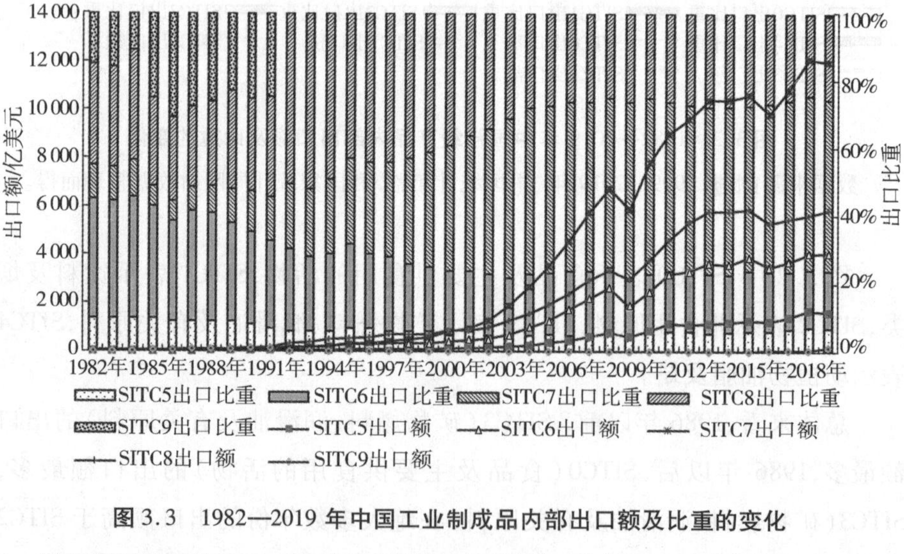

图3.3　1982—2019年中国工业制成品内部出口额及比重的变化

数据来源:根据1999—2019年《中国统计年鉴》和国家统计局网站数据整理而得。

SITC5 表示化学品及有关产品，SITC6 表示轻纺产品、橡胶制品、矿冶产品及其制品，SITC7 表示机械及运输设备，SITC8 表示杂项制品，SITC9 表示未分类的其他商品。

如图 3.3 所示，从总体来看，在 1982—2019 年间，除了 SITC9（未分类的其他商品）出口额几乎没有变动以外，其余工业制成品的出口额都快速上涨，尤其是 1998 年以后，上涨速度更快。其中，SITC7（机械及运输设备）出口额增加最多，所占比重也一直在显著增长，其次是 SITC8（杂项制品）。

由各类商品来看，SITC5（化学品及有关产品）在 1989 年以前占据工业制成品出口额 9% 以上，但近年来则保持在 5%—6% 的水平。SITC6（轻纺产品、橡胶制品、矿冶产品及其制品）也表现出类似的变化趋势，1988 年以前，占据工业制成品出口额 30% 以上，近年来比重则保持在 17%—19% 之间。自 1992 年以来，SITC7（机械及运输设备）涨幅加快，1996 年所占工业制成品出口比例超过 SITC6（轻纺产品、橡胶制品、矿冶产品及其制品），2001 年所占工业制成品出口比例超过 SITC8（杂项制品），成为工业制成品出口的最重要的商品。SITC8（杂项制品）在 1982—1984 年和 1991—2003 年间，出口比重均在 30% 以上，近年来其出口比重快速下降，比重在 25%—28% 之间。SITC9（未分类的其他商品）在 1982—1991 年间占据一定的出口份额，但近几年来其出口量大规模减少，所占比例可以忽略。

二、中国货物贸易进口商品结构的演进历程

（一）SITC 一位码分类下两大类商品进口结构的演进历程

从总体来看，我国的进口额、初级产品进口额和工业制成品的进口额分别由 1982 年的 192.85 亿美元、76.34 亿美元和 116.51 亿美元增长到 2019 年的 20 770.97 亿美元、7 289.41 亿美元和 13 481.55 亿美元，分别是 1982 年的 107 倍、95 倍和 115 倍。加入 WTO 后，我国进口需求开始快速增长，自 2009 年起我国成了世界第二大进口国。

与初级产品和工业制成品出口比重明显不同的是，到 2019 年末初级产品进口额和工业制成品的进口额占总进口额的比重接近 1982 年的水平，进

口中初级产品比重为33%，而同期初级产品出口比重只有5.4%。

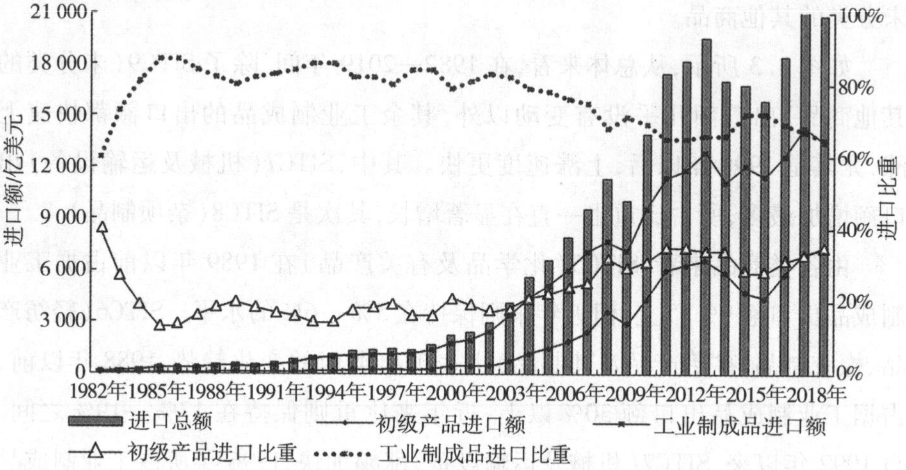

图3.4　1982—2019年中国初级产品和工业制成品进口额及比重

数据来源：根据1999—2019年《中国统计年鉴》和国家统计局网站数据整理而得。

具体来看，如图3.4所示，中国进口两大类商品的比重经历了两个阶段：

第一阶段(1982—1986年)，初级产品的进口比重呈现下降状态，工业制成品的进口比重一直上升。初级产品的进口比重在1982年达到了40%，到1986年又下降到13%。相应地，工业制成品的进口比重由1982年的60%上升到1986年的87%。

第二阶段(1987—2019年)，初级产品的进口比重缓慢上升，经历几次反复后自2002年持续上升。工业制成品的进口比重则缓慢下降，由1987年的84%下降到2018年的64.9%。

(二)初级产品内部进口结构的演进历程

从总体来看，1982年SITC0(食品及主要供食用的活物)和SITC2(非食用原料)两者进口的比重和超过了90%，而到了2019年，SITC0(食品及主要供食用的活物)的进口比重下降到11%，SITC2(非食用原料)和SITC3(矿物燃料、润滑油及有关原料)的进口比重之和接近90%。SITC2(非食用原料)和SITC3(矿物燃料、润滑油及有关原料)的进口额在1999年后加速上涨。

至2019年,SITC0、SITC1、SITC2、SITC3、SITC4的进口额分别是1982年的19倍、59倍、94倍、1 891倍和86倍。

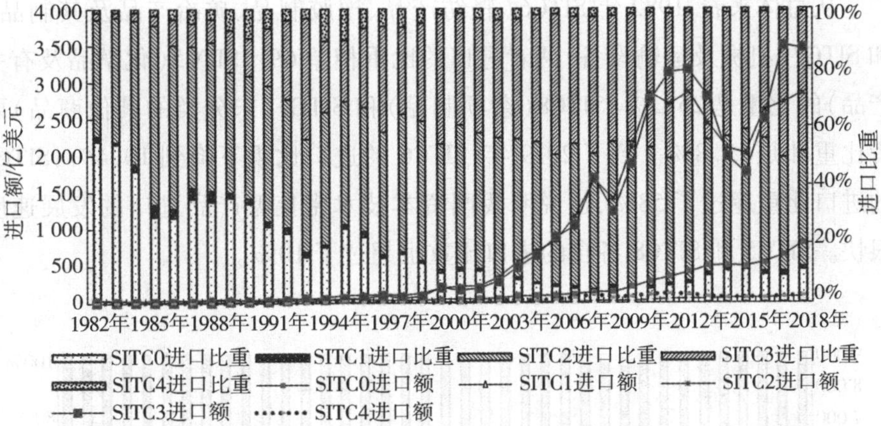

图3.5 1982—2019年中国初级产品内部进口额及比重的变化

数据来源:根据1999—2019年《中国统计年鉴》和国家统计局网站数据整理而得。

结合图3.5中各类商品来看,SITC0(食品及主要供食用的活物)的进口比重在1982—2019年间的发展经历了以下几个阶段。1982—1986年,下降;1987—1994年,先反复升降,之后一直下降,到1994年,其比重不足1980年的一半;经过1995年、1996年短暂回升之后又一直下降;2005年以后基本维持在7%以下;2014年开始回升。SITC1(饮料及烟类)在1996年之前,占进口额的比重反复升降,最高是1985年的3.9%,最低是1983年的0.8%,1996年以后基本在0.5%— 0.7%之间徘徊,2015年以后缓慢增长。SITC2(非食用原料)的比重在1980—2018年间反复升降,在1985年达到最高值61.2%,在1993年降到最低值38.3%,其余年份在40%—50%之间徘徊。

SITC3(矿物燃料、润滑油及有关原料)在1989年之前所占进口额比重不足10%,1989—1999年呈现出先升后降的状态,1993年达到41%,2000年以后除了2001—2002年以外一直在增长,2019年达到47.5%。SITC2和SITC3的大量进口满足了我国工业生产所需。SITC4(动植物油脂及蜡)在1994年的占比达到了最高值11%,1994年之前反复升降,1994年以后基本在下降,到 2019 年只占到进口总额的 1.3%。

(三)工业制成品内部进口结构的演进历程

从总体来看,1982 年 SITC6(轻纺产品、橡胶制品、矿冶产品及其制品)和 SITC7(机械及运输设备)两者进口的比重相差 6%,SITC5(化学品及有关产品)的比重是 25.2%,SITC8(杂项制品)和 SITC9(未分类的其他商品)两者比重和是 13.8%。到了 2019 年,SITC6 的进口比重下降到 10.4%,SITC7 的进口比重超过了 58%,这说明我国资本技术密集型产品进口的发展速度很快。SITC5 和 SITC8 各自的进口比重也超过了 10%。

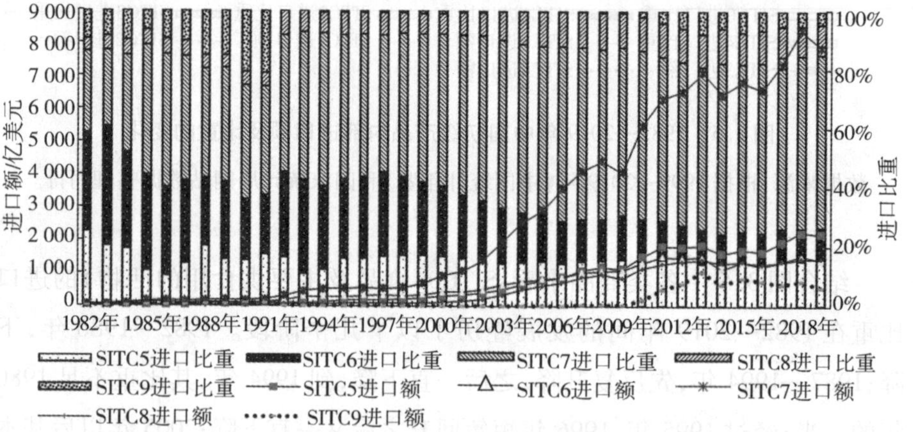

图 3.6　1982—2019 年中国工业制成品内部进口额及比重变化

数据来源:根据 1999—2019 年《中国统计年鉴》和国家统计局网站数据整理而得。

结合图 3.6,具体来看,SITC5(化学品及有关产品)的进口比重在 1982 年达到最高,之后经历反复的升降,近十年来维持在 14%—16% 之间。SITC6(轻纺产品、橡胶制品、矿冶产品及其制品)的进口比重以 1993 年为分界线,之前反复上升和下降,在 1983 年达到最高比重 40.4%,1991 年降到最低值 19.8%,然后一直上升到 1997 年,之后基本呈下降状态。SITC7(机械及运输设备)的进口比重在 1980—1983 年先升后降,1984—1992 年又经历了几次升降,到 1993 年其进口比重首次超过 50%,2001—2006 年是高速发展时期,2007年以后略有下降,但仍是所占比重最大的进口商品。SITC8(杂项制品)的进口比重在1980—1999年之间先升后降,在1992年达到了小高峰,从2000年开始又逐步上升,2008年达到最高值12.7%,之后维持在11%左右。SITC9(未分类的其他商品)的进口比重在1992年之前反复升降,到1991年达到最高值21%,之后其商品归类发生了变化,相应的进口比重也变小了,2010年以来又缓慢地上升,到2015年达到了7.07%。

第二节　中国货物贸易方式结构的演进历程

一、中国货物贸易出口方式结构的演进历程

(一)一般贸易、加工贸易和其他贸易方式的变化

改革开放以来,加工贸易发展旺盛,尤其是1992年以后其所占出口份额高于一般贸易,占据我国贸易的半壁江山。自2008年金融危机后,这种情况略微出现逆转,加工贸易比重下滑,同时一般贸易和其他贸易方式出口份额增加明显。因此,出口贸易方式结构的演进与前文所述出口商品结构的演进特征一致,均有明显的阶段性。

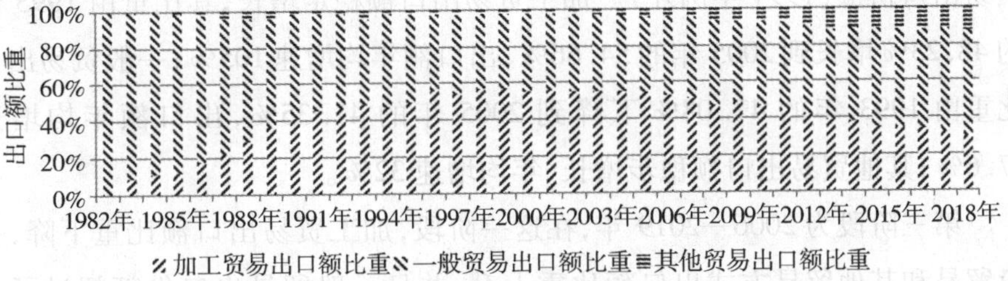

图3.7　1982—2019年中国不同贸易方式下出口额比重变化

数据来源:根据1999—2019年《中国统计年鉴》和中国海关统计数据计算而得。

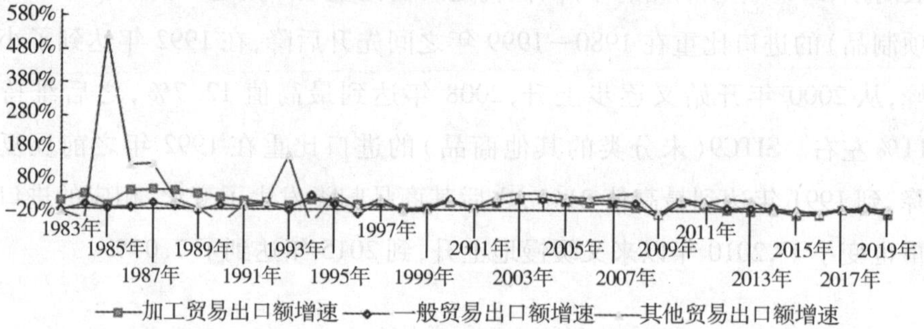

图 3.8　1983—2019 年中国不同贸易方式下出口额增速变化

数据来源：根据 1999—2019 年《中国统计年鉴》和中国海关统计数据计算而得。

结合图 3.7 和图 3.8，中国货物贸易出口方式结构的变化主要分为以下三个阶段：

第一阶段为 1982—1992 年，这一阶段的特点是一般贸易占出口额的比重始终大于加工贸易的比重，而其他贸易所占比重不足 5%。但是一般贸易出口增速起伏不定，有三个年份出现负增长，而加工贸易保持了两位数的增长，其他贸易出口增速变化更大。1982 年，一般贸易占据了 99.43% 的高份额，加工贸易只有 0.57% 的份额，1992 年，两者的比例分别为 51.41% 和 46.64%，这期间加工贸易额以 39% 的平均速度增长，一般贸易额以平均 7.2% 的速度增长。两者的出口额差距逐渐缩小。

第二阶段为 1993—2005 年，在这一阶段，加工贸易出口份额超过了一般贸易出口份额(1994 年例外)。加工贸易出口额稳定增长，其比重由 1993 年的 48.23% 增长到 2005 年的 54.66%，出口额年均增速 105%；一般贸易出口比重由 1993 年的 47.08% 下降到 2005 年的 41.35%，出口额年均增速 17.6%；其他贸易出口额稳步增长，年均增速 32%。

第三阶段为 2006—2019 年，在这一阶段，加工贸易出口额比重下降，一般贸易和其他贸易方式出口额比重上升，并且一般贸易出口份额超过了加工贸易出口份额。一般贸易的出口份额由 2006 年的 42.95% 增长到 2019 年的 57.8%，超过了加工贸易 24 个百分点，其他贸易出口份额由 2006 年的 4.37% 增长到 2019 年的 12.8%。在这一阶段三种贸易出口额年均增速为

4.8%、11.8%、20%。

（二）出口贸易中一般贸易的发展变化

一般贸易出口在改革开放以后同样经历了三个阶段：第一阶段（1981—1992 年），外贸体制改革使得以往权力比较集中的外贸总公司放权简政，激励了省级以下的外贸公司，不仅使外贸企业日益增多，而且也加快了一般贸易出口的发展。第二阶段（1993—2005 年），随着外资的涌入和外贸经营权的下放，民营企业、外资经营企业、合资经营企业等多种形式的企业得到共同发展。加工贸易的比重开始增加，一般贸易的比重逐渐减少，2001 年中国加入 WTO 后，真正的贸易主体多元化的局面逐渐形成。第三阶段（2006—2019 年），一般贸易出口比重又开始增加，尤其是 2008 年金融危机的爆发更带动了一般贸易和其他贸易的发展。

（三）出口贸易中加工贸易的发展变化

顾建清（2008）认为中国的加工贸易最早产生在 1957 年，其规模较小，由国家外贸部门管理经营。在 1979 年国务院出台鼓励的政策后，加工贸易才开始迅速发展。加工贸易的出口历经了以下三个阶段：

第一阶段，20 世纪 70 年代末到 80 年代中期的起步阶段。在国家政策鼓励下，开展了以来料加工为主的加工贸易。进料加工贸易处于新兴状态，主要分布在广东、福建等省份。

第二阶段，20 世纪 80 年代后期到 90 年代初期的积极鼓励阶段。一系列更有利的政策促进了加工贸易的发展，使我国外贸跨上新台阶。如 1986 年国务院颁布的《关于鼓励外商投资的规定》、1987 年《国务院办公厅转发经贸部关于抓住有利时机进一步发展来料加工装配等业务请示的通知》和 1992 年海关总署公布的《中华人民共和国海关对外商投资企业进出口货物监管和征免税办法》等。此阶段进料加工业务快速发展，如 1991 年，进料加工的贸易额占到全国外贸的 25%。

第三阶段，20 世纪 90 年代中期至今的加强监管和转型升级阶段。国家出台的各种制度为加工贸易的发展提供了更规范的环境，如保证金台账制度、总量控制以及许可证制度。中国加入 WTO 为加工贸易营造了符合国际贸易惯例的环境。2003 年,国家首次明确把推动加工贸易转型升级作为战略任务。在这些有利形势的带动下,无论在区域、产品还是形式上加工贸易都在实现着转型升级的任务。中西部地区在各种政策的鼓舞下有效地承接了东部地区加工贸易的转移;跨国公司在我国高新技术领域的投资,使高新技术产品加工贸易的比重也大幅上升。

二、中国货物贸易进口方式结构的演进历程

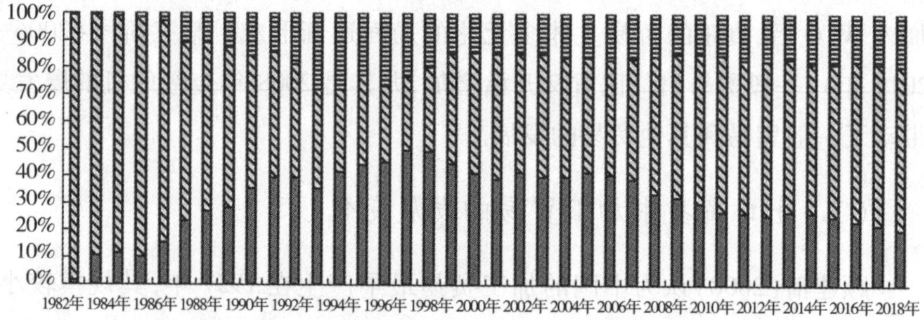

图 3.9　1982—2019 年中国不同贸易方式下进口额所占比重的变化

数据来源:根据 1999—2019 年《中国统计年鉴》和中国海关统计数据计算而得。

图 3.10　1983—2019 年中国不同贸易方式下进口额增速的变化

数据来源:根据 1999—2019 年《中国统计年鉴》和中国海关统计数据计算而得。

结合图 3.9 和图 3.10,从总体来看,1981 年一般贸易商品的进口占了

97.82%,其他贸易和加工贸易进口的商品比重不足3%。到了2019年末,一般贸易的进口比重减少了37.32%,但仍是最主要的进口贸易方式,加工贸易和其他贸易方式的进口比重都上涨较快,尤其是其他贸易方式的进口比重由1982年的0.75%上涨到19.4%。

从具体贸易方式来看,加工贸易进口商品比重在1982—1997年(1993年略有下降)都在增长,并于1997年达到最高值。1998—2006年缓慢下降,2007—2013年下降的速度较快,由2007年的38.54%下降到2019年的20.1%。在1996年之前,加工贸易进口额的增速保持了两位数的高速增长,1996—2001年除个别年份外,增长缓慢,甚至出现负数,2002—2007年又以两位数的增速增长,2008—2019年加工贸易进口额增速不均匀,最低时是负数,最高时达到29.5%。

一般贸易的进口比重在1997年以前快速下降,由1982年的97.82%下降到1997年的27.42%,1998年亚洲金融危机后整体增长速度加快。进口额在1998—2008年的11年间保持了两位数的高速增长,在亚洲金融危机后和国际金融危机前一般贸易进口发展良好。2009—2016年增长缓慢,2010年的进口额增长较快,这是金融危机后的暂时性反弹。具体原因可能是在我国进入工业化中期阶段以后,个人为满足最终需求的消费额增加,质量升级,大大促进了一般贸易方式下进口额的增长。2017—2018年实现了两位数的增长速度。

其他贸易方式的进口额比重在1982—1994年保持了快速稳定的增长,在1993年达到最高值28.42%,1995—2013年除偶有升高外,进口额比重趋于下降。进口额在1983—1989年、2000—2008年、2010—2012年、2017—2019年都保持了两位数的增长速度,在两次金融危机的影响下,1997—1999年和2009年进口额的增长率是负数。第二次危机影响进口额增长的时间要短一些。

第三节　中国货物贸易主体结构的演进历程

一、中国货物贸易出口主体结构的演进历程

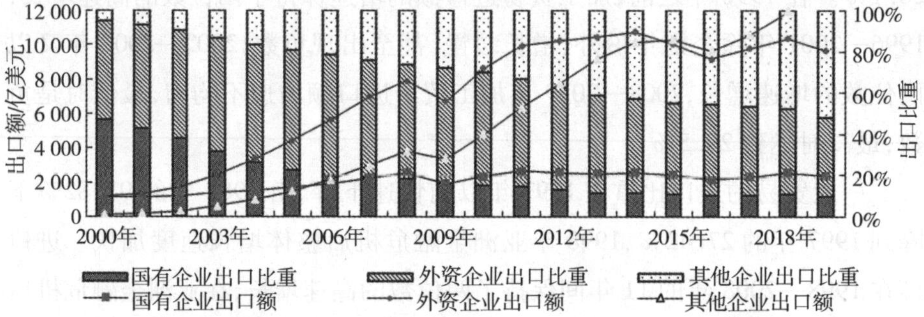

图 3.11　2000—2019 年中国不同性质企业出口额及比重的变化

数据来源：根据 1999—2019 年《中国统计年鉴》和中国海关统计数据计算而得。其他企业包括私营企业和集体企业，主要为私营企业。

结合图 3.11，从总体来看，国有企业的出口额增长较慢，而且比重在不断下降，外资企业 2015 年以前一直是出口产品的最大贸易主体，其他企业的出口所占比重和出口额增长更加迅猛。国有企业的出口额由 2000 年的 1 164.48亿美元增长到 2019 年的 2 356.1 亿美元，所占出口额比重直线下降，到 2019 年降为 9.4%，是 2000 年的 20.1%；外资企业的出口额由 2000 年的 1 194.37 亿美元增长到 2019 年的 9 660.6 亿美元，所占出口额比重在 2005 年达到顶点 58.30%，之后缓慢下降；其他类型企业的出口额在 20 年间增长了 96 倍，到 2019 年达到 12 973.6 亿美元，所占出口额比重也由 2000 年的 5.34% 上涨到 2019 年的 51.9%，超过了外资企业的比重。

二、中国货物贸易进口主体结构的演进历程

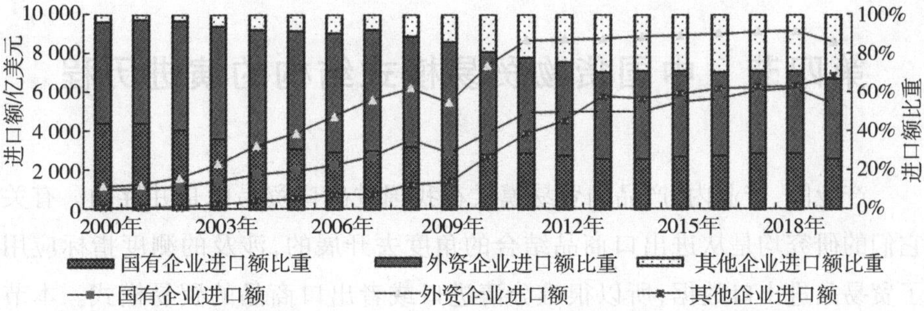

图 3.12 2000—2019 年中国不同性质企业进口额及比重的变化

数据来源：根据 1999—2019 年《中国统计年鉴》和中国海关统计数据计算而得。

如图 3.12 所示，整体来看，国有企业和外资企业进口所占比重呈下降趋势，国有企业下降得更快，但外资企业仍然是进口的主体。长久以来，我国凭借着丰富的低廉劳动力资源、优惠的外资政策和巨大的发展潜力吸引了大量的外商直接投资。加工贸易在我国发展迅速，跨国公司从国外进口零配件到我国进行组装再出口。因此，长期以来，我国的进口贸易是以外资企业为主导的。

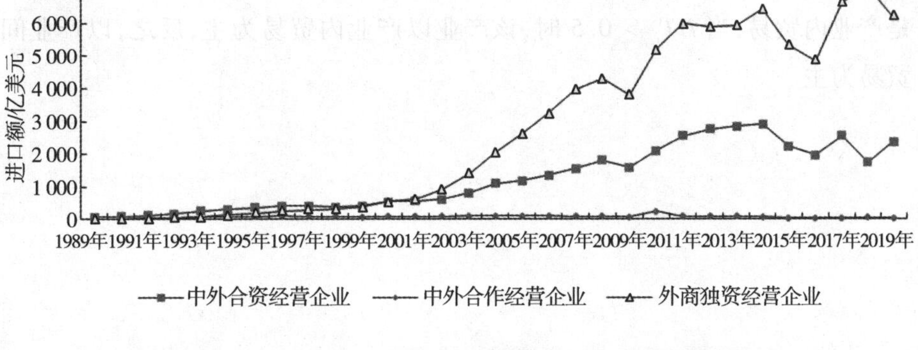

图 3.13 1989—2019 年外商投资企业进口额的变化

数据来源：根据 1999—2019 年《中国统计年鉴》和中国海关统计数据计算而得。

如图 3.13 所示，2001 年以前，中外合资经营企业的进口额大于外商独资经营企业的进口额。2001 年开始，外商独资经营企业的进口额开始大幅增加。

第四节　中国货物贸易模式结构的演进历程

产业间、产业内、产品内贸易模式在我国进出口贸易中是并存的。有关它们的研究均是从进出口商品结合的角度去开展的，涉及的测度指标应用了贸易品进出口数据，所以很难分清进口或者出口商品的贸易模式。本节内容首先从产品角度的 G－L 指数变化来展示中国货物贸易由产业间贸易模式向产业内贸易模式的变迁，然后介绍我国产品内贸易的发展。

一、中国产业间贸易和产业内贸易的演进历程

国际上最常用的计算产业内贸易水平的指标是 Grubel－Lloyd 指数（G－L 指数）(1975)。其计算公式为：

$$IIT_i = 1 - \frac{|X_i - M_i|}{|X_i + M_i|} \tag{3.1}$$

其中，X_i 为产品 i 在某一特定年份的出口，M_i 为产品 i 在同一年同一国家的进口。根据这个公式计算出的指标结果在 0～1 之间浮动。当 $IIT_i = 0$ 时，i 产业所发生的只有产业间贸易；而当 $IIT_i = 1$ 时，i 产业的贸易又全部是产业内贸易；当 $IIT_i > 0.5$ 时，该产业以产业内贸易为主，反之，以产业间贸易为主。

表 3.1　1980—2019 年部分年份 SITC 分类下各类商品的 G－L 指数

年份	SITC0	SITC1	SITC2	SITC3	SITC4	SITC5	SITC6	SITC7	SITC8	SITC9
1980	0.99	0.63	0.65	0.09	0.40	0.56	0.98	0.28	0.32	0.77
1985	0.58	0.68	0.90	0.05	0.95	0.47	0.55	0.09	0.71	0.84
1990	0.67	0.63	0.93	0.39	0.28	0.72	0.83	0.50	0.28	0.87
1995	0.76	0.45	0.60	0.98	0.30	0.69	0.94	0.75	0.26	0.02
2000	0.56	0.66	0.36	0.55	0.21	0.57	0.99	0.95	0.26	0.24
2005	0.59	0.80	0.19	0.43	0.15	0.63	0.77	0.90	0.48	0.89
2010	0.69	0.88	0.10	0.25	0.08	0.74	0.69	0.83	0.46	0.15
2011	0.73	0.76	0.10	0.21	0.09	0.78	0.64	0.82	0.44	0.09
2012	0.81	0.74	0.10	0.18	0.08	0.78	0.61	0.81	0.41	0.04
2013	0.86	0.73	0.09	0.19	0.11	0.77	0.58	0.81	0.39	0.03
2014	0.89	0.71	0.11	0.20	0.14	0.82	0.60	0.81	0.37	0.05
2015	0.93	0.73	0.12	0.25	0.16	0.86	0.51	0.78	0.37	0.06
2016	0.89	0.74	0.12	0.26	0.15	0.85	0.52	0.80	0.38	0.14
2017	0.93	0.66	0.11	0.25	0.19	0.84	0.54	0.81	0.39	0.16
2018	0.99	0.65	0.12	0.24	0.24	0.86	0.54	0.82	0.41	0.14
2019	0.89	0.62	0.11	0.24	0.22	0.85	0.51	0.79	0.40	0.37

数据来源：根据 1999—2019 年《中国统计年鉴》和中国海关统计数据计算而得。

由表 3.1 可知，1980 年时，SITC3、SITC4、SITC7、SITC8 的 G－L 指数都小于 0.5，故以产业间贸易为主。到了 2018 年，SITC2、SITC3、SITC4、SITC8、SITC9 的G－L 指数都小于 0.5，SITC0 的 G－L 值更接近 1，其次是 SITC5 和 SITC7 的 G－L 指数也较高。而 SITC2 从 1995 年以后转变为以产业间贸易为主。SITC6 的 G－L 指数越来越小，倾向于产业间贸易。SITC9 从 2010 年开始以产业间贸易为主。

二、中国产品内贸易的演进历程

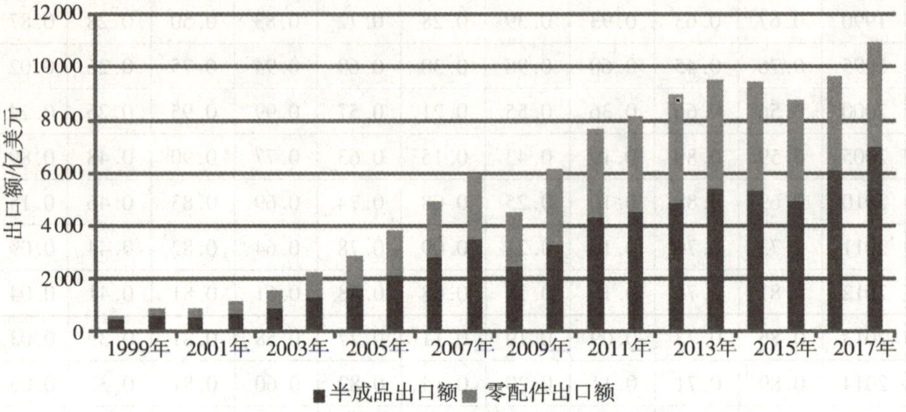

图 3.14 1999—2018 年中国半成品、零配件出口额

数据来源：根据联合国服务贸易数据库（UN Comtrade Statistics Database）整理计算而得。

图 3.14 显示的是我国自 1999 年以来半成品和零配件的出口额。中间品的出口额占总出口额的比重在 1995—2000 年间变化起伏，2001—2008 年不断上升，2008 年国际金融危机后有小幅下滑，但很快又恢复了增长的态势，成为我国出口产品的重要组成部分。其中，半成品的出口额高于零配件的出口额。1999—2018 年间，半成品出口额由 424 亿美元增加到 7 013 亿美元；零配件出口额由 226 亿美元增加到 3 937 亿美元。

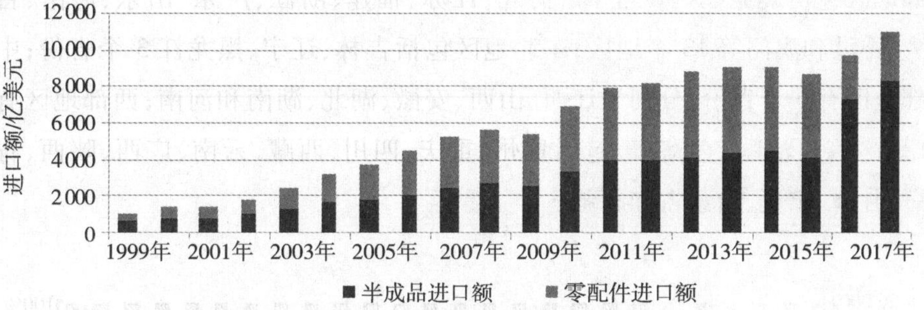

图 3.15　1999—2018 年中国半成品、零配件进口额

数据来源:根据联合国服务贸易数据库整理计算而得。

中间品的进口额在 1999—2018 年间由 765 亿美元增加到 10 999 亿美元。占总进口的比重在 1998 年达到最高值 66.45% 后,呈下降趋势,到 2018 年末占比为 45%。结合图 3.15,1999—2018 年间,半成品和零配件的进口额都快速增长,2006 年以前,半成品进口额大于零配件进口额,2006 年以后呈相反的趋势。到 2016 年,零配件进口额(4 550 亿美元)大于零配件出口额(3 864 亿美元)。2017—2018 年,半成品进口额大于半成品出口额,半成品进口额远大于零配件进口额。

第五节　中国货物贸易区域结构的演进历程

一、中国货物贸易出口区域结构的演进历程

(一)出口的内部区域结构演进历程

为客观真实地体现我国不同地区的经济发展情况,依据国家统计局《统计上大中小型企业划分办法》《中共中央国务院关于促进中部地区崛起的若干意见》《关于西部大开发若干政策措施的实施意见》以及党的十六大报告的精神等,我国的经济区域被划分为东部、东北、中部和西部四大区域。东

部地区包括北京、天津、上海、河北、江苏、福建、浙江、广东、山东、海南、台湾、香港和澳门等13个地区;东北地区包括吉林、辽宁、黑龙江3个省份;中部地区有6个省份,分别为江西、山西、安徽、湖北、湖南和河南;西部地区有12个省、自治区、直辖市,包括贵州、重庆、四川、西藏、云南、广西、陕西、青海、甘肃、宁夏、内蒙古和新疆。

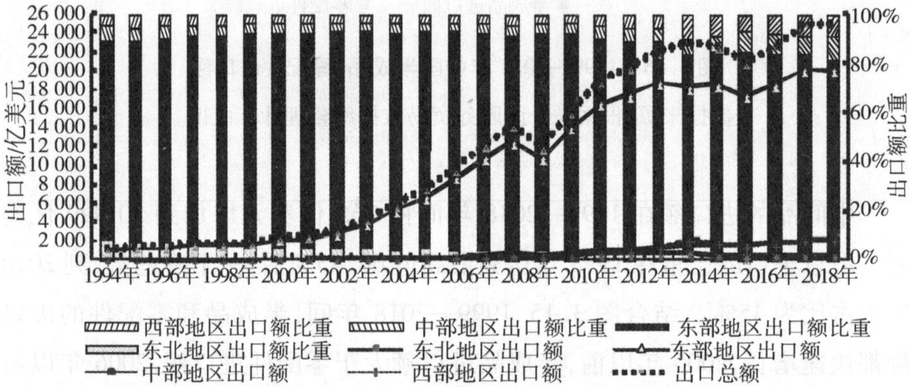

图3.16　1994—2019年中国四大区域货物出口额及比重的变化

数据来源:根据1999—2019年《中国统计年鉴》和中国海关统计数据计算而得。

东部地区是我国出口的主要地区,出口额比重都在80%以上,而且东部地区出口额的变化和我国总出口额的变化趋势一致。这期间的变化分成三个阶段。1994—2000年,稳步增长阶段,1997年的金融危机似乎没有对它造成影响;2001年以后加速增长,2008年的金融危机影响了东部地区2009年的出口额,部分劳动密集型产业开始向其他地区转移;2010年以后略有下降,到2019年占比为79.9%。

东北地区、中部地区和西部地区出口额累计比重在20%左右。中部地区和西部地区的出口额比重缓慢上升,2008年国际金融危机以后承接了东部地区的产业转移,出口占比超过了东北地区,到2019年占全部出口比重分别为8.9%和8.94%。1994年,东北地区出口占全国出口的10.06%,之后由于人口外流、技术不占优势等原因,其出口占比缓慢下滑。

自2006年以来,东部地区排在前三位的出口省份是广东省、江苏省、浙江省(如图 3.17)。广东省的出口占比在 2006—2019 年间平均值是 35.1%,达到了江浙两省(分别为 19.5%和 14.7%)的总和,而且 2008 年的国际金融危机对它影响不大。自 2016 年开始,广东省出口商品比重逐年下降,到 2019 年降为 25.2%。江苏省和浙江省出口比重变化不大,但是 2019 年都有所下降。

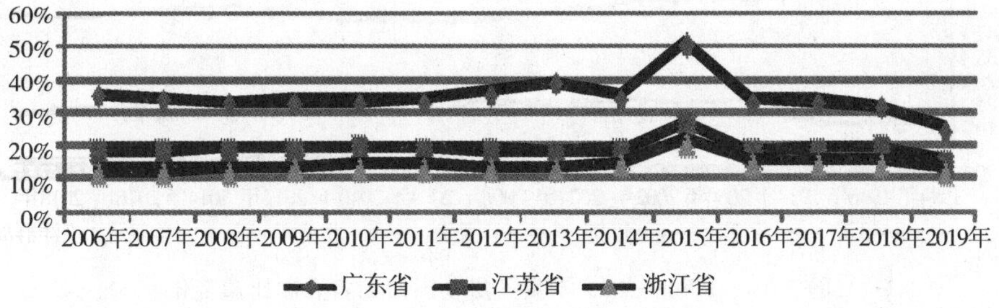

图 3.17　2006—2019 年广东省、江苏省、浙江省占东部地区出口比重变化

数据来源:根据 1999—2019 年《中国统计年鉴》和中国海关统计数据计算而得。

(二)出口的外部区域结构演进历程

1. 洲际结构

如图 3.18 所示,我国主要贸易伙伴是亚洲、欧洲和北美洲。亚洲在 1994—2011 年间和 2016—2019 年间,出口比重呈匀速下降状态。欧洲和北美洲的市场都经历了起伏。对北美洲的出口以 2007 年为分界线,2007 年以前,出口比重由 1994 年的 18.89%增长到 2006 年的 22.61%,但 2007 年开始萎缩,那时的北美市场已经出现金融危机前兆。对欧洲的出口在 2008 年国际金融危机爆发时开始萎缩,之前保持了增长的态势。到 2019 年末,对欧洲和北美洲的出口分别占我国货物总出口的 20%和 18.2%。亚洲份额的减少与欧美企业增加在华直接投资有关。欧美企业投资的增加,使得外资企业直接将产品出口到发达国家,中欧贸易发展较快。对非洲、南美洲和大洋洲的出口比重总体不高,1994 年对三大洲的出口比重分别为 1.54%、

2.03%、1.42%，累计占到4.99%，2019年末三者比例为4.5%、6.1%、2.3%，累计占到12.9%。这种变化一方面是中国长期实施市场多元化的结果，另一方面传统出口地区与中国出口摩擦加剧，贸易分散化是解决这一矛盾的有效途径。

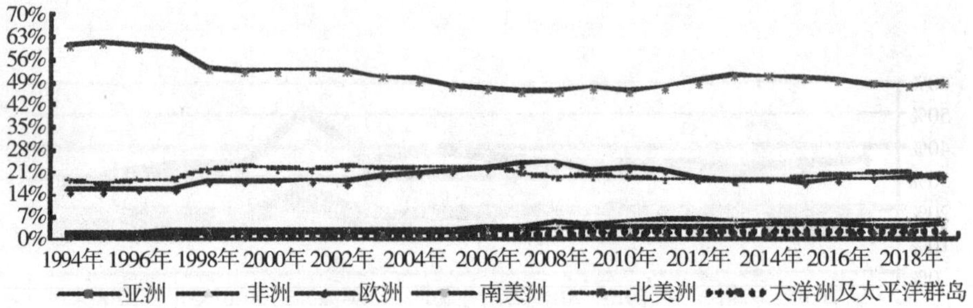

图 3.18　1994—2019 年我国货物出口到各大洲比重变化

数据来源：根据1999—2019年《中国统计年鉴》和中国海关统计数据计算而得。

2. 国别结构

(1)对亚洲主要国家的出口

表 3.2　1994—2019 年对亚洲主要国家出口比重的变化

年份	印度	印度尼西亚	日本	马来西亚	新加坡	韩国	泰国	阿联酋	越南
1994	0.47%	0.87%	17.83%	0.92%	2.11%	3.64%	0.96%	0.71%	0.28%
1995	0.51%	0.97%	19.13%	0.86%	2.35%	4.50%	1.18%	0.74%	0.48%
1996	0.45%	0.95%	20.45%	0.91%	2.48%	4.97%	0.83%	0.71%	0.56%
1997	0.51%	1.01%	17.42%	1.05%	2.36%	4.99%	0.82%	0.71%	0.59%
1998	0.55%	0.64%	16.14%	0.87%	2.15%	3.40%	0.68%	0.70%	0.56%
1999	0.60%	0.91%	16.63%	0.86%	2.31%	4.01%	0.74%	0.74%	0.44%
2000	0.63%	1.23%	16.72%	1.03%	2.31%	4.53%	0.90%	0.83%	0.62%
2001	0.71%	1.07%	16.89%	1.21%	2.18%	4.70%	0.88%	0.89%	0.68%

续表

年份	印度	印度尼西亚	日本	马来西亚	新加坡	韩国	泰国	阿联酋	越南
2002	0.82%	1.05%	14.88%	1.53%	2.15%	4.77%	0.91%	1.06%	0.66%
2003	0.76%	1.02%	13.56%	1.40%	2.02%	4.59%	0.87%	1.15%	0.73%
2004	1.00%	1.05%	12.39%	1.36%	2.14%	4.69%	0.98%	1.15%	0.72%
2005	1.17%	1.10%	11.02%	1.39%	2.18%	4.61%	1.03%	1.15%	0.74%
2006	1.50%	0.98%	9.46%	1.40%	2.39%	4.59%	1.01%	1.18%	0.77%
2007	1.97%	1.03%	8.38%	1.45%	2.43%	4.61%	0.98%	1.40%	0.98%
2008	2.21%	1.20%	8.12%	1.50%	2.26%	5.17%	1.09%	1.65%	1.06%
2009	2.47%	1.23%	8.14%	1.63%	2.50%	4.47%	1.11%	1.55%	1.36%
2010	2.59%	1.39%	7.67%	1.51%	2.05%	4.36%	1.25%	1.35%	1.46%
2011	2.66%	0.15%	7.81%	1.47%	1.87%	4.37%	1.35%	1.41%	1.53%
2012	2.33%	1.67%	7.40%	1.78%	1.99%	4.28%	1.52%	1.44%	1.67%
2013	2.19%	1.67%	6.80%	2.08%	2.08%	4.13%	1.48%	1.51%	2.20%
2014	2.31%	1.67%	6.38%	1.98%	2.08%	4.28%	1.46%	1.67%	2.72%
2015	2.56%	1.51%	5.97%	1.93%	2.29%	4.45%	1.68%	1.63%	2.90%
2016	2.78%	1.53%	6.16%	1.80%	2.12%	4.47%	1.77%	1.43%	2.91%
2017	3.01%	1.54%	6.07%	1.84%	1.99%	4.54%	1.70%	1.27%	3.14%
2018	3.08%	1.73%	5.90%	1.84%	1.97%	4.36%	1.72%	1.20%	3.37%
2019	2.99%	1.83%	5.73%	2.09%	2.19%	4.44%	1.82%	1.34%	3.92%

数据来源:根据 http://unctadstat.unctad.org 和中国海关统计数据整理计算而得。

表3.2中数据显示,我国在亚洲的主要出口国是日本和韩国。但对日本的出口比重从1994年的17.83%下降到2019年的5.73%,而对韩国的出口比重以2008年为分界线,2008年之前出口比重在上升,2008年之后则有升与降。近年来,日本经济持续不景气,并调整了对外投资战略,大量的制造业中心转回国内,加大了对中国市场的开发,因而从中国进口的商品份额不断减少。

中国越来越注重同周边国家的经贸往来。对印度、印度尼西亚、马来西亚、泰国、阿联酋和越南的出口比重都在增长。对越南的出口增长最为醒目,由1994年的0.28%上升至2019年的3.92%。其次是印度,由1994年的0.47%上升至2019年的2.99%。对新加坡的出口变化幅度不大,维持在2%—2.5%之间。

(2)对欧洲主要国家的出口

如图3.19所示,2019年对欧洲的主要出口国家中德国比重最大,其次是荷兰。对英国和俄罗斯的出口比重也较高。对德国的出口比重由1994年的3.93%降到2019年的3.19%。对英国的出口比重变化不大,在2%—2.6%之间。对俄罗斯的出口比重由1994年的1.31%上升到2019年的1.99%。对法国、荷兰、意大利和西班牙的出口比重有一定的起伏。

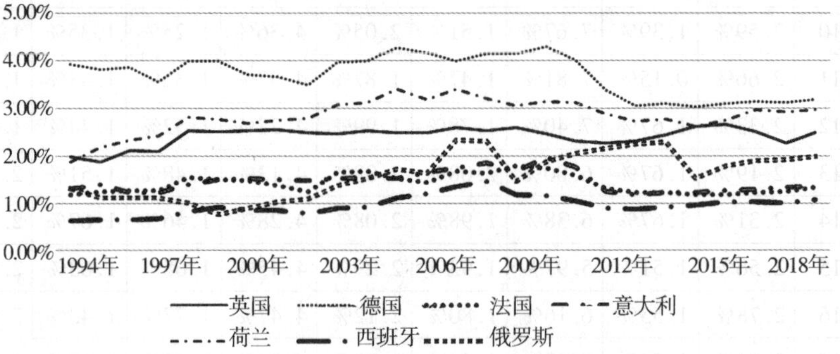

图3.19 1994—2019年对欧洲主要国家出口比重的变化

数据来源:根据 http://unctadstat.unctad.org 和中国海关统计数据整理计算而得。

(3)对美洲及大洋洲主要国家的出口

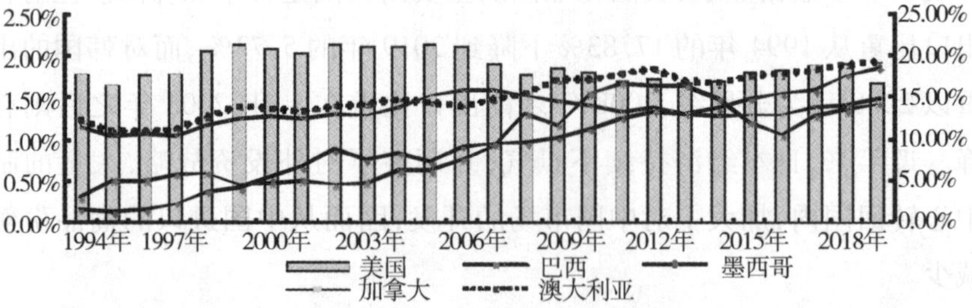

图3.20 1994—2019年对美洲及大洋洲主要国家出口比重的变化

数据来源:根据 http://unctadstat.unctad.org 和中国海关统计数据整理计算而得。

美国一直是我国主要的贸易对象,如图 3.20 所示,1998—2006 年间对美国出口的比重超过了 20%,即使 2008 年国际金融危机爆发,美国仍然是我国最大的出口目的国。2019 年对美国出口占比 16.75%,接近 2013 年的水平。我国对巴西和墨西哥的出口增长也比较快,分别从 1994 年的 0.3% 和 0.17% 增长到 2019 年的 1.42% 和 1.86%。对加拿大和澳大利亚的出口占比维持在 1%—2% 之间。

截至 2019 年末,我国前九大出口国及出口比重分别为美国 16.75%、日本 5.73%、韩国 4.44%、德国 3.19%、荷兰 2.96%、英国 2.50%、俄罗斯 1.99%、马来西亚 2.09%、新加坡 2.19%。

二、中国货物贸易进口区域结构的演进历程

(一)进口的内部区域结构演进历程

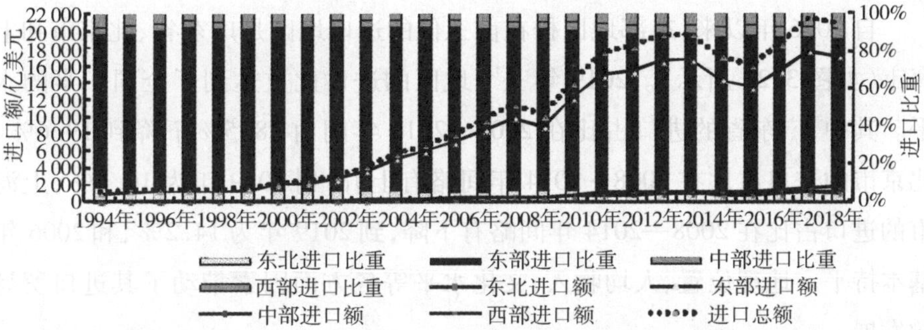

图 3.21　1994—2019 年中国四大区域货物进口额及比重的变化

数据来源:根据 http://unctadstat.unctad.org 和中国海关统计数据整理计算而得。

总体来看,我国东部地区进口额比重大,占比均在 80% 以上,上涨幅度最大。东部地区进口额的变化和我国总进口额的变化趋势一致。这期间分成两个阶段:1994—2006 年东部进口所占比重和贸易额都呈上升趋势,2007 年开始,所占比重缓慢下降,到 2019 年达到 81.5%,贸易额在 2009 年、2015—2017 年和 2019 年略微下降。

东北地区进口比重下降,由1994年的7.4%下降到2019年的4.6%。西部地区、中部地区经历了起伏,到2019年进口额比重略有增加,由1994年的7.2%和4.5%增加到2019年的8.1%和5.8%。在进口额上,1994年中部地区、西部地区和东北地区进口额分别为51.97亿美元、82.60亿美元和85.41亿美元,到了2019年,分别为1 200.8亿美元、1 681.1亿美元和960.6亿美元。

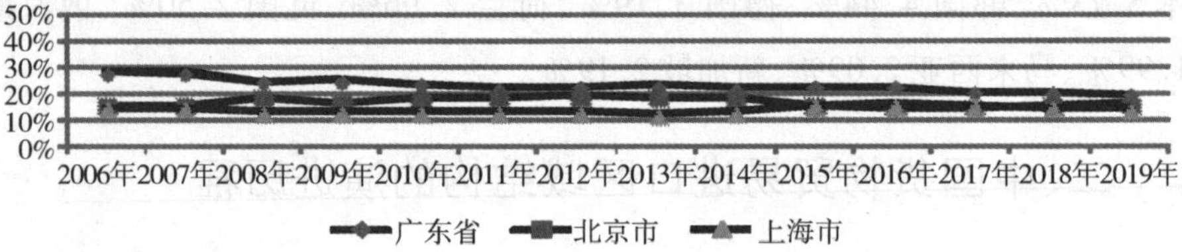

图3.22　2006—2019年广东省、北京市、上海市占东部地区进口比重变化

数据来源:根据2007—2019年《中国统计年鉴》数据计算而得。

自2006年以来,东部地区排在前三位的进口地区是广东省、北京市和上海市(如图3.22所示)。2019年三个地区的进口比重达到了全国一半的水平。其中,广东省的进口占比在2006—2019年间由28.5%下降到19.6%,北京市的进口占比在2008—2014年间略有上升,到2019年为16.4%,上海市的进口占比在2008—2014年间略有下降,到2019年为14.2%,和2006年基本持平。地理位置、人均收入、文化水平等各方面因素带动了其进口贸易的发展。

(二)进口的外部区域结构演进历程

由于对高新技术产品及资源类产品的需求大、进口多,进口来源地也就主要集中在自然资源和技术要素相对丰裕的国家和地区,如欧美发达国家和东盟这些成熟及新兴的市场,以及资源丰富的拉丁美洲国家和中东地区国家、澳大利亚、俄罗斯等。

1. 洲际结构

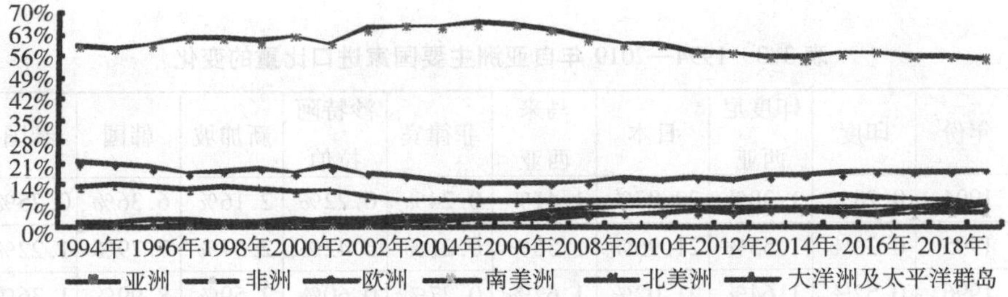

图 3.23 1994—2019 年我国自各大洲进口货物比重的变化

数据来源：根据 1999—2019 年《中国统计年鉴》和中国海关统计数据计算而得。

如图 3.23 所示，我国主要进口贸易伙伴是亚洲、欧洲和北美洲。自亚洲地区的进口占到了一半以上的份额，而且在 2009 年以前的大多数年份里自亚洲地区的进口比重在 60% 以上，2009 年开始下降，到 2019 年降至 55.18%。自欧洲的进口比重由 1994 年的 21.73% 降至 2006 年的最低点 14.5%，随后基本平稳保持在 14%—18% 之间，到 2019 年达到 18.14%。自北美洲的进口比重在 2003 年以前在 10% 以上，2011 年降至 8.28%，之后略有反弹，2015—2019 年呈下降趋势，2019 年降到 7.28%。

自非洲、南美洲和大洋洲的进口比重不高，但却保持了稳中有升的状态。1994 年，自三大洲进口比重分别为 0.78%、1.95%、2.53%，累计占到 5.26%，2019 年末，三者比例为 4.6%、7.96%、6.68%，累计占到 19.24%。

2. 国别结构

（1）自亚洲主要国家进口

表 3.3　1994—2019 年自亚洲主要国家进口比重的变化

年份	印度	印度尼西亚	日本	马来西亚	菲律宾	沙特阿拉伯	新加坡	韩国	泰国
1994	0.28%	1.38%	22.87%	1.41%	0.24%	0.22%	2.16%	6.36%	0.75%
1995	0.30%	1.55%	21.96%	1.56%	0.21%	0.42%	2.57%	7.79%	1.22%
1996	0.52%	1.64%	21.02%	1.62%	0.27%	0.60%	2.59%	8.99%	1.36%
1997	0.63%	1.88%	20.37%	1.75%	0.23%	0.58%	3.14%	1.05%	1.42%
1998	0.65%	1.75%	20.16%	1.91%	0.37%	0.57%	3.02%	10.71%	1.72%
1999	0.50%	1.84%	20.38%	2.18%	0.55%	0.55%	2.45%	10.40%	1.68%
2000	0.60%	1.96%	18.44%	2.43%	0.75%	0.87%	2.25%	10.31%	1.95%
2001	0.70%	1.60%	17.57%	2.55%	0.80%	1.12%	2.11%	9.60%	1.93%
2002	0.77%	1.53%	18.11%	3.15%	1.09%	1.16%	2.39%	9.68%	1.90%
2003	1.03%	1.39%	17.96%	3.39%	1.53%	1.25%	2.54%	10.45%	2.14%
2004	1.37%	1.29%	16.81%	3.24%	1.61%	1.34%	2.49%	11.09%	2.06%
2005	1.48%	1.28%	15.21%	3.04%	1.95%	1.86%	2.50%	11.64%	2.12%
2006	1.30%	1.21%	14.62%	2.98%	2.23%	1.91%	2.23%	11.34%	2.27%
2007	1.53%	1.30%	14.01%	3.00%	2.42%	1.84%	1.83%	10.85%	2.37%
2008	1.79%	1.26%	13.30%	2.83%	1.72%	2.74%	1.78%	9.90%	2.27%
2009	1.36%	1.36%	13.01%	3.21%	1.19%	2.34%	1.77%	10.19%	2.48%
2010	1.49%	1.49%	12.66%	3.61%	1.16%	2.35%	1.77%	9.91%	2.38%
2011	1.34%	1.80%	11.16%	3.56%	1.03%	2.84%	1.61%	9.33%	2.24%
2012	1.03%	1.76%	9.78%	3.21%	1.08%	3.02%	1.57%	9.28%	2.12%
2013	0.87%	1.61%	8.32%	3.08%	0.93%	2.74%	1.54%	9.39%	1.98%
2014	0.84%	1.25%	8.32%	2.84%	1.07%	2.48%	1.57%	9.71%	1.96%
2015	0.80%	1.18%	8.51%	3.17%	1.13%	1.79%	1.64%	10.39%	2.21%
2016	0.74%	1.35%	9.16%	3.10%	1.10%	1.49%	1.63%	10.00%	2.43%
2017	0.89%	1.55%	8.98%	2.95%	1.04%	1.72%	1.86%	9.63%	2.26%
2018	0.88%	1.60%	8.46%	2.97%	0.96%	2.15%	1.58%	9.59%	2.10%
2019	0.87%	1.64%	8.27%	3.46%	0.97%	2.61%	1.70%	8.36%	2.22%

数据来源：根据 http://unctadstat.unctad.org 和中国海关统计数据整理计算而得。

表 3.3 中数据显示，在亚洲主要的进口国家里，日本和韩国是我国在亚洲的主要进口来源国。自日本的进口比重变化较大，由 1994 年的 22.87% 下降到 2019 年的 8.27%，这体现了我国对其高技术产品的依赖性逐渐降低。而自韩国的进口比重缓慢上升，最高值为 2005 年的 11.64%，到 2019 年占比 8.36%，至此，韩国超越日本成为我国在亚洲最大的进口国。自新加坡的进口比重也有小幅下降，由 1994 年的 2.16% 下降至 2019 年的 1.70%。自马来西亚和沙特阿拉伯的进口比重除了近两年外，一直在缓慢增长，所占比例到 2019 年分别为 3.46% 和 2.61%。自印度、菲律宾、泰国、印度尼西亚进口的比重呈现出了先升后降的趋势，但 2019 年的比重与 1994 年相比仍有大幅提升。

（2）自欧洲主要国家（地区）进口

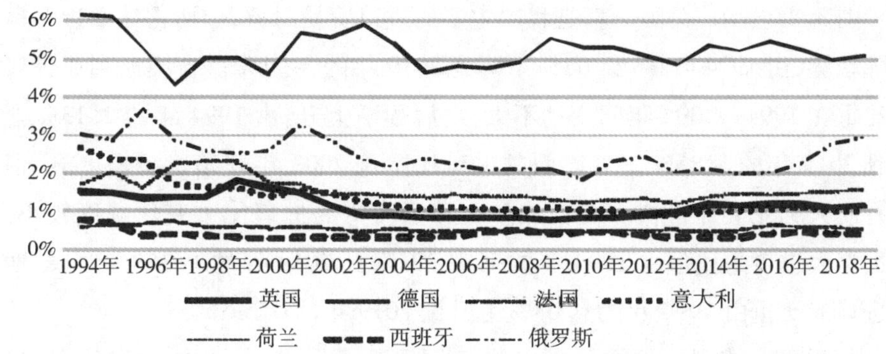

图 3.24　1994—2019 年自欧洲主要国家（地区）进口比重

数据来源：根据 http://unctadstat.unctad.org 和中国海关统计数据整理计算而得。

如图 3.24 所示，从整体上看，在此期间我国自德国和俄罗斯进口比重较大，自德国进口比重维持在 4%—7% 之间，自俄罗斯进口比重在 2%—4% 之间。除了 1994—1996 年以外，自法国进口比重略高于自意大利进口比重。自西班牙进口比重与自荷兰进口比重相差不大。

(3)自美洲及大洋洲主要国家(地区)进口

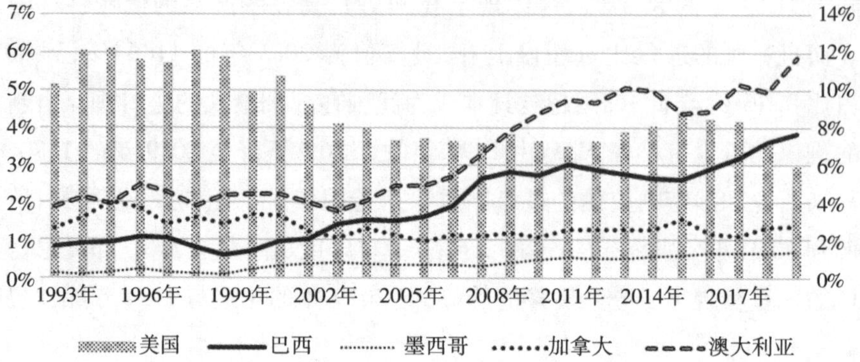

图 3.25　1993—2019 年自美洲及大洋洲主要国家进口比重

数据来源:根据 http://unctadstat.unctad.org 和中国海关统计数据整理计算而得。

图 3.25 显示,美国一直是我国主要的进口贸易对象,但所占比重近年呈下降趋势,由 1994 年的 12.07% 下降到 2019 年的 5.91%。自澳大利亚进口的比重在 1994—2004 年间变动不大,之后逐渐上升,由 1994 年的 2.13% 上升到 2019 年的 5.85%。自巴西的进口比重从 2003 年开始也缓慢上升,但没有澳大利亚上升得快。而自加拿大和墨西哥的进口比重变化幅度较小。自加拿大进口的比重由 1994 年的 1.6% 下降到 2019 年的 1.36%。自墨西哥进口的比重由 1994 年的 0.08% 上升到 2019 年的 0.69%。

截至 2019 年末,我国前十大进口国及比重分别为日本 8.27%、韩国 8.36%、美国 5.91%、德国 5.06%、马来西亚 3.46%、俄罗斯 2.94%、越南 3.09%、沙特 2.61%、澳大利亚 5.85%、巴西 3.84%。其中,2014 年自越南进口额为 199.1 亿美元,到 2019 年,其进口额为 641.34 亿美元。

第四章　中国货物贸易结构演进的影响因素分析

第一节　模型设定与变量说明

一、模型设定

(一)不同影响因素对货物贸易结构演进的作用机制

1. 经济发展水平与货物贸易结构

经济发展水平作用于货物贸易结构体现在:第一,一个国家或地区的经济发展水平越高,对教育和科研的投入越大,人力资本提升越快,越有利于产业结构向以技术密集型为主的结构升级,进而提升货物贸易商品结构;第二,一个国家或地区的经济发展水平越高,各类企业经营活力越强,对外经济联系活动越广泛,越有利于企业以多种贸易方式更深入地参与国际贸易分工,进而带来货物贸易方式、主体和模式结构的变动;第三,一个国家或地区的经济发展水平越高,消费者购买力越强,消费者对产品的种类、样式的要求就会越高,内部市场需求的扩大客观上促进了产业结构和货物贸易区域结构的变动。

2. 产业结构与货物贸易结构

产业结构是一个国家或地区生产要素禀赋及其利用方式的综合反映。货物贸易结构从某种意义上来说是产业结构在空间范围上的扩展,因此二者是同源的,并且是高度正相关的。产业结构决定贸易结构,因为社会化大生产是一切活动的基础,它决定商品的分配、交换和消费,也就是说生产是第一性的,而国际贸易是由生产决定的国际交换环节。

从发展的角度看,货物贸易结构与产业结构之间具有很强的相互依赖性和相互促进效应。短期来看,货物贸易结构的演变可能与产业结构的变化存在相互脱节的情况,但从长期来看,货物贸易结构的演变必然伴随着产业结构的演进及产业的发展。也就是说,货物贸易结构演进是产业结构演进的必然结果,而产业结构变化是货物贸易结构变化的内因。

产业结构作用于货物贸易结构体现在:产业结构升级过程中普遍采用高新技术,增加产品的附加值,从而影响了货物贸易商品结构;产业结构升级过程中伴随着产值结构、资产结构、技术结构和劳动力结构的高级化,进而会影响货物贸易的方式结构;产业结构升级过程中要求产业组织合理化,能够产生高度的规模经济效应,进而影响了货物贸易的主体结构;产业结构升级要求企业更深层次地参与国际化分工,并有效安排生产、销售等环节,进而使贸易模式结构发生变化;产业结构升级在不同地区有快慢之分,进而影响了不同地区的货物贸易结构的变迁。

3. 要素禀赋与货物贸易结构

新古典贸易理论认为一国进行对外贸易时应进口本国某种紧缺要素生产的商品,并且出口本国某种富裕要素密集型的商品,这样会提高资源利用效率,对贸易双方都有利。要素禀赋作用于货物贸易结构体现在:第一,当前世界不同经济发展水平国家间的贸易仍然是以这些国家之间要素禀赋存在的差异和要素跨国自由流动为基础的,它直接决定了一国的货物贸易商品结构。在2008年国际金融危机发生前,与发达国家相比,中国在出口劳动密集型产品上更具比较优势,处于全球价值链的中低端。随着国际分工向产品内分工的深化，我国的出口产品要素禀赋逐渐发生了变化，逐渐走向全球价值链的中高端，进口和出口的国别也相应地发生了变化。第二，具有不同要素禀赋的国家生产同一产品的要素密集度不同，为了节约生产成本就会跨国境选择最有利的生产区位进行对外投资，进而影响了资本流入和流出国的货物贸易方式结构和主体结构。第三，一国要素禀赋的升级要求其更深入地参与国际分工，从而使货物贸易模式结构发生了变化。第四，一国内部不同地区间的要素密集度存在差异，不同国家间的要素禀赋也是有差异的，因而造成了货物贸易结构的地区差异。如我国东部地区的劳动力数量就多于其他地区，对劳动力素质要求不高的生产环节就转向了中西部地区。

4. 技术创新与货物贸易结构

技术创新作用于货物贸易结构表现在：第一，技术水平的高低、技术创新能力的强弱决定了一国在全球价值链和产业链中的地位。技术水平高、技术创新能力强的发达国家会利用自身的资源、资金、人才优势在技术研发中获得更大的突破，提高出口商品的技术含量，优化商品结构。而技术水平相对落后、技术创新能力较弱的国家，必须进口先进技术进行模仿、消化、吸收才能大规模生产，不断缩短与技术水平高的国家的差距，在这一过程中，也提高了产品的质量并优化了商品结构。第二，先进国家和后起国家在这种引进—吸收—模仿—创新技术的过程中贸易模式结构随着分工的变化也发生着产业间贸易—产业内贸易—产品内贸易的演变。第三，技术创新会引起企业组织方式的变革，落后的企业会进口零部件和半成品，并将其加工成成品再出口，有实力的技术先进的企业则会主动研发技术，独立完成生产并出口，因而技术创新影响了货物贸易的方式结构和主体结构的演进。第四，一国内部不同区域和不同国家之间的技术创新能力受地区（国家）的人力资本影响较大。人力资本高的地区（国家），其技术创新能力强，对进口高技术产品的模仿能力强，或者可以独立地生产具有高技术含量的商品并出口；相反，人力资本低的地区（国家），其技术创新能力不足，从而影响了对进口高技术产品的技术外溢的吸收。因此，技术创新也影响了货物贸易的区域结构的演进。

5. 对外直接投资的流入和流出与货物贸易结构

20 世纪 80 年代中期,罗默(P. Romer)、卢卡斯(R. Lucas)等人提出的新增长理论关于对外直接投资的论述为:对外直接投资的流入和流出可以提高一国的技术水平和组织效率,加速全球范围内人力资本、知识和科学技术的流动,便于它们在本国和贸易伙伴国内不断累积,推动贸易双方产出的快速增加和经济发展,能够产生正的外溢性。第一,对外直接投资的流入和流出带来了资金、技术、管理、市场营销等无形资产的技术溢出,能够提高一国产品的技术含量,进而影响货物贸易商品结构。第二,对外直接投资的流入和流出带动了一国加工贸易的升级和其他贸易的发展,影响了货物贸易的方式结构。第三,对外直接投资的流入和流出促进了微观企业的发展,中间品的进出口加速了国内要素流动,进而影响了货物贸易的方式和模式结构。Naughton(2007)认为外商直接投资极大地优化了中国的出口技术结构。2001 年外商投资公司出口的高技术产品占中国高技术产品总出口的一半以上,2003 年后这一比重超过了 85%。第四,对外直接投资的流入和流出具有地域不平衡性,因而不同地区的货物贸易结构也存在差异。

6. 贸易开放度与货物贸易结构

如果一个国家对外是封闭的,就不会发生国际贸易。因此,在一个开放的国度里,制度的刚性影响着货物贸易结构。直接的影响就是允许还是禁止某类产品的进出口。从长期的角度看,其影响表现在,一国对外越开放,就会与世界其他国家和地区发生越多的贸易联系,再通过全球的竞争与合作,便越会深层次地融入国际分工体系中,劳动力素质也越高,产品的质量也会越好,进而越会促进货物贸易商品结构、方式结构、主体结构和模式结构的发展。不同地区(国家)的贸易开放度不同,有的贸易开放晚,起步低,有的贸易开放早,配套政策完善,这样就造成了地区(国家)间的货物贸易结构差异。

7. 汇率水平与货物贸易结构

汇率变动会改变贸易品和非贸易品的相对价格，在短期内这种变化不明显，根据“J”曲线效应可能有滞后期，但长期受到各种贸易产业及产品的需求结构、供给结构、市场结构等不同的影响可以推动一国比较优势发生变化，进而推动产业结构和贸易结构都发生变化。

汇率变动对贸易结构的影响主要有：一是汇率变动直接影响进出口商品的规模和种类，改变了货物贸易的商品结构；二是汇率变动时，国内外产品生产成本的相对价格发生变化，改变货物贸易产品的进口投入比例，加工贸易的比重也会发生变化，进而影响货物贸易的方式结构；三是不同贸易主体的经营管理水平、经济实力大都不相同，其对汇率变化的反应也是不同的，因而汇率变化会影响货物贸易企业结构；四是汇率的变动会影响不同生产阶段的规模经济，可能会造成要素投入比例的变动，从而影响货物贸易模式结构；五是汇率的变化会使各地区（国家）的进出口发生不同比例的变化，进而影响货物贸易的区域结构。

8. 金融发展与货物贸易结构

金融发展是促进贸易结构向高级化方向发展的关键因素之一。它通过推进技术进步和实现要素禀赋丰裕度的转变来改变一国的比较优势。第一，金融发展的水平越高，一般来说其技术创新能力也越强，技术密集型产品（通常是依赖外部金融的产品）的贸易所占的比重越大，进而越有利于优化货物贸易商品结构①；第二，金融发展通过持续扩大资本总量、提高金融体系的效率、完善金融体系结构等支持一般贸易的发展和加工贸易的转型升级；第三，不同企业的融资效率不同，金融发展有助于帮助出口初始成本高的企业提高融资效率，实现和扩大出口，进而影响货物贸易的主体结构；第四，一国的金融发展水平越高，越有利于通过外源性融资使行业形成规模经济，行业参与国际分工的水平也越高，进而越有利于货物贸易模式结构的优

① 齐俊妍：《金融发展与贸易结构——基于 HO 模型的扩展分析》，载《国际贸易问题》2005 年第 7 期。

化;第五,不同地区的金融效率、金融规模和金融结构不同,进出口贸易规模和商品层次也存在差异,因而金融发展能够影响一国的货物贸易区域结构。

(二)设定模型

根据分析,设定基本模型如下

$$\ln jg_{it} = \beta_0 + \beta_1 \ln gdp_{it} + \beta_2 \ln id_{it} + \beta_3 \ln yaosu_{it} + \beta_4 \ln jc_{it} + \beta_5 \ln if_{it} + \beta_6 \ln of_{it} + \beta_7 \ln mk_{it} + \beta_8 \ln hl_{it} + \beta_9 \ln jr_{it} + \varepsilon_{it} \quad (4.1)$$

其中,i 为省份或国家,t 为年份,jg 代表各种贸易结构,包括进口商品结构、出口商品结构、进口地区结构、出口地区结构、进口主体结构、出口主体结构等。gdp、id、$yaosu$、jc、if、of、mk、hl、jr 分别表示经济发展水平、产业结构、要素禀赋、技术创新、对外直接投资的流入和流出、贸易开放度、汇率水平、金融发展情况等,ε 为残差。

根据不同的贸易结构类型,笔者进一步设定如下模型:

$$\ln sp_{it} = \beta_0 + \beta_1 \ln gdp_{it} + \beta_2 \ln id_{it} + \beta_3 \ln yaosu_{it} + \beta_4 \ln jc_{it} + \beta_5 \ln if_{it} + \beta_6 \ln of_{it} + \beta_7 \ln mk_{it} + \beta_8 \ln hl_{it} + \beta_9 \ln jr_{it} + \varepsilon_{it} \quad (4.2)$$

$$\ln zt_{it} = \beta_0 + \beta_1 \ln gdp_{it} + \beta_2 \ln id_{it} + \beta_3 \ln yaosu_{it} + \beta_4 \ln jc_{it} + \beta_5 \ln if_{it} + \beta_6 \ln of_{it} + \beta_7 \ln mk_{it} + \beta_8 \ln hl_{it} + \beta_9 \ln jr_{it} + \varepsilon_{it} \quad (4.3)$$

$$\ln iit_{it} = \beta_0 + \beta_1 \ln gdp_{it} + \beta_2 \ln id_{it} + \beta_3 \ln yaosu_{it} + \beta_4 \ln jc_{it} + \beta_5 \ln if_{it} + \beta_6 \ln of_{it} + \beta_7 \ln mk_{it} + \beta_8 \ln hl_{it} + \beta_9 \ln jr_{it} + \varepsilon_{it} \quad (4.4)$$

模型4.2—4.4分别用来表示各省和直辖市的经济发展水平、产业结构、要素禀赋、技术创新、对外直接投资的流入和流出、贸易开放度、汇率水平、金融发展情况等因素对各省的货物贸易商品结构(sp)、主体结构(zt)和模式结构(iit)变动的影响。其中商品结构(sp)包括出口商品结构(hx)和进口商品结构(hi),主体结构(zt)包括出口贸易主体结构(ox)和进口贸易主体结构(oi)。

$$\ln nqyit = \beta_0 + \beta_1 \ln gdp_{it} + \beta_2 \ln id_{it} + \beta_3 \ln yaosu_{it} + \beta_4 \ln jc_{it} + \beta_5 \ln if_{it} + \beta_6 \ln of_{it} + \beta_7 \ln mk_{it} + \beta_8 \ln hl_{it} + \beta_9 \ln jr_{it} + \varepsilon_{it} \quad (4.5)$$

模型4.5用来表示各地区的经济发展水平、产业结构、要素禀赋、技术创新、对外直接投资的流入和流出、贸易开放度、汇率水平、金融发展情况等因素对货物贸易内部区域结构(nqy)的影响。其中货物贸易内部区域结构

(nqy)包括东北地区出口结构(nee)、东北地区进口结构(nei)、中部地区出口结构(me)、中部地区进口结构(mi)、东部地区出口结构(ee)、东部地区进口结构(ei)、西部地区出口结构(we)、西部地区进口结构(wi)等。

$$\ln wqyit = \beta_0 + \beta_1 \ln gdp_{it} + \beta_2 \ln id_{it} + \beta_3 \ln yaosu_{it} + \beta_4 \ln jc_{it} + \beta_5 \ln if_{it} + \beta_6 \ln of_{it} + \beta_7 \ln mk_{it} + \beta_8 \ln hl_{it} + \beta_9 \ln jr_{it} + \varepsilon_{it} \tag{4.6}$$

模型4.6表示前述影响因素对我国货物贸易外部区域结构(wqy)的影响。外部区域结构(wqy)包括我国出口到欧洲主要国家的结构(oze)、我国自欧洲主要国家进口的结构(ozi)、我国出口到美洲和大洋洲主要国家的结构(mze)、我国自美洲和大洋洲主要国家进口的结构(mzi)、我国出口到亚洲主要国家和地区的结构(yze)、我国自亚洲主要国家和地区进口的结构(yzi)。但是在影响因素的具体指标选择上与前述略有区别,是用另一国某一指标减去我国同样指标的差值来表示的。

$$\ln fs_t = \beta_0 + \beta_1 \ln gdp_t + \beta_2 \ln id_t + \beta_3 \ln yaosu_t + \beta_4 \ln jc_t + \beta_5 \ln if_t + \beta_6 \ln of_t + \beta_7 \ln mk_t + \beta_8 \ln hl_t + \beta_9 \ln jr_t + \varepsilon_t \tag{4.7}$$

模型4.7表示不同的影响因素对货物贸易方式结构(fs)的影响。方式结构(fs)包括出口方式结构(ge)和进口方式结构(gi)。模型4.7与模型4.1—4.6相同的是都选择了同样的影响因素进行分析,不同的是其影响因素指标的数据只有全国的,没有各省和直辖市的。

二、变量度量与数据说明

(一)因变量

1.出口商品结构和进口商品结构

由于高科技产品浓缩了研发资本和智力投入,产品生命周期呈现出棘轮效应,其出口可获得更大的收益,进口也会产生明显的技术外溢效应,因此,采用各省和直辖市的高科技产品出口额、进口额占各省和直辖市出口额和进口额的比重来表示出口和进口商品结构,更能体现出一国商品结构质的提升情况。各省和直辖市数据来源于中国经济网统计数据库。

2. 贸易模式结构

以往研究贸易模式的相关文献没有计算出产业间、产业内和产品内贸易的比例,这是很难测度的问题。因此,在此处只能通过产业内贸易指数计算的结果来表示贸易模式结构的变动。而产品内贸易被看作是一种特殊的产业内贸易,在此不进行单独分析。迄今为止,H. Grubel 和 P. J. Lloyd 创建的 G – L 指数最为权威。因此,笔者利用各省和直辖市的 G – L 指数值代表贸易模式结构,记为 *iit*,数据来源于中国经济网统计数据库。

3. 出口贸易主体结构和进口贸易主体结构

目前进出口的贸易主体都是外商投资企业,而我国贸易主体结构的发展方向应该是国有企业和其他类型企业的进出口比重越来越高,因此,我们分别用各省出口中国有企业和其他类型企业比重与各省进口中国有企业和其他类型企业比重来表示出口贸易主体结构和进口贸易主体结构。数据来源于中国经济网统计数据库。

4. 出口贸易方式结构和进口贸易方式结构

以一般贸易方式为主,以加工贸易和其他贸易方式为辅是我国贸易方式结构发展的趋势。出口贸易方式结构和进口贸易方式结构分别采用不同年份我国一般贸易出口额占总出口额的比重、一般贸易进口额占总进口额的比重来表示。由于所获取的各省数据不够全面,在此利用全国的数据进行分析。数据根据《中国贸易外经统计年鉴 2019》整理而得。

5. 贸易区域结构

对贸易区域结构的分析包括对进口的内部区域结构、出口的内部区域结构、进口的外部区域结构和出口的外部区域结构等的分析。进口的内部区域结构分别用货物目的地是东部地区、东北地区、中部地区和西部地区的高科技产品进口额占全国高科技产品进口额的比重来表示。出口的内部区域结构分别用货物来源地是东部地区、东北地区、中部地区和西部地区的高科技产品出口额占全国高科技产品出口额的比重来表示。东北地区、东部地区、中部地区和西部地区包括的省份见第三章说明。数据来源于中国经济网统计数据库。

进口的外部区域结构则采用自各洲主要贸易伙伴国和地区进口的高科技产品贸易额占我国高科技产品进口总额的比重来表示，出口的外部区域结构采用出口到各洲主要贸易伙伴国和地区的高科技产品贸易额占我国高科技产品出口总额的比重来表示。这里出口的各洲主要贸易伙伴国和地区包括亚洲的日本、印度、印度尼西亚、韩国、马来西亚、泰国、新加坡、阿联酋、越南，欧洲的德国、英国、法国、意大利、荷兰、西班牙、俄罗斯联邦，美洲和大洋洲的美国、加拿大、澳大利亚、巴西和墨西哥。进口的各洲主要贸易伙伴国和地区与出口略有不同，其中剔除了阿联酋和越南，加上了菲律宾和沙特阿拉伯。此处数据来源于世界银行世界发展指标。

（二）自变量

1. 经济发展水平

经济发展水平用经过平减的人均 GDP 来衡量，记为 z_{gdp}，人均 GDP 直接反映一国的经济发展水平和市场规模。国内各省和直辖市的人均实际 GDP 是用各省和直辖市历年的消费者物价指数进行平减得来的。外部区域结构中，进出口贸易伙伴国的贸易比重不仅受其自身的经济发展水平、要素禀赋、技术创新等影响，也受我国的经济发展水平、要素禀赋、技术创新等的影响，因此，各影响因素都用两国相同变量的对数差值来表示。经济发展水平用两个国家取对数的人均 GDP 差值来衡量，记为 z_a，也即 $z_a = \ln z_{gdp1} - \ln z_{gdp2}$，1 代表一个主要的贸易伙伴国家，2 代表中国，人均 GDP 将本国或本地区的 GDP 平减指数进行调整得到人均实际平减 GDP。以 2005 年为基期，下文 1 和 2 的含义与此处相同。此处数据来源于《中国统计年鉴》和世界银行世界发展指标。

2. 产业结构

产业结构能够反映出劳动要素、技术要素、资本要素和中间要素等各种生产要素在不同产业部门的分配比例和联系，笔者用第一产业增加值占GDP比重来表示，记为 y_i，外部区域结构中，则用两个取对数的 y_i 差值来表示，记为 z_b，即 $z_b = \ln y_1 - \ln y_2$。此处数据来源于中国经济网统计数据库、《中国统计年鉴》和世界银行世界发展指标。

3. 要素禀赋

改革开放以来，中国的资本增长速度一直快于劳动增长速度，资本相对稀缺性弱化，而劳动的相对丰裕度也下降。这种变化反映在出口结构上就是从以初级产品出口为主向以资本技术密集型产品出口为主的跨越。要素禀赋指标采用物质资本存量与劳动力投入之比（K/L）来表示，记为 *yaosu*。劳动力投入是指历年的就业人数，用资本形成总额与GDP之比替代物质资本存量。外部区域结构中，则用两个取对数的 *yaosu* 差值来表示，记为 z_c，即 $z_c = \ln yaosu_1 - \ln yaosu_2$。此处数据来源于中国经济网统计数据库、《中国统计年鉴》和世界银行数据库。

4. 技术创新

我们选取专利申请量这一创新产出指标来衡量技术创新，记为 *zhuanli*。外部区域结构中，则用两个取对数的 *zhuanli* 的差值来表示，记为 z_d，即 $z_d = \ln zhuanli_1 - \ln zhuanli_2$。此处数据来源于中国经济网统计数据库、中国科技统计数据库和IMF数据库。

5. 对外直接投资的流入

对外直接投资流入量采用各省外商直接投资总额占各省GDP的比重来表示，记为 *fdi*。外部区域结构中，用两个国家取对数的 *fdi* 差值来表示，记为 z_e，即 $z_e = \ln fdi_1 - \ln fdi_2$。

6. 对外直接投资的流出

对外直接投资流出量采用非金融类对外直接投资存量占各省及直辖市GDP的比重来表示，记为 *ofdi*。外部区域结构中，用两个国家的取对数的 *ofdi* 的差值来表示，记为 z_f，即 $z_f = \ln ofdi_1 - \ln ofdi_2$。

以上对外直接投资的流入和流出的数据来源于《2004—2019 年度中国对外直接投资统计公报》、《中国统计年鉴》和世界银行数据库，港澳台地区没有列入考察范围，新疆地区的对外直接投资额为新疆维吾尔自治区和新疆生产建设兵团的投资之和。

7. 汇率水平

汇率水平用人民币兑换美元的实际有效汇率来表示，记为 *reer*，这一指数是按照一定权重加权平均计算的人民币与其他货币的双边汇率，并且综合反映了在国际贸易中人民币的实际购买力和竞争力情况。外部区域结构中，用两个国家取对数的 *reer* 的差值来表示，记为 z_g，也即 $z_g = \ln reer_1 - \ln reer_2$。此处数据来源于 IMF《国际金融统计》和国际清算银行 BIS，其他币种的实际有效汇率数据来源于世界银行世界发展指标（WDI）数据库，以 2005 年为基期。

8. 贸易开放度

小岛清（1950）、钱纳里（1988）、库兹涅茨（1989）、P. J. Lloyd 和 D. Maclaren（2002）等提出了不同的测度法。最常见的是用外贸依存度来衡量，即用各省进出口贸易总额/GDP 或各主要贸易伙伴国的进出口总额占 GDP 比重来衡量，记为 *waimao*，外部区域结构中，用两个国家取对数的 *waimao* 的差值来表示，记为 z_h，也即 $z_h = \ln waimao_1 - \ln waimao_2$。此处数据来源于中国经济网统计数据库、《中国统计年鉴》和世贸组织数据库。

9. 金融发展

Beck（2003）等也进行了相关的实证检验。他们选取 PC（存款银行或其他金融机构提供的信贷总额占 GDP 的比重）、LL（全部金融中介体的流动负债与当年 GDP 的比率）、MCAP（股票市场的市价总值占 GDP 的比重）、STRADE（股票市场的总交易量占 GDP 的比重）来表示一国的发展程度。张林等选用了金融业产值占 GDP 的比重、金融业在岗人员占总就业人员比重、金融机构贷存比等指标来表示一国的发展程度。① 笔者选取这些指标进行测试后,此处仅选择股票市场的市价总值占 GDP 的比重来代表中国金融市场的发展情况,记为 ji。外部区域结构中,用两个国家取对数的 ji 的比重来表示,记为 z_i,也即 $z_i = \ln ji_1 - \ln ji_2$。此处数据来自中国经济网统计数据库、《中国统计年鉴》和世界银行世界发展指标(WDI)数据库。

第二节　实证检验及结果分析

根据可获得的数据的特点,笔者采用面板模型和灰色关联分析法进行了实证分析。对中国货物贸易商品结构、主体结构、模式结构和区域结构演进的影响因素分析采用了面板模型分析法,而对中国货物贸易方式结构演进的影响因素分析则使用了灰色关联分析法,在此加以说明。

一、中国货物贸易商品结构、主体结构和模式结构演进的影响因素分析

最早将面板数据引入计量经济学中的是 Mundlak(1961)、Balestra 和 Nerlove(1966)。随后,这种方法在社会学、管理学、心理学和经济学等研究领域被大量采用。目前,关于面板数据分析方法的研究在微观和宏观计量领域成为一个热点。比如面板 tobit 模型、面板 probit 模型都是微观计量经济学的前沿领域,都是基于面板数据的传统的离散因变量模型的扩展。面板数据建立的模型有这样几点有利之处:数据多,能够提高估计量的抽样准确度;可以获得比单截面数据模型更多的信息;固定效应模型可以得出参数的一致估计量,甚至是有效估计量。

面板模型通过使用 F 检验、BP 检验和 Hausman 检验来选择使用固定效

① 张林、冉光和、陈丘:《区域金融实力、FDI 溢出与实体经济增长——基于面板门槛模型的研究》,载《经济科学》2014 年第 6 期。

应、混合 OLS 模型和随机效应中的一种。[①] F 检验被用于判断选择固定效应还是混合 OLS 模型；Breusch 和 Pagan（1980）提出的 BP 检验又称为拉格朗日乘子检验方法，通过它来判断是选择随机效应还是混合 OLS 模型；Hausman 检验是用来判断固定效应与随机效应模型谁更优的。

表 4.1 中①—⑤分别为出口商品结构、进口商品结构、出口主体结构、进口主体结构和贸易模式结构的影响因素检验结果。①—④采用随机效应估计，⑤采用固定效应估计。此计量检验的国内研究样本是 1997—2018 年间各省、自治区和直辖市的数据资料。最终的面板数据集包含 22 个时间序列数据和 31 个截面数据，共计 682 个样本观察值。由表 4.1 中各模型调整后的 R^2 及 F 值可知，总体上各模型拟合效果较好。

表 4.1　中国货物贸易商品结构、主体结构和模式结构演进的实证检验结果

	①	②	③	④	⑤
ln*gdp*	0.157	0.060	0.325 ***	0.462 ***	0.172
	(0.47)	(0.19)	(3.17)	(3.72)	(0.39)
ln*id*	−0.351 *	−0.290 *	−0.082 *	−0.023	−0.285 *
	(−1.73)	(−1.62)	(−1.87)	(−0.18)	(−1.75)
ln*yaosu*	−0.487 **	−0.079	−0.183 ***	−0.213	0.279 **
	(−2.35)	(−0.58)	(−3.76)	(−1.36)	(2.39)
ln*jc*	0.278 **	−0.046	0.009	0.064	0.156 **
	(2.14)	(−0.46)	(0.11)	(1.21)	(2.26)
ln*if*	−0.351 **	3.000 **	0.162 ***	0.254 ***	0.025
	(−2.07)	(2.34)	(5.13)	(3.32)	(0.21)
ln*of*	−0.031	−0.024 ***	0.031 **	−0.092 ***	−0.017
	(−0.25)	(−4.11)	(1.99)	(−2.95)	(−0.52)
ln*mk*	0.187 *	0.409 ***	−0.187 ***	−0.251 ***	0.546 ***
	(0.109)	(3.92)	(−6.62)	(−4.97)	(8.54)

① 吴石磊：《中国文化产业发展对居民消费的影响研究》，博士学位论文，东北师范大学，2014。

续表

	①	②	③	④	⑤
ln*hl*	-0.025 **	0.012	0.007 ***	0.012	-0.016 ***
	(-2.41)	(0.76)	(3.31)	(1.13)	(-3.37)
ln*jr*	-0.051	-0.041	0.012	-0.015	0.019
	(-0.72)	(-0.69)	(0.52)	(-0.63)	(0.56)
_cons	-4.786	-1.292	-2.433 ***	-6.324 ***	-2.671
	(-1.41)	(-0.52)	(-3.61)	(-4.63)	(-0.71)
F 检验	0.0000	0.0000	0.0000	0.0000	0.0000
BP 检验	0.0000	0.0000	0.0000	0.0000	0.0000
Hausman 检验	0.158	0.348	0.3323	0.201	0.0000
$adj-R^2$	0.66	0.71	0.84	0.69	0.80

注:括号内为 *z* 值,***、**、* 分别表示在 1%、5%、10% 的显著性水平上显著。

由表 4.1 各行估计结果可以看出,经济发展对各种结构的影响都为正,且对进出口贸易主体结构的影响通过了 10% 的显著性水平检验,符号为正,也就是说经济发展水平越高,我国贸易主体中国有企业和其他企业的比重也越高。产业结构除了对进口贸易主体结构的作用不显著外,其余都通过了 10% 的显著性水平检验。要素禀赋对进口商品结构和进口主体结构的作用不显著。技术创新不利于进口商品结构的发展。对外直接投资流入对贸易模式结构的影响不显著。对外直接投资流出则对出口商品结构和贸易模式结构的影响不显著。贸易开放度对所有结构都有显著影响。汇率水平除了对进口商品结构和进口主体结构影响不显著外,对其他结构都有显著的影响。金融发展对各种结构的作用均不显著。

由表 4.1 第①列估计结果可知,产业结构、要素禀赋、技术创新、对外直接投资的流入、贸易开放和汇率水平等 6 个变量通过了显著性检验。其中,技术创新、贸易开放的影响为正,而产业结构、要素禀赋、对外直接投资的流入和汇率水平的系数为负。我国的要素禀赋已经开始升级,但这个过程比较漫长,需要几代人才能实现要素禀赋的完全转化,因此,仍不利于出口商品结构的升级。我国产业结构尤其是第一产业的发展不利于高科技产品的出口。对外直接投资的流入对行业内的技术创新没有明显的促进作用，虽然能显著地促进我国出口贸易总额的增加，但却没有带来明显的技术溢出。沈国兵、黄铄珺也认为同行业外资进入不利于内资企业产品组合技术的提升，而有助于产品组合配置优化，但综合效应不显著。① 人民币的升值作用对出口商品结构的升级也是不利的。其他影响因素中，经济发展水平有利于出口商品结构优化，而对外直接投资的流出和金融发展则不利于出口商品结构优化，它们都没有通过显著性检验。

由表4.1第②列估计结果可知，产业结构、对外直接投资的流出与流入和贸易开放4个变量通过了显著性水平检验，其中前两个符号为负。第一产业的发展不利于高技术产品的进口。对外直接投资的流出尽管带来了反向进口效应，但进口更多的是资本品和消费品，而不是高技术产品。贸易开放和对外直接投资的流入有利于进口商品结构升级。对外直接投资的流入促进了我国经济的发展，提高了人们的生活水平，有利于进口商品结构升级。其他的影响因素中，要素禀赋、技术创新、金融发展的系数为负，但不显著，说明我国除了经济发展、贸易开放、对外直接投资的流入、汇率水平有利于进口商品结构升级外，其他主要影响因素都没有有效地发挥出应有的作用。

由表4.1第③列估计结果可知，产业结构、要素禀赋和贸易开放不利于出口企业主体结构的升级，并且通过了1%的水平检验。我国的要素禀赋已经发生了动态的变化，但没有发展到彻底改变要素禀赋现状的层次，因而仍不利于出口企业主体向国有企业和其他类型企业升级。苏庆义认为劳动力丰富的要素禀赋优势带动了中国出口的快速增长和贸易结构的优化。但随着劳动力成本上升，中国的要素禀赋优势也将被削弱，并放缓了对出口结构的贡献度。② 笔者认为这种趋势中伴随的是我国国有企业和其他企业成长的机会，这些企业只有更多地进行自主研发和技术创新，培育竞争优势，才能赢得国内和国外市场。贸易的开放在带来资金、技术的同时，也会带来更多的外资企业，这在一定程度上抑制了我国国有企业等的发展。其他影响

---

① 沈国兵、黄铄珺：《外资进入与中国多产品企业出口技术含量》，载《国际经贸探索》2020年第36卷第2期。

② 苏庆义：《贸易结构决定因素的分解：理论与经验研究》，载《世界经济》2013年第6期。

因素中,经济发展、对外投资的流入和流出、汇率水平对出口主体结构的影响比较显著,符号为正。人民币升值有利于国内企业降低进口原料的成本,从而提高出口竞争力。对外直接投资的流出对出口主体结构优化是有益的,这一点和尹斯斯等的观点是一致的,他们认为企业对外直接投资会加剧母国市场竞争强度,从而促进贸易福利,母国在东道国的对外直接投资的劳动力成本优势越大,东道国对母国研发水平优势越大,越有利于贸易福利提升。① 对外直接投资的流入对国内企业的出口发展也起到了积极的作用,这一点和刘志成等的观点一致,他们认为某一行业内的外资企业出口的比重和质量对该行业的内资企业存在明显的出口溢出效应。②

由表4.1第④列估计结果可知,对外直接投资的流出、贸易开放、金融发展、产业结构、要素禀赋对进口主体结构的作用是负的,而且前两个影响因素通过了显著性检验。目前我国对外直接投资的流出的主体是国有企业,而民营和私有企业资金流出不多,说明其发展程度不高。贸易依存度越高,对国内的外商企业在全球采购原材料越有利,而国内金融发展不完善,不利于国有企业和其他类型企业的进口贸易发展。以第一产业比重为指标的产业结构变动,也没能有效优化进口企业主体结构,这说明我国的产业结构存在严重的问题。在其他影响因素中,经济发展和对外直接投资的流入显著促进了进口贸易主体结构的优化,外资的进入带来了技术溢出效应,国内企业不断模仿,进口资本品,生产高技术产品并出口,也就是说对外直接投资的流入既带来了出口主体结构的升级,也促进了进口主体结构的升级。

由表4.1第⑤列估计结果可知,产业结构、汇率水平的系数为负,而且比较显著。人民币实际汇率和第一产业的发展不利于贸易模式结构的优化。其他的影响因素中,要素禀赋和技术创新、贸易开放对贸易模式结构的影响显著且符号为正。

---

① 尹斯斯、潘文卿、高云舒、黄寰:《中国企业对外直接投资与贸易福利:理论与经验研究》,载《世界经济》2020年第7期。

② 刘志成、刘斌:《外资进入与出口溢出——基于企业异质性角度的分析》,载《山西财经大学学报》2014年第36卷第3期。

二、中国货物贸易区域结构演进的影响因素分析

(一)中国货物贸易内部区域结构演进的影响因素分析

表4.2　中国货物贸易内部区域结构演进的实证检验结果

	①	②	③	④	⑤	⑥	⑦	⑧
lngdp	-0.75**	1.082***	0.217	-0.223*	0.031	0.321*	0.319**	-0.263*
	(-2.66)	(8.86)	(0.72)	(-1.27)	(0.39)	(1.72)	(2.20)	(-1.13)
lnid	-0.577***	-0.312***	-0.158***	-0.039	0.071	0.072	-0.156	0.142
	(-2.82)	(-3.78)	(-2.69)	(-0.73)	(1.59)	(0.82)	(-1.43)	(0.92)
lnyaosu	0.271**	0.021	-0.092	0.182**	-0.082	0.033	-0.237***	0.112
	(2.32)	(0.31)	(-1.16)	(2.32)	(-0.99)	(0.29)	(-3.24)	(0.96)
lnjc	0.057	0.122***	-0.076***	0.044*	-0.011	-0.149***	-0.094***	0.038
	(0.7)	(3.34)	(-2.99)	(1.83)	(-0.15)	(-3.49)	(-2.81)	(0.76)
lnif	-0.102	1.135***	-0.213*	0.099	-0.196***	-0.082	-0.065	-0.17*
	(-0.41)	(9.64)	(-1.85)	(1.52)	(-8.11)	(-0.79)	(-1.28)	(-1.73)
lnof	0.121**	0.085***	0.022	-0.01	0.017	-0.056*	-0.042***	0.062**
	(2.13)	(3.64)	(1.52)	(-1.22)	(0.63)	(-1.99)	(-1.89)	(2.19)
lnmk	0.523***	0.571***	0.461***	-0.342***	0.521***	0.411***	-0.482***	-0.267***
	(5.64)	(13.77)	(10.7)	(-9.11)	(12.7)	(6.19)	(-17.3)	(-5.61)
lnhl	-0.011	0.017***	-0.012	0.013*	-0.006	0.007*	0.001	-0.003
	(-1.54)	(5.51)	(-1.41)	(1.92)	(-1.05)	(1.71)	(0.45)	(-0.91)
lnjr	-0.044	-0.052*	-0.061***	-0.041*	0.003	-0.009	-0.024	-0.005
	(-1.18)	(-2.97)	(-3.29)	(-1.97)	(0.12)	(-0.72)	(-1.63)	(-0.07)
_cons	10.031***	-12.22***	4.07***	1.892	-4.645***	-0.061	2.924**	4.974**
	(3.84)	(-10.17)	(2.76)	(1.59)	(-4.52)	(-0.05)	(2.31)	(2.42)
F 检验	0.0000	0.16	0.12	0.0014	0.0000	0.0000	0.0000	0.0000
BP 检验	0.0000	0.185	0.24	0.0000	0.0000	0.0000	0.0000	0.0000
Hausman 检验	0.252	—	—	0.7527	0.4416	0.002	0.5413	0.9762
$adj-R^2$	0.99	0.98	0.87	0.95	0.94	0.89	0.82	0.61

注：括号内为 z 值，***、**、* 分别表示在1%、5%、10%的显著性水平上显著。

表4.2中①—⑧分别代表对东北地区出口结构、东北地区进口结构、中部地区出口结构、中部地区进口结构、东部地区出口结构、东部地区进口结构、西部地区出口结构、西部地区进口结构等的影响因素检验结果。其中①④⑤⑦⑧采用了随机效应模型,②③采用了混合OLS模型,⑥采用了固定效应模型。计量检验的国内研究样本为1994—2017年间各省、自治区和直辖市的数据资料。最终的面板数据集包含24个时间序列数据和24个截面数据,共计576个样本观察值,采用Stata10软件进行了计算。由表中各模型调整后的R^2及F值可知,总体来看,各模型拟合效果较好。

由表4.2各行估计结果可以看出,经济发展对各地区进口和出口结构的影响不一致,并有六种情况通过了显著性水平检验。产业结构只有在东北地区进出口结构和中部地区出口结构中通过了显著性检验,并且显著性为负。要素禀赋只有在东北地区出口结构、中部地区进口结构、西部地区出口结构中通过了显著性检验,并且在西部地区出口结构中显著性为负。技术创新除了对东北地区出口结构、东部地区出口结构和西部地区的进口结构不显著外,其余基本通过了1%的显著性检验,在中部地区出口结构、东部地区进出口结构和西部地区出口结构的系数为负。对外直接投资的流入只对东北地区进口结构、中部地区出口结构和东部地区出口结构、西部地区进口结构有显著影响,而且后三个的系数为负。对外直接投资的流出对东北地区进出口结构、东部地区进口结构和西部地区进出口结构作用显著。贸易开放度对所有因变量作用都很显著,但对中部地区的进口结构和西部地区的进出口结构的影响是负的,这和陈福中等的观点相似①。汇率水平对东北地区进口结构、东部地区进口结构和中部地区进口结构的影响都通过了检验并且符号为正。金融发展只对东北地区进口结构、中部地区进口和出口结构有显著影响,并且通过了检验,系数都为负。

由表4.2第①列估计结果可知,东北地区出口结构的影响因素中,要素禀赋、技术创新、对外直接投资的流出、贸易开放度的系数是正的,除了技术创新之外,其余三个变量都通过了显著性检验。东北地区的要素禀赋丰富,

① 陈福中、陈诚:《贸易开放水平、区位差异与中国经济增长——基于1994—2011年中国省级数据的实证考察》,载《国际贸易问题》2013年第11期。

有利于高科技产品出口的发展。即使对外直接投资的流出减少了资本量，但东北地区原有的重工业优势仍能够促进出口的发展，而贸易开放本身就有利于出口的发展。在其余系数为负的变量中，经济发展、产业结构显著不利于出口的发展，这说明东北地区还需要下大力气调整经济结构，破解发展中的难题，从而带动贸易的快速发展。

由表4.2第②列估计结果可知，与对东北地区出口结构的影响不同的是经济发展水平提高显著地有利于进口贸易发展，也就是说，人均收入提高，能够拓展消费层次和质量。技术创新和对外直接投资的流入和流出都有利于高科技产品进口贸易的发展。无论是高校的数量还是人力资本的素质，在推动创新、吸收外资流入带来的效应、提高对外直接投资的质量方面都具有潜力。另外，第一产业比重虽然在下降，但是产业结构调整中深层次的问题在一定程度上使得进口贸易发展缓慢。金融发展水平较高的东部地区能够在更大程度上促进企业研发投入，而东北地区则未能有效刺激企业 R&D 支出，不利于高科技产品的进口。

由表4.2第③列估计结果可知，产业结构、金融发展、技术创新、对外直接投资的流入、要素禀赋、汇率水平系数为负，其中前四个通过了显著性检验。这说明中部地区存在产业结构不合理、金融发展缓慢、技术创新不足、对外直接投资流入没有效发挥作用等一系列问题，出口的高科技商品缺乏竞争力。在余下的变量中，只有贸易开放度通过了1%的显著性检验，说明贸易开放有利于地区出口贸易的发展。

由表4.2第④列估计结果可知，只有经济发展水平、产业结构和对外直接投资的流出、贸易开放、金融发展情况对中部地区进口贸易的影响为负，其中经济发展水平和金融发展情况、贸易开放度通过了显著性检验。而其余的影响因素中，要素禀赋、技术创新、汇率水平对进口贸易的影响是正的，说明贸易流向不同本来对出口不利的影响因素对进口却是有利的。

由表4.2第⑤列估计结果可知，经济发展水平、产业结构、对外直接投资的流出、金融发展情况和贸易开发度对东部地区的出口发展是有利的，尤其是贸易开放度的影响通过了1%的显著性检验。这说明东部地区产业结构发展合理，金融环境优越，对外直接投资的流出有利于国内产业结构调整，从而促进了东部地区的高科技产品的出口。其他因素中，只有对外直接投资的流入显著不利于高科技产品出口的发展，这与刘海云、董志刚的结论一致。他们研究发现外资的流入对推动包括中国在内的广大发展中国家产业升级和出口附加值增加，以及价值链分工地位提高的作用并不明显，甚至会使一些发展中国家陷入“低端锁定”的状态中，发展中国家对外投资能力并未因此得到提高。①

由表4.2第⑥列估计结果可知，技术创新、对外直接投资的流出和流入、金融发展对东部地区进口贸易的影响是负的，而且前两个因素更显著。我们可以看到技术创新对东部地区进出口的影响都为负，也就是说，东部地区自身技术创新实力很强，但和一些发达国家相比仍存在差距，因此，工业生产和生活消费所需的一部分高科技商品还是需要进口的。另外，更多的资金“走出去”，到国外找市场，这减少了国内可用的资金，自然会影响进口贸易的发展。其他影响因素中，经济发展水平、贸易开放度和汇率水平都显著地拉动了东部地区进口贸易的发展。

由表4.2第⑦列估计结果可知，只有经济发展水平显著地促进了西部地区出口贸易的发展，这说明西部地区的经济仍处于发展阶段，很多东部地区的劳动密集型产业转移至西部地区，从而促进了出口的发展。其他影响因素中，要素禀赋、技术创新、对外直接投资的流出、贸易开放度也显著地影响了出口贸易的发展。说明西部地区在深层次地融入国际开发合作中，采取走出去和引进来相结合的方式拓展出口方面还有巨大的潜力。对外直接投资的流出可能促进了出口贸易，也可能替代了出口贸易，关键要看对外直接投资所引致的中间产品出口增长变化情况。西部地区在对外直接投资的流出带动中间品出口增长方面仍有很大的市场待开发。

由表4.2第⑧列估计结果可知，经济发展水平、对外直接投资的流入、贸易开放度和汇率水平阻碍了西部地区高科技产品进口贸易的发展，其中，前三个变量影响显著，说明西部地区的经济发展水平没有达到进口大量的高科技产品用于生产和消费的阶段。流入的外资没能进入与高科技产品相关的生产领域和行业中，更不可能引进高技术产品进行再生产和创新。贸易

① 刘海云、董志刚：《全球价值链视角下 IFDI 是否促进了 OFDI——基于跨国面板数据的实证分析》，载《国际商务——对外经济贸易大学学报》2018 年第 1 期。

开放水平也有待提高。而对外直接投资的流出显著地促进了进口贸易的发展,对外直接投资的流出,使企业在获得丰厚的回报后进口高科技产品到国内用于生产和消费。

(二)中国货物贸易外部区域结构演进的影响因素分析

表4.3中①—⑥分别代表我国出口到欧洲主要国家的结构、我国自欧洲主要国家进口的结构、我国出口到美洲和大洋洲主要国家的结构、我国自美洲和大洋洲主要国家进口的结构、我国出口到亚洲主要国家的结构、我国自亚洲主要国家进口的结构等的影响因素检验结果。其中①③④⑤采用了混合OLS模型,②⑥采用了固定效应模型。计量检验的国内研究样本为1994—2018年间各国的数据资料。最终的面板数据集包含25个时间序列数据和21个截面数据,共计525个样本观察值,采用Stata10软件进行了计算。由表中各模型调整后的 R^2 及 F 值可知,总体来看,各模型拟合效果较好。

表4.3　中国货物贸易外部区域结构演进的实证检验结果

	①	②	③	④	⑤	⑥
ln*gdp*	-0.5139**	0.4571**	-1.0161**	-0.4572	0.1783	-0.3023
	(-2.82)	(2.59)	(-2.31)	(-0.68)	(0.71)	(-1.34)
ln*id*	-0.0485	-0.1192	-1.1691**	-1.8151**	-0.1285**	0.4513*
	(-1.15)	(-0.91)	(-2.71)	(-2.74)	(-2.69)	(1.89)
ln*yaosu*	-0. 5751***	-0.1411	0.0923	-0.0214	0.0623	-0.3721
	(-3.11)	(-1.21)	(0.24)	(-0.04)	(0.32)	(-1.68)
ln*jc*	0.2835***	0.3421***	0.2254**	-0.5042***	-0.0178	0.5642***
	(10.76)	(4.72)	(2.35)	(-3.22)	(-0.121)	(5.203)
ln*if*	-0.1134**	0.0071*	-0.0041*	0.0473	-0.0516	-0.0917*
	(-2.31)	(0.27)	(-0.06)	(0.39)	(-0.79)	(-1.62)
ln*of*	-0.0274	0.0614**	-0.0071	0.1421	-0.0482*	0.0685**
	(-0.62)	(2.42)	(-0.07)	(0.74)	(-1.62)	(2.56)
ln*mk*	0.0231***	0.0411**	1.4963***	3.4301***	0.7121**	0.8596**

续表

	①	②	③	④	⑤	⑥
	(7.71)	(2.42)	(3.91)	(5.6)	(2.56)	(2.84)
ln*hl*	0.1723***	0.0013	0.1089*	0.4251	0.0432	0.1058
	(3.02)	(0.08)	(2.12)	(3.42)	(0.65)	(1.72)
ln*jr*	-0.3423	0.0675	-1.5232*	3.6367***	-0.8123	1.3796**
	(-0.78)	(0.19)	(-2.11)	(3.17)	(-1.42)	(2.53)
_*cons*	1.7062***	-0.7454**	-0.41862	-2.6852***	0.3395	2.5132***
	(5.64)	(-2.49)	(-0.53)	(-2.11)	(0.82)	(4.97)
F 检验	0.1262	0.0173	0.2146	0.2052	0.1319	0.0000
BP 检验	0.1235	0.0014	0.1352	0.1258	0.1959	0.0000
Hausman 检验	—	0.0000	—	—	—	0.0021
$adj-R^2$	0.88	0.75	0.85	0.95	0.984	0.84

注：括号内为 *z* 值，***、**、* 分别表示在1%、5%、10%的显著性水平上显著。

表4.3各行显示的结果如下：

经济发展水平的差距在①②③中通过了显著性检验，但是系数符号不相同。经济发展水平的差距对我国与不同洲进出口作用不尽相同。我国经济发展水平与欧洲主要国家经济发展水平的差距，不利于我国的高科技产品出口到欧洲，但有利于从欧洲进口。而在亚洲的情况则相反，有利于出口不利于进口，但效应不明显，我国的高科技产品对部分国家有吸引力，但是日本、韩国的高科技产品对其他国家同样有吸引力，因此，经济发展差距的作用在亚洲不明显。而经济发展水平差距对美洲及大洋洲主要国家的作用与在其他洲的表现不全相同，这种差距不利于我国的高科技产品出口，欧美发达国家的消费者对新奇的高科技产品有消费需求和潜力，我国在这方面已经占领了部分市场，但任重道远，还需要开发出品类更多更优质的高科技产品。另外，经济发展上的差距对我国的进口也是不利的，但作用不明显。

产业结构的差距在③—⑥都通过了显著性检验，且③—⑤的系数都为负。①和②的系数也为负，但不显著。以第一产业为指标的产业结构本身就是不利于高科技产品进口或出口的，而且中国与欧洲、美洲、大洋洲的主要国家在产业结构上相差也较大，但是自亚洲主要国家进口高科技产品的比重却和这种产业结构差距正相关，其合理的解释是亚洲很多国家和我国的产业结构差异小，而且运费低，这说明产业结构的“原像”决定了贸易结构的“镜像”。

要素禀赋的差距只在③和⑤中系数为正，但也没有通过显著性检验，而在①中通过了显著性检验，且系数符号为负。根据要素禀赋论，各国按照要素禀赋进行生产和交换。我国的要素禀赋与欧洲国家存在很大不同，因此，要素禀赋的差距既有利于产品尤其是高科技产品的出口，也有利于高科技产品的进口。但高科技产品是欧洲一些国家的强项，我国的高科技产品与之相比竞争力较弱，因此产生了不利影响，而且对出口的不利影响更加显著。在美洲、大洋洲和亚洲，既有和我国经济发展差距不大的发展中国家，也有发达国家，这种要素禀赋上的差距就不会很明显，因此有利于高科技产品的出口，不利于高科技产品的进口，但影响都不显著。

技术创新差距除了对亚洲主要国家出口不显著外，对其他洲主要国家的进口都通过了显著性检验。对亚洲主要国家的出口、自美洲和大洋洲主要国家的进口是负号。两国技术创新的差距增大有利于贸易的往来，产品生命周期理论和技术差距论都指出了这一点。但是自美洲和大洋洲的进口，其技术差距越大，对进口越不利。合理的解释是交易费用、运费都考虑进去后，其实质并不利于进口。而对亚洲主要国家的出口则可能是中国从亚洲区域内进口原材料，再以高科技产品形式出口，中国只赚到少量加工费，这从长远看不利于中国出口，但这个作用不明显。

对外直接投资的流入的差距只对①②③⑥的作用是显著的，而且①③⑥系数为负。因为对于发达国家而言，外资流入的目的是贸易替代，而我国引入外资的目的是与贸易互补，这更有利于贸易的发展。当对外直接投资的流入差距变大时，其他国家的外资流入增加，我国的外资流入减少，这对我国的高科技产品出口是不利的，但对我国的高科技产品进口是有利的。自美洲和大洋洲国家的进口不如自欧洲国家的进口受此因素影响显著，因为美洲和大洋洲国家内部有墨西哥、巴西等发展中国家。在亚洲国家内部，除了日本、韩国、新加坡等少数发达国家外，大部分国家都是发展中国家，对外直接投资流入差距加大对出口是不利的，但效果不明显，而对进口也不是有利的，但效果显著，这可能是由于我国与东亚大部分国家经贸往来密切，其资金流入的差距带来的影响效果和程度不同。

对外直接投资的流出的差距在①③⑤中的系数是负的，在②④⑥中的系数为正，对②⑤⑥的影响是显著的。说明我国与各洲的主要国家投资流出的差距越大，对我国从那些国家进口越有利，而对出口则越不利。对外直接投资的流出差距变大一方面是对方的对外直接投资增加，另一方面就是我国的对外直接投资减少。如果是前者，则对外直接投资的增加可能降低已有的高技术产品价格，从而有利于我国的进口；如果是后者，我国的对外直接投资减少，则有更富余的资金进口国内需要的高科技产品。对我国出口的作用则相反。其中自欧洲的进口和自亚洲的进出口都表现得很显著。

贸易开放差距的变动对①—⑥都产生了显著的有利影响。汇率水平的差距在①—⑥中的系数都是正的，并且对欧洲主要国家的出口和对美洲、大洋洲主要国家的出口比重影响是显著的。汇率差距的扩大有利于我国出口贸易的发展。当汇率差距扩大时，高科技产品是缺乏价格弹性的商品，对汇率的变化不敏感，厂商又有很大程度的定价权，但是原材料的成本可以降低，因此，有利于出口。而这种高科技产品对汇率的不敏感性在价格上反应的周期过长，短期内我国仍然会正常进口高科技产品。金融发展的差距除了①③⑤外系数都是正的，而且在③④⑥中都通过了显著性检验。说明了金融发展差距越大，技术差距也就越大，贸易中的外部金融产品比例差距越高，越有利于我国自主要贸易伙伴国进口商品，而不利于我国向对方出口商品。

三、中国货物贸易方式结构演进的影响因素分析

由于贸易方式结构的数据不具有面板数据特征，此处改用灰色关联分析法。灰色关联分析法来自于灰色系统理论。灰色系统能够利用时间序列来确定微分方程的参数并做出预报，对某些大系统和长期预测问题可以发挥作用。灰色关联分析的目的是定量地表征诸因素之间的关联度，是一种相对性的排序分析。如果两个因素在系统发展过程中相对变化基本一致，

则认为两者关联度大;反之,则认为两者的关联度小。灰色关联分析理论具有要求样本少、运算方便、对更新快的样本数据有很强的针对性等特点。

（一）指标说明

最能够反映系统行为特征的数列,称为系统的映射量。根据模型4.7,要验证不同的影响因素对中国出口方式结构和进口方式结构的影响,可以分别选取一般贸易占我国出口的比重(ge)、一般贸易占我国进口的比重(gi)作为映射量-主因素序列。其余指标作为对比行为序列,在选取时与前文保持一致。ge、gi 度量时间为1991—2019年,数据来自《中国统计年鉴》。

（二）关联度计算

第一步,采用初值法进行指标的无量纲化处理。各指标有不同的计量单位,相应的原始数值存在量纲和数量级上的差异,因此指标的无量纲化处理是必需的。初值法是常用的一种方法,即为了使数据更具有可比性,增长趋势更加明显,用每一序列所有时刻的数值除以第一个时刻的数值。

确定关联分析因子集 $X = [X_0, X_1, X_2 \cdots\cdots X_m]$,其中 X_0 为主因素序列,序列 X_j 代表相关因素行为,$X_j(t)$ 表示 j 序列第 t 个时刻的数值。

$$X_0 = [X_0(1), X_0(2), X_0(3) \cdots\cdots X_0(n)]$$

$$X_1 = [X_1(1), X_1(2), X_1(3) \cdots\cdots X_1(n)]$$

……

$$X_j = [X_j(1), X_j(2), X_j(3) \cdots\cdots X_j(n)] \quad (4.8)$$

$$X_{j'} = X_j(t)/X_j(1) = [X_{j'}(1), X_{j'}(2), X_{j'}(3) \cdots\cdots X_{j'}(t)] \quad (4.9)$$

其中 $j = 0,1,2 \cdots\cdots m; t = 1,2,\cdots\cdots n$。经计算得到矩阵 A'。

第二步,计算灰色关联系数。

$$\xi_{0j}(t) = (\Delta_{\min} + K\Delta_{\max})/(\Delta_{0j}(t) + K\Delta_{\max}) \quad (4.10)$$

其中 $\xi_{0j}(t)$ 为因素 X_j 对 X_0 在 t 时刻的关联系数,X_0 和它自身的相关系数为1,$\Delta_{0j}(t) = |X_0(t) - X_j(t)|$,$\Delta_{\min} = \text{minmin}\Delta_{0j}(t)$,$\Delta_{\max} = \text{maxmax}\Delta_{0j}(t)$,$K$ 为分辨系数,$K \in (0,1)$,K 通常取0.5,用来削弱最大绝对差过大对关联系数产生的影响。求得差序列矩阵 A'',在 A'' 中,找出最大值和最小值,经计算列

出关联系数矩阵 R。

第三步,计算关联度。

通过关联度的计算,解决了多而分散的关联系数很难分辨出各个因素的影响程度这个问题,可以分析哪些因素对主行为影响程度大,哪些因素影响程度小。[①] X_j对 X_0的关联度的公式表达如下:

$$\gamma_{0j} = \frac{1}{n}\sum_{t=1}^{n}\xi_{0j}(t) \tag{4.11}$$

将上述得出的关联度大小进行排序,即可表明不同影响因素的影响程度。

(三)计算结果及说明

经过计算,gi 与前述九个影响因素的关联度分别为 0.974 2、0.998 2、0.934 2、0.945 3、0.987 4、0.992 3、0.998 7、0.996 2、0.736 0。ge 与前述九个影响因素的关联度分别为 0.967 1、0.999 7、0.944 2、0.948 3、0.983 2、0.995 4、0.999 8、0.998 2、0.735 8。

表 4.4　中国货物贸易方式结构影响因素的灰色关联度及排序

指标	进口方式结构		出口方式结构	
	灰色关联度	排序	灰色关联度	排序
经济发展水平	0.974 2	6	0.967 1	6
产业结构	0.998 2	2	0.999 7	2
要素禀赋	0.934 2	8	0.944 2	8
技术创新	0.945 3	7	0.948 3	7
对外直接投资的流入	0.987 4	5	0.983 2	5
对外直接投资的流出	0.992 3	4	0.995 4	4
贸易开放度	0.998 7	1	0.999 8	1
汇率水平	0.996 2	3	0.998 2	3
金融发展情况	0.736 0	9	0.735 8	9

① 张群、郭艳、吴志超:《基于灰色关联分析的黑龙江省物流业影响因素研究》,载《物流技术》2012 年第 31 卷第 11 期。

如表4.4所示,各影响因素对进口方式结构和出口方式结构的关联度排列顺序一致,而且数值几乎相等。贸易开放度、产业结构和汇率水平是影响进出口方式结构的最重要的三个因素。贸易开放度通过直接放开或管制贸易,进而影响不同贸易方式的比例。产业结构中对不同类商品生产的安排,比如增加资本品的生产,减少中间品的进口,就会影响加工贸易的发展。人民币实际汇率的升值和贬值通过中间品进口投入、原材料成本、劳动力价格等的需求和供给弹性对贸易方式结构也产生重要影响。

对外直接投资的流出和流入排在第四位和第五位,而且它们的关联度和前三位的关联度相差不大。对外直接投资的流入会加快加工贸易的发展,而流出则不利于一般贸易的发展。经济发展水平的作用不及前五项,可能是它对贸易方式结构的作用不及对商品结构那么直接。技术创新和要素禀赋的关联度稍微弱些,金融发展排在最后。技术创新是一个过程,要素禀赋的改变也不是一蹴而就的,两者对贸易方式的影响存在时滞。金融发展这里以资本市场值作为对比数列,指标上选择不全面造成了实际关联度值较低的情况,但金融发展不会像贸易开放度、产业结构和汇率水平那样重要。

第五章　中国货物贸易结构演进的指数测度

第一节　中国货物贸易商品结构演进的指数测度

在对中国货物贸易结构演进进行测度的过程中,首先对商品的竞争力和比较优势的变化做出测度;基于不同产品比较优势的变化,贸易商品结构也发生着变化,再结合相关指数测度贸易商品结构变化的幅度和优化的情况;最后利用出口相似度指数比较中日、中美、中德的出口结构相似程度的高低。

一、商品竞争力和比较优势的测度

(一)商品竞争力和比较优势的测度方法

最常见的用来测度商品竞争力和比较优势变化的是贸易竞争力指数(TC 指数)、显示性比较优势指数(RCA 指数)、对称性显示性比较优势指数(RSCA 指数)和 Michaely 指数(MI 指数)等。

1. 贸易竞争力指数(TC 指数)

也称为贸易专业化指数,是用于测度某类产品或某行业国际竞争力的非常重要的指标。从内涵上看,它是指某一类贸易品或行业的贸易净出口额与其贸易总额的比重。其公式为：

$$TC_p = \frac{X_p - M_p}{X_p + M_p} \tag{5.1}$$

TC_p即p类产品的贸易竞争力指数，X_p和M_p分别是p类产品的出口额和进口额。TC_p的取值范围是$[-1,1]$。当$TC_p<0$时，p类贸易品的出口竞争力较弱；当$TC_p=-1$时，p类贸易品的国际竞争力最弱，没有出口只有进口；当$TC_p>0$时，p类贸易品有一定的国际竞争力；当$TC_p=1$时，p类贸易品只有出口没有进口，其国际竞争力最强；当$TC_p=0$时，此类商品的进出口贸易额相等，属于商品品种的交换。

2. Michaely 指数(MI 指数)

也即“Michaely 贸易波动指数”，测量了贸易波动的程度，从某种贸易品相对进口和出口比重变动大小的角度衡量了产品的国际竞争力。用公式表示为：

$$MI_{jp} = \frac{X_{jp}}{\sum_{p=1}^{m} X_{jp}} - \frac{M_{jp}}{\sum_{p=1}^{m} M_{jp}} \tag{5.2}$$

其中，MI_{jp}是国家j在商品p上的 Michaely 指数。X_{jp}、M_{jp}分别是j国p商品的出口值和进口值，$\sum_{p=1}^{m} X_{jp}$表示j国的出口总额，$\sum_{p=1}^{m} M_{jp}$表示j国的进口总额。MI_{jp}的取值范围是$[-1,1]$。当$MI_{jp}>0$时，表示贸易品p具有比较优势；而当$MI_{jp}<0$时，则表示贸易品p具有比较劣势。

3. 显示性比较优势指数(RCA 指数)和对称性显示性比较优势指数(RSCA 指数)

显示性比较优势指数(RCA 指数)被用来表示具体的一类商品在某国总出口的份额相对于该类商品所占世界总出口份额的比重。其公式为：

$$RCA_{jp} = (X_{jp}/X_{tj})/(X_{wp}/X_{tw}) \tag{5.3}$$

RCA_{jp}即j国p贸易品的显示性比较优势指数。X_{jp}表示国家j出口商品p的出口值，X_{tj}表示国家j的总出口值，X_{wp}中的下标w表示世界。通常来说，当RCA_{jp}的值大于 2.5 时，表明贸易品p有很强的国际竞争力；当RCA_{jp}在 1.25—2.5 之间时，表明贸易品p的国际竞争力较强；当RCA_{jp}的值位于

0.8—1.25 之间时,则说明j国贸易品p的国际竞争力不强;当RCA_{jp}小于0.8时,则说明j国贸易品p的国际竞争力比较弱。RCA指数应用非常广泛,但其两端的取值范围非常不对称。当j国p产品具有比较优势时,RCA_{jp}的取值范围为[1, +∞],而当其缺乏比较优势时,其取值范围为[0,1]。对于此问题,Dalum等(1998)设计了对称性显示性比较优势指数(简称 RSCA 指数),其公式为:

$$RSCA_{jp} = (RCA_{jp} - 1)/(RCA_{jp} + 1) \qquad (-1 \leqslant RSCA \leqslant 1) \quad (5.4)$$

$RSCA_{jp}$取值范围在[-1,1]之间。当$RSCA_{jp}$取值在[0,1]之间时,贸易品p具有比较优势;而当$RSCA_{jp}$取值在[-1,0]时,则贸易品p没有比较优势。

这两个指数对中间要素的投入没有关注,只适用于贸易品的产业间和产业内贸易,更强调中间品的产品内贸易,因此,这两个指标的使用会带来非常不精确的结果。

(二)商品竞争力和比较优势的指数计算

1. 各类商品贸易的 TC 指数和 MI 指数

表 5.1 中数据显示,1980 年有六大类商品的 TC 指数小于 0,最高值为 SITC3。到了 2019 年,有七大类商品的 TC 指数小于 0,SITC8 的 TC 指数最大。发生变化的有 SITC0、SITC1、SITC3、SITC6 和 SITC7,其中,SITC0 的竞争力下降明显,SITC5—7 的竞争力在增强。

表 5.1 1980—2019 年主要年份 SITC0—9 类商品的 TC 指数

年份	SITC0	SITC1	SITC2	SITC3	SITC4	SITC5	SITC6	SITC7	SITC8	SITC9
1980	0.98%	36.84%	-35%	90.94%	-59.87%	-44.40%	-1.90%	-71.72%	67.91%	-23.48%
1985	42.01%	-32.48%	-9.90%	95.29%	5.06%	-53.39%	-45.18%	-90.92%	29.40%	16.33%
1990	32.92%	37.07%	-7.46%	60.92%	-71.83%	-28.12%	17.08%	-50.18%	71.56%	12.78%
1995	23.76%	55.33%	-39.80%	1.96%	-70.32%	-31.09%	5.68%	-25.27%	73.69%	-98.28%
2000	44.15%	34.36%	-63.52%	-44.86%	-78.77%	-42.81%	0.88%	-5.35%	74.25%	-76.41%
2005	41.08%	20.35%	-80.74%	-56.79%	-85.27%	-36.97%	22.81%	9.61%	52.27%	-11.12%
2010	31.22%	-12.04%	-89.63%	-75.27%	-92.19%	-26.18%	30.98%	17.36%	53.76%	-85.25%
2011	27.40%	-23.64%	-90.01%	-79.05%	-90.96%	-22.41%	36.02%	17.70%	56.49%	-90.96%
2012	19.25%	-25.93%	-89.90%	-81.98%	-91.68%	-22.44%	39.07%	19.26%	59.38%	-95.96%
2013	14.41%	-26.70%	-90.91%	-80.66%	-89.17%	-22.60%	42.25%	18.82%	60.76%	-96.67%
2014	6.65%	-25.20%	-89.23%	-82.09%	-88.28%	-14.89%	51.79%	23.60%	63.09%	-93.92%
2015	7.04%	-27.14%	-87.55%	-75.36%	-84.13%	-13.86%	49.24%	21.63%	62.70%	-94.62%
2016	10.83%	-26.54%	-87.85%	-73.58%	-84.26%	-14.75%	48.47%	19.88%	61.52%	-86.49%
2017	10.92%	-33.92%	-88.83%	-75.17%	-80.91%	-15.66%	46.34%	19.12%	60.61%	-83.96%
2018	0.51%	-34.80%	-87.58%	-76.36%	-75.82%	-14.35%	45.54%	18%	59.48%	-85.59%
2019	-10.80%	-37.52%	-88.61%	-76.05%	-78.16%	-14.98%	40.78%	20.64%	60.37%	-62.61%

数据来源：根据 1999—2019 年《中国统计年鉴》和中国海关统计数据计算而得。

从表 5.2 的 MI 指数的数据看,1980 年有五类商品的 MI 指数小于 0,指数值最高的是 SITC3。到了 2019 年,有七类商品的 MI 指数小于 0,指数值最高的为 SITC8。变化较明显的有 SITC0、SITC1、SITC2、SITC6、SITC7,比较优势在增强的是 SITC5—7。

表 5.2 1980—2019 年主要年份 SITC0—9 类商品的 MI 指数

年份	SITC0	SITC1	SITC2	SITC3	SITC4	SITC5	SITC6	SITC7	SITC8	SITC9
1980	1.85%	0.25%	-8.31%	22.61%	-0.86%	-8.35%	1.32%	-20.92%	12.94%	-0.53%
1985	10.23%	-0.10%	2.04%	25.67%	0.20%	-5.61%	-11.73%	-35.61%	8.24%	6.67%
1990	4.39%	0.26%	-2%	6.05%	-1.58%	-6.45%	3.56%	-22.58%	16.49%	1.87%
1995	2.05%	0.62%	-4.75%	-0.30%	-1.67%	-6.98%	-0.11%	-18.75%	30.41%	-0.52%
2000	2.81%	0.14%	-7.10%	-6.02%	-0.39%	-8.57%	-1.50%	-7.70%	28.96%	-0.65%
2005	1.53%	0.04%	-9.66%	-7.38%	-0.48%	-7.08%	4.65%	2.21%	16.26%	-0.09%
2010	1.06%	-0.05%	-14.46%	-11.85%	-0.60%	-5.17%	6.39%	10.10%	15.80%	-1.23%
2011	1.01%	-0.09%	-15.55%	-14.12%	-0.61%	-4.34%	8.21%	11.34%	16.87%	-2.72%
2012	0.60%	-0.12%	-14.13%	-15.70%	-0.66%	-4.32%	8.23%	11.16%	18.64%	-3.71%
2013	0.38%	-0.11%	-14.06%	-14.71%	-0.54%	-4.20%	8.94%	10.64%	18.94%	-5.29%
2014	-0.34%	-0.16%	-13.66%	-15.20%	-0.50%	-4.02%	9.55%	9.48%	18.63%	-3.78%
2015	-0.45%	-0.20%	-11.87%	-10.60%	-0.42%	-4.50%	9.28%	5.96%	17.82%	-5.02%
2016	-0.18%	-0.22%	-12.13%	-9.84%	-0.40%	-4.52%	9.07%	5.49%	17.30%	-4.58%
2017	0.04%	-0.23%	-13.47%	-11.98%	-0.38%	-4.28%	8.92%	7.86%	16.86%	-3.33%
2018	-0.40%	-0.21%	-12.02%	-14.47%	-0.32%	-3.74%	9.18%	9.26%	16.02%	-3.30%
2019	-1.29%	-0.23%	-13.06%	-14.81%	-0.41%	-4.07%	9.55%	9.99%	16.44%	-2.11%

数据来源:根据 1999—2019 年《中国统计年鉴》和中国海关统计数据计算而得。

2. 各类商品出口的 RCA 指数及 RSCA 指数

表5.3 中数据显示，在 1980 年有五类商品不具有竞争力，分别为 SITC1、SITC4、SITC5、SITC7、SITC9。在接下来的三十多年中，SITC0—5 及 SITC9 的 RCA 指数值越来越小，变得具有比较劣势，而 SITC6、SITC7 具有较强的比较优势，SITC8 具有极强的比较优势。

表5.4 中数据显示，在 1980 年，SITC0、SITC2、SITC3、SITC6 和 SITC8 是具有比较优势的商品大类，但是到了 2018 年，只有SITC6—8 具有比较优势，其余大类产品表现出了比较劣势。这和前面 TC 指数及 MI 指数测算结果一致。

表 5.3　1980—2018 年主要年份 SITC0—9 类商品出口的 RCA 指数

年份	SITC0	SITC1	SITC2	SITC3	SITC4	SITC5	SITC6	SITC7	SITC8	SITC9
1980	1.85%	0.42%	1.48%	1.46%	0.54%	0.77%	1.24%	0.16%	1.80%	0.39%
1985	1.66%	0.36%	1.79%	1.96%	0.65%	0.57%	1.03%	0.08%	1.28%	5.49%
1990	1.41%	0.45%	1.23%	1.01%	0.64%	0.66%	1.22%	0.24%	1.64%	8.29%
1995	0.93%	0.80%	0.73%	0.62%	0.56%	0.64%	1.33%	0.53%	2.91%	0%
2000	0.93%	0.33%	0.59%	0.31%	0.15%	0.55%	1.25%	0.81%	2.84%	0.02%
2005	0.57%	0.19%	0.31%	0.19%	0.09%	0.45%	1.22%	1.21%	2.22%	0.05%
2010	0.45%	0.15%	0.18%	0.12%	0.04%	0.51%	1.21%	1.44%	2.18%	0.02%
2011	0.46%	0.16%	0.18%	0.11%	0.04%	0.57%	1.28%	1.46%	2.26%	0.02%
2012	0.42%	0.16%	0.17%	0.10%	0.04%	0.52%	1.29%	1.41%	2.33%	0.01%
2013	0.40%	0.14%	0.15%	0.11%	0.05%	0.47%	1.29%	1.40%	2.31%	0.02%
2014	0.36%	0.13%	0.16%	0.10%	0.06%	0.48%	1.35%	1.32%	2.31%	0.04%
2015	0.32%	0.12%	0.18%	0.11%	0.07%	0.42%	1.34%	1.15%	2.30%	0.03%
2016	0.30%	0.11%	0.16%	0.10%	0.08%	0.43%	1.31%	1.15%	2.25%	0.03%
2017	0.46%	0.10%	0.14%	0.09%	0.09%	0.51%	1.27%	1.33%	2.22%	0.02%
2018	0.28%	0.12%	0.15%	0.09%	0.09%	0.52%	1.29%	1.39%	2.20%	0.02%

数据来源：中国的数据根据 1999—2019 年《中国统计年鉴》和中国海关统计数据计算而得。

世界的数据根据 http://comtrade.un.org/db/整理而得。

表 5.4　1980—2018 年主要年份 SITC0—9 类商品出口的 RSCA 指数

年份	SITC0	SITC1	SITC2	SITC3	SITC4	SITC5	SITC6	SITC7	SITC8	SITC9
1980	0.30%	-0.40%	0.19%	0.19%	-0.30%	-0.13%	0.11%	-0.73%	0.29%	-0.44%
1985	0.25%	-0.47%	0.28%	0.32%	-0.21%	-0.27%	0.01%	-0.85%	0.12%	0.69%
1990	0.17%	-0.38%	0.10%	0.01%	-0.22%	-0.20%	0.10%	-0.61%	0.24%	0.78%
1995	-0.04%	-0.11%	-0.16%	-0.23%	-0.28%	-0.22%	0.14%	-0.30%	0.49%	-1%
2000	-0.04%	-0.50%	-0.26%	-0.53%	-0.74%	-0.29%	0.11%	-0.11%	0.48%	-0.96%
2005	-0.28%	-0.68%	-0.53%	-0.69%	-0.83%	-0.38%	0.10%	0.10%	0.38%	-0.90%
2010	-0.38%	-0.73%	-0.69%	-0.79%	-0.92%	-0.33%	0.09%	0.18%	0.37%	-0.97%
2011	-0.37%	-0.73%	-0.69%	-0.81%	-0.91%	-0.28%	0.12%	0.19%	0.39%	-0.95%
2012	-0.41%	-0.72%	-0.71%	-0.82%	-0.92%	-0.32%	0.13%	0.17%	0.40%	-0.97%
2013	-0.43%	-0.75%	-0.74%	-0.81%	-0.91%	-0.36%	0.13%	0.17%	0.40%	-0.96%
2014	-0.45%	-0.76%	-0.73%	-0.82%	-0.90%	-0.35%	0.15%	0.15%	0.40%	-0.94%
2015	-0.47%	-0.77%	-0.72%	-0.81%	-0.89%	-0.38%	0.15%	0.12%	0.39%	-0.95%
2016	-0.48%	-0.77%	-0.74%	-0.82%	-0.88%	-0.34%	0.14%	0.12%	0.38%	-0.95%
2017	-0.37%	-0.78%	-0.74%	-0.83%	-0.87%	-0.32%	0.14%	0.15%	0.37%	-0.96%
2018	-0.42%	-0.76%	-0.72%	-0.83%	-0.85%	-0.30%	0.13%	0.16%	0.37%	-0.96%

数据来源:中国的数据根据 1999—2019 年《中国统计年鉴》和中国海关统计数据计算而得。

世界的数据根据 http://comtrade.un.org/db/整理而得。

二、商品结构变化水平和优化水平的测度

（一）商品结构变化水平和优化水平的测度方法

笔者结合劳伦斯指数（L 指数）和结构收益性指数（B 指数）来测度我国货物贸易商品结构变化的幅度和优化的情况。

1. 劳伦斯指数（Lawrence Index，简称 L 指数）

又称结构变动指数，主要用来计算一国贸易结构的变化幅度，其公式如下：

$$L = \frac{1}{2}\sum\nolimits_{j=1}^{m} |S_{j,t} - S_{j,t-1}| \tag{5.5}$$

其中，$S_{j,t} = X_{j,t}/\sum_j X_{j,t}$，$S_{j,t}$ 是 j 商品第 t 年在一国出口中所占的比例。L 指数的取值范围是[0,1]，越接近 0，表明一国贸易结构的变化越小，反之则越大。

2. 结构收益性指数（B 指数）

又称为结构优化指数，用来证明一国出口商品结构的优化对世界动态需求的反映度。其公式为：

$$\mathrm{BSCI} = \sum_{j=1}^{m}\left\{\left[\frac{\dfrac{X_{j,t}}{\sum\limits_{j=1}^{m} X_{j,t}}}{\dfrac{X_{j,t-1}}{\sum\limits_{j=1}^{m} X_{j,t-1}}}\right] * \left[\frac{(M_{j,t}/M_{j,t-1})^{\text{world}}}{\text{Average}(M_{j,t}/M_{j,t-1})} - 1\right] * \left[\frac{X_{j,t}}{\sum\limits_{j=1}^{m} X_{j,t}}\right]\right\} \tag{5.6}$$

其中 $X_{j,t}$、$M_{j,t}$ 分别为 t 年一国 j 产品的出口额和进口额。$(M_{j,t}/M_{j,t-1})^{\text{world}}$ 是全球 t 年对 $t-1$ 年 j 产品的比值。Average$(M_{j,t}M_{j,t-1})$ 是 $t-1$ 个 $M_{j,t}/M_{j,t-1}$ 的平均值。当指数大于 0 并且越来越大时，表明一国出口商品结构对世界动态需求反应越快，结构优化度越高。

(二)商品结构变化水平和优化水平的指数计算

1. 劳伦斯指数的计算

表 5.5　1991—2018 年各类商品贸易的劳伦斯指数(L 指数)

年份	1991	1992	1993	1994	1995	1996	1997	1998
出口	4.12%	22.89%	3.26%	3.15%	6.77%	3.39%	1.83%	3.45%
进口	3.79%	19.82%	9.14%	5.83%	7.23%	1.97%	3.72%	4.31%
进出口	2.73%	20.23%	5.56%	3.05%	2.72%	1.88%	2.86%	3.71%
年份	1999	2000	2001	2002	2003	2004	2005	2006
出口	2.95%	3.82%	2.85%	3.33%	3.87%	3.58%	1.30%	2%
进口	2.38%	5.02%	3.83%	3.28%	2.87%	4.22%	2.37%	2.66%
进出口	3.10%	4.02%	2.89%	3.01%	2.79%	1.80%	0.66%	1.41%
年份	2007	2008	2009	2010	2011	2012	2013	2014
出口	0.66%	1.52%	4%	1.18%	1.95%	1.96%	0.37%	0.63%
进口	2.51%	6.70%	3.66%	3.41%	5.11%	2.90%	2.31%	2.96%
进出口	1.14%	3.33%	2.72%	2%	3.03%	2.21%	1.09%	4.80%
年份	2015	2016	2017	2018	平均值			
出口	1.32%	1.05%	1.62%	1.77%	3.24 %			
进口	6.51%	1.33%	3.99%	2.90%	4.53%			
进出口	6.35%	1.13%	2.63%	2.05%	3.39%			

数据来源:根据 1993—2019 年《中国统计年鉴》和 http://comtrade.un.org/db/的数据整理计算而得。

表 5.5 中数据显示,从整个 1991—2018 年区间来看,进出口总体的劳伦斯指数平均值大于出口的平均值,进出口的劳伦斯指数平均值又小于进口的平均值。实际上,除了 1992—1995 年部分数据比较大外,整体波动都不是很明显,说明我国的整体贸易结构比较稳定,尤其是出口贸易结构较进口和进出口贸易结构都稳定些。

2. 结构收益性指数的计算

表5.6 显示,SITC 分类下我国出口商品结构收益性指数波动幅度大。1996—1999 年指数为负值,直到2003 年开始逐渐优化。1992 年和2000 年为正数。2009 年有所恶化。2010—2011 年指数回升,均为正数。2012 年又下降,2014 年又开始回升。这种波动体现了按 SITC 分类的我国出口商品结构优化程度受国内外政治经济环境影响很大,如1992 年是中国改革开放关键的一年,1997 年亚洲金融危机,2001 年中国加入世贸组织,2008 年国际金融危机,在此前后结构收益指数都有相应的变化。虽然结构收益性指数平均值为正,但数值较小。

表5.6　1991—2018 年各类商品贸易的结构收益性指数(B 指数)

年份	1991	1992	1993	1994	1995	1996	1997	1998
出口	-5.24%	4.15%	2.30%	3.50%	11.34%	-1.08%	-2.88%	-5.42%
年份	1999	2000	2001	2002	2003	2004	2005	2006
出口	-2.65%	4.97%	-9.07%	-2.71%	7.28%	12.24%	3.33%	6.07%
年份	2007	2008	2009	2010	2011	2012	2013	2014
出口	6.35%	2.46%	-26.10%	13.43%	7.05%	-9.05%	-10.18%	0.19%
年份	2015	2016	2017	2018	平均值			
出口	0.35%	0.32%	0.89%	1.42%	0.47%			

数据来源:中国的数据根据1993—2019 年《中国统计年鉴》整理而得。世界的数据根据 http://comtrade.un.org/db/整理而得。

三、出口结构相似程度的测度

(一)出口结构相似程度的测度方法

1979 年,J. M. Finger 和 M. E. Kreinin 用出口相似性指数(EIS 指数)细致地分析了20 世纪60 年代至70 年代中期在日本、美国、欧共体六国和其他的西欧工业国市场上,各个发达国家、中等欠发达国家、最不发达国家等的出口相似程度。此指数不仅可以被用来计算任意两个(或两组)国家向第三方出口结构的相似程度,也被用来衡量这两个(或两组)国家贸易结构的趋同程度或趋异性。其公式为:

$$EIS_{ij} = \sum_{k} \min\left[\frac{E_{ik}}{\sum_{k} E_{ik}}, \frac{E_{jk}}{\sum_{k} E_{jk}}\right] \tag{5.7}$$

其中,i、j、k 分别表示第 1 个和第 2 个出口国及某类商品;E_{ik}、E_{jk} 分别为两个出口国 i、j 向世界其他各国及地区出口商品 k 的总量。EIS_{ij} 的取值范围在[0,1]之间。当 $EIS_{ij}=0$ 时,说明两国出口结构完全不同,不会发生国际贸易;当 $EIS_{ij}=1$ 时,说明两个国家的出口结构完全相似;EIS_{ij} 值越小,说明两个国家的出口结构相似度越低,值越大则说明两个国家出口结构越具有高度的相似性;即使 $EIS_{ij} \neq 0$,两国也不一定会发生贸易往来,比如两国间发生严重的政治冲突或存在较高的贸易壁垒,这些都会降低贸易可能性。

（二）出口结构相似程度的指数计算

表 5.7 1991—2019 年基于 SITC 分类的中国与美国、德国和日本的出口相似度变化

年份	1991	1992	1993	1994	1995	1996	1997	1998	1999	2000	2001
中美	55.40%	54.86%	55.29%	56.25%	59.78%	61.76%	60.83%	63.25%	65.42%	67.98%	70.56%
中德	53.92%	57.28%	57.01%	58.37%	61.60%	63.05%	62.83%	65.81%	67.05%	68.29%	71.90%
中日	38.64%	41.86%	42.36%	43.44%	48.10%	50.31%	50.58%	53.63%	56.42%	58.57%	62.16%
年份	2002	2003	2004	2005	2006	2007	2008	2009	2010	2011	2012
中美	72.89 %	75.94%	77.82%	78.79%	78.42%	76.78%	73.75%	65.35%	65.64%	64.31%	63.79%
中德	75.07%	77.08%	79.07%	81.48%	81.80%	81.43%	80.83%	78.65%	80.23%	82.35%	80.35%
中日	64.53%	68.27%	71.44%	73.51%	73.76%	74.21%	75.87%	78.14%	78.87%	78.21%	76.81%
年份	2013	2014	2015	2016	2017	2018	2019	平均值			
中美	62.86%	45.17%	46.46%	46.95%	46.86%	45.67%	63.46%	62.83%			
中德	79.90%	58.61%	58.05%	59.06%	60.63%	61.57%	83.67%	69.89%			
中日	76.31%	56.41%	56.02%	56.63%	58.09%	59.77%	77.54%	62.08%			

数据来源：根据 http://comtrade. un. org/db/数据整理计算而得。

由表 5.7 所示,中美的 EIS 指数在 2006 年之前不断上升,到 2005 年达到了 78.79%,随后一直在下降。到 2019 年回升至 63.46%。中德的 EIS 指数基本在之前也是不断上升,随后有所震荡,2011 年达到 82.35%,随后有所下降,但是到 2019 年回升到历史最高点 83.67%。中日的 EIS 指数在 2010 年达到最大值,随后稍有下降,到 2019 年回升到 77.54%。三个国家与中国的出口相似度都呈现出很长时间的增长状态,近年来有所波动。就平均值来看,中德出口相似度的平均值最高,其次为中美,最后为中日。出口相似度值的回升也说明我国出口结构进一步优化,出口技术含量不断提升。

第二节　中国货物贸易方式结构演进的指数测度

关于货物贸易方式结构的演进的测度,前期并没有形成定性的指标和标准。笔者认为,一般贸易能够推动一国国内企业走向国际化,加强对外竞争力,占据更多的市场份额和获得更大的经济回报,因此,一般贸易是国家对外贸易的主要组成部分。加工贸易和一般贸易应该是互相协调、相辅相成的关系,中国制造业的起步发展与加工贸易密切相关,是中国企业嵌入全球价值链的关键途径,也是中国制造业价值链升级的重要渠道。① 加工贸易能够为一般贸易的发展提供支持。中国的对外贸易的良性发展,既要求一般贸易能够迅速发展,也要求加工贸易适应市场需求进行转型。2016 年 1 月,《国务院关于促进加工贸易创新发展的若干意见》提出,着力推动转型升级,以市场为导向,发挥企业主体作用,提高盈利水平。发挥政策引导作用,支持加工贸易企业向海关特殊监管区域集中,增强可持续发展能力。延伸价值链,提高加工贸易在全球价值链中的地位。

① 李国英、陆善勇:《新时代中国加工贸易综合优势培育的路径思考》,载《国际贸易》2019 年第 4 期。

一、方式结构优化水平的测度

(一)方式结构优化水平的测度方法

前文分别从进口和出口的角度分析了一般贸易进口(出口)/进口(出口)贸易总额和加工贸易进口(出口)/进口(出口)贸易总额,体现出了这两种主要贸易方式分别在进口、出口中的演变。令 Ex_g、Ex_p、Ex_o、Ex_t 分别表示一般贸易方式下的出口额、加工贸易方式下的出口额、其他贸易方式下的出口额、出口贸易总额。Im_g、Im_p、Im_o、Im_t 分别表示一般贸易方式下的进口额、加工贸易方式下的进口额、其他贸易方式下的进口额、进口贸易总额。设指数 A、B、C、A'、B'、C' 分别代表贸易方式不同的变动情况。A 表示一般贸易和其他贸易方式下的进口额与加工贸易进口额之差占总进口额的比重;B 代表一般贸易和其他贸易方式下的出口额与加工贸易出口额之差占总出口额的比重;C 表示一般贸易和其他贸易方式下的贸易额占总贸易额的比重。A' 表示一般贸易和加工贸易进口额之差占总进口额的比重,B' 表示一般贸易和加工贸易出口额之差占总出口额的比重,C' 表示一般贸易和加工贸易贸易额之差占总贸易额的比重,公式如下:

$$A = \frac{Im_g + Im_o - Im_p}{Im_t} \tag{5.8}$$

$$A' = \frac{Im_g - Im_p}{Im_t} \tag{5.9}$$

$$B = \frac{Ex_g + Ex_o - Ex_p}{Ex_t} \tag{5.10}$$

$$B' = \frac{Ex_g - Ex_p}{Ex_t} \tag{5.11}$$

$$C = \frac{(Im_g + Im_o + Ex_g + Ex_o) - (Im_p + Ex_p)}{Im_t + Ex_t} \tag{5.12}$$

$$C' = \frac{(Im_g + Ex_g) - (Im_p + Ex_p)}{Im_t + Ex_t} \tag{5.13}$$

如果指数 A、B、C 大于 0,且指数 A'、B'、C' 也大于 0,则贸易方式结构优化明显,如果后者不全大于 0,则贸易方式结构优化不明显,如果后者都小于

0，则贸易方式结构没能得到改善；如果 A 和 A' 都大于 0，则进口方式结构优化明显，如果 A 大于 0 而 A' 小于 0，则进口方式结构优化不明显；如果 B 大于 0 而 B' 也大于 0，则出口方式结构优化明显，如果 B 大于 0 而 B' 小于 0，则出口方式结构优化不明显。

（二）方式结构优化水平的指数计算

表 5.8　2000—2019 年一般贸易、加工贸易和其他贸易方式比重的变动指数

年份	2000	2001	2002	2003	2004	2005	2006
A	17.76%	22.84%	17.20%	21.06%	21%	16.96%	18.76%
A'	3.34%	8%	2.34%	6%	4.71%	0.85%	1.46%
B	-10.47%	-10.81%	-10.52%	-10.38%	-10.55%	-9.32%	-5.35%
B'	-13.03%	-13.36%	-13.43%	-13.65%	-14.22%	-13.31%	-9.72%
C	0.03%	0.05%	0.03%	0.05%	0.05%	0.03%	0.05%
C'	-0.05%	-0.03%	-0.06%	-0.04%	-0.05%	-0.07%	-0.05%
年份	2007	2008	2009	2010	2011	2012	2013
A	22.92%	33.18%	35.92%	40.14%	46.10%	47.06%	49.04%
A'	6.31%	17.10%	21.09%	25.13%	30.84%	29.74%	31.42%
B	-1.37%	5.62%	2.32%	6.17%	12%	15.82%	22.20%
B'	-6.49%	-0.86%	-4.75%	-1.24%	4.30%	6.11%	10.30%
C	0.09%	0.18%	0.18%	0.22%	0.28%	0.30%	0.34%
C'	-0.01%	0.07%	0.07%	0.11%	0.17%	0.17%	0.21%
年份	2014	2015	2016	2017	2018	2019	
A	46.50%	46.87%	50.07%	53.22%	55.95%	59.82%	
A'	29.85%	28.37%	31.75%	35.48%	37.63%	40.41%	
B	24.50%	29.84%	31.80%	32.95%	35.90%	41.14%	
B'	13.63%	18.35%	19.83%	20.82%	24.28%	28.35%	
C	34.52%	37.07%	39.67%	42.05%	45.16%	49.61%	
C'	21.01%	22.61%	24.97%	27.40%	30.44%	33.82%	

数据来源：根据 1999—2019 年《中国统计年鉴》和中国海关统计数据计算而得。

由表5.8所示，A和C全部大于0，A'和C'部分年份小于0，但近几年大于0并逐渐上升，说明进口贸易方式结构在优化，并为贸易额增加做出了贡献。B和B'在所计算期间内绝大多数为负值，但近几年都大于0，说明出口贸易方式结构开始优化，但不如进口贸易方式结构对进出口贸易的贡献度大。

二、加工贸易升级的测度

（一）加工贸易升级的测度

笔者认为可以通过加工贸易增值率（*PAVR*）指标进行测度。此指标是用中间品加工生产出的附加值与中间品的进口额的比率表示的，因此能比较准确地反映出一国加工贸易价值链的增值能力，可以从质上体现出我国贸易方式结构的演进。其公式为：

$$PAVR = \frac{Ex_p - Im_p}{Im_p} \tag{5.14}$$

若*PAVR*随时间变化不断变大，则说明一国价值链增值越来越快，也就是加工贸易保持了平稳的转型升级状态，能够带动一般贸易共同发展。

（二）加工贸易升级的指数计算

表5.9　2000—2019年中国加工贸易增值率的变化

年份	2000	2001	2002	2003	2004	2005	2006
PAVR	0.49	0.57	0.47	0.48	0.48	0.52	0.59
年份	2007	2008	2009	2010	2011	2012	2013
PAVR	0.68	0.78	0.82	0.77	0.78	0.79	0.73
年份	2014	2015	2016	2017	2018	2019	
PAVR	0.69	0.79	0.81	0.76	0.69	0.76	

数据来源：根据1999—2019年《中国统计年鉴》和中国海关统计数据计算而得。

由表5.9可知，加工贸易的增值率在2005年以后均大于0.5，说明我国加工贸易一直在努力提升增值能力,实现转型升级,并取得了一定的成绩。胡浩然、李坤望认为加工贸易的转型升级政策显著提高了加工贸易企业出口的国内附加值率。在东部地区和外资企业分组中更显著,加工贸易的转型升级政策主要通过影响东部地区和外资企业进而提高出口的国内附加值率。加工贸易的转型升级政策通过提高加工贸易企业的退出、进入和贸易方式转化概率,进而提高了加工贸易企业出口的国内附加值率。①

第三节　中国货物贸易主体结构演进的指数测度

货物贸易主体结构的演进和贸易方式结构的演进是紧密相关、相辅相成的。对贸易方式结构演进的测度说明了方式结构的优化情况、加工贸易转型升级和高技术产品出口的贸易方式结构优化程度等,对应的对贸易主体结构演进的测度就应该包括贸易主体结构优化的情况、加工贸易的企业主体结构优化情况和高技术产品出口的贸易主体优化情况。我国的进出口货物贸易中外商投资企业仍然占据首要地位,如果非外资企业的比重增加了,那么主体结构则发生了优化。由于加工贸易方式也是以外商投资企业为主,外商投资企业占比减少,也即加工贸易的主体结构发生了优化。高技术产品出口中如果外资企业比重减少了,笔者也认为高技术产品出口结构发生了优化。

一、主体结构优化水平的测度

(一)主体结构优化水平的测度方法

$$NF_x = 1 - F_x \tag{5.15}$$

$$NF_i = 1 - F_i \tag{5.16}$$

其中,F_x、F_i代表外资企业的出口和进口比重。NF_x、NF_i分别代表非外

① 胡浩然、李坤望:《企业出口国内附加值的政策效应:来自加工贸易的证据》,载《世界经济》2019 年第 7 期。

资企业出口比重和进口比重,也即非外资企业的出口和进口变动指数。如果NF_x大于0.5,并且有增强的趋势,则出口贸易主体结构在优化;如果NF_i大于0.5,并且有增强的趋势,则进口贸易主体结构在优化;如果NF_x、NF_i都大于0.5,并且有增强的趋势,则进出口贸易主体结构都在优化。

(二)主体结构优化水平的指数计算

表5.10　2000—2019年非外资企业出口变动指数和进口变动指数

年份	2000	2001	2002	2003	2004	2005	2006
NF_x	0.52	0.50	0.48	0.45	0.43	0.42	0.42
NF_i	0.48	0.48	0.46	0.44	0.42	0.41	0.40
年份	2007	2008	2009	2010	2011	2012	2013
NF_x	0.43	0.45	0.44	0.45	0.48	0.5	0.53
NF_i	0.41	0.45	0.46	0.47	0.5	0.52	0.55
年份	2014	2015	2016	2017	2018	2019	
NF_x	0.54	0.56	0.56	0.57	0.58	0.61	
NF_i	0.55	0.56	0.57	0.58	0.58	0.59	

数据来源:根据1999—2019年《中国统计年鉴》和中国海关统计数据计算而得。

如表5.10所示,非外资企业出口变动指数NF_x在2002—2011年都小于0.5,非外资企业进口变动指数NF_i在2000—2010年都小于0.5,2012年开始两者都大于0.5而且稳定增长,说明进口和出口贸易主体结构都在逐步优化。

二、高技术产品出口主体结构优化水平的测度

(一)高技术产品出口主体结构优化水平的测度方法

$$Hx_{er} = \frac{Hx_{nf}}{H_x} \tag{5.17}$$

Hx_{er}代表高技术产品出口的非外资企业的比重,即贸易主体变动指数。

Hx_{nf}代表非外资企业的高技术产品出口额，H_x 代表高技术产品出口总额。若我国的高技术产品出口以外资企业为主体，则贸易主体结构优化不明显。[①]而如果外资企业在高技术产品出口中的地位下降，其他企业的地位上升，则高技术产品出口的主体结构相对就改善了。故当 Hx_{er}越来越接近 1 时，高技术产品出口的主体结构越来越优化。

（二）高技术产品出口主体结构优化水平的指数计算

表 5.11　2002—2015 年高技术产品出口的贸易主体变动指数

年份	2002	2003	2004	2005	2006	2007	2008
Hx_{er}	20.80%	16.70%	14.40%	13.60%	13.70%	14.90%	16.10%
年份	2009	2010	2011	2012	2013	2014	2015
Hx_{er}	16.80%	17.80%	17.50%	22.60%	27.10%	26.10%	29.90%

数据来源：中国高技术产业数据及商务部机电和科技产业司。

表 5.11 数据显示，Hx_{er}由 2002 年的 20.80% 上升到 2015 年的 29.90%。这表明高技术产品出口的主体结构在优化。我国高技术产品出口的贸易主体仍以外商企业为主，但所占比例由 2002 年的 79.20% 下降到 2015 年的 70.10%。

第四节　中国货物贸易模式结构演进的指数测度

如前所述，货物的产业间贸易、产业内贸易和产品内贸易的比重很难分清，因此，关于贸易模式结构演进的测度包括两方面：第一，测度某一类产品在某一年总体上是以产业内贸易为主还是以产业间贸易为主以及其贸易增量是由产业内贸易引致的还是由产业间贸易引致的；第二，产品内贸易模式

① 黄锦明：《我国出口商品结构优化：进展、机理与对策——基于 1980 ~ 2008 年数据的分析》，载《工业技术经济》2010 年第 11 期。

的测度,就是以中间品贸易的贸易总额占总贸易额的比重来衡量的。

一、产业间和产业内贸易模式的测度

(一)产业间和产业内贸易模式的测度方法

1. 加权 G-L 指数

将一国特定产业或某类贸易品的贸易比重设为权重,进而计算出的整体产业内贸易水平即为加权 G-L 指数。其公式为:

$$IIT = 1 - \frac{\sum_{i=1}^{n} |X_i - M_i|}{\sum_{i-1}^{n} (X_i + M_i)} \tag{5.18}$$

其中,X_i、M_i 分别代表贸易品 i 在特定年份的出口额和进口额,其取值范围及解释同前述 G-L 指数。

2. 边际产业内贸易 B 指数

MIIT 指数(边际产业内贸易指数)是由 M. Brulhart(1994)提出的,它能够从动态角度反映产业内贸易的变化。它包括了 A 指数、B 指数。相比 A 指数而言,B 指数更能反映出贸易方向,因此,笔者引入 B 指数的计算公式:①

$$MIIT_i = \frac{\Delta X_i - \Delta M_i}{|\Delta X_i| + |\Delta M_i|} \tag{5.19}$$

其中,ΔX_i、ΔM_i 分别表示相邻的两个阶段 i 部门(或产品)出口额和进口额的变动量,$MIIT_i$ 的取值区间是[-1,1]。$MIIT_i$ 越接近 -1 或 1,则表明 i 部门(或产品)贸易中的变动量主要是由产业间贸易带来的;$MIIT_i$ 越接近 0,则说明 i 部门(或产品)贸易中的变动量主要是由产业内贸易带来的。另外,当 $MIIT_i$ 大于 0 时,表明 i 部门(或产品)绩效良好,当 $MIIT_i$ 小于 0 时,则

① 许统生、万兆泉、涂远芬等:《中美制造业产业内贸易对就业调整成本影响的估计》,载《经济学动态》2012 年第 1 期。

表明 i 部门(或产品)有不良的绩效。进一步结合 G-L 指数的区间,可以得到:当 $-1 \leqslant MIIT_i < -0.5$ 时,说明 i 部门(或产品)在贸易中的变动量主要是由产业间贸易带来的,并且产生了不良的绩效;当 $-0.5 \leqslant MIIT_i \leqslant 0$ 时,说明 i 部门(或产品)在贸易中的变化量主要是由产业内贸易带来的,也产生了不良的绩效;当 $0 < MIIT_i \leqslant 0.5$ 时,说明 i 部门(或产品)在贸易中的变化量主要是由产业内贸易带来的,并且产生了良好的绩效;而当 $0.5 < MIIT_i \leqslant 1$ 时,说明 i 部门(或产品)在贸易中的变化量主要是由产业间贸易引起的,其绩效良好。①

3. 拉菲指数(Lafay Index)

拉菲指数是由 Lafay 在 1992 年提出的,它是以贸易份额为权重,在不同类商品贸易额和贸易总额组成的可比净出口指数基础上进行计算得出的。它包含了两个方面,一方面是某一行业(或贸易品)的贸易竞争指数相对于总体的贸易部门累积竞争指数的偏离程度,另一方面是该行业(或贸易品)的贸易额在所有行业总贸易额中的比重。拉菲指数同显示性比较优势指数相比,它既考虑了出口又兼顾了进口的贸易流向;同贸易竞争力指数比,它可以较好地避免经济周期波动引致的测度结果扭曲的问题。

拉菲指数既可以用于测度一国某一行业(或贸易品)的比较优势情况,也可以用来说明该行业(或贸易品)的产业内贸易程度的高低。其计算公式为:

$$LFI_j^i = 100\left\{\frac{X_j^i - M_j^i}{X_j^i + M_j^i} - \frac{\sum_{j=1}^{n}(X_j^i - M_j^i)}{\sum_{j=1}^{n}(X_j^i + M_j^i)}\right\}\frac{X_j^i + M_j^i}{\sum_{j=1}^{n}(X_j^i + M_j^i)} \quad j = 1, \cdots, n \tag{5.20}$$

X_j^i、M_j^i 分别表示 i 国家 j 类行业(或贸易品)的出口额、进口额。若 $LFI_j^i > 0$,说明 i 国家 j 类行业(或贸易品)有专业化的比较优势,而且指数值越大,则 j 类行业(或贸易品)的专业化程度会越高;若 $LFI_j^i < 0$,说明 i 国家 j

① 蒋庚华:《中国服务贸易结构问题研究》,博士学位论文,东北师范大学,2011。

类行业(或贸易品)缺乏专业化的比较优势,进口同类产品较多;若拉菲指数趋于零值,则说明 i 国家 j 类行业(或贸易品)的产业内贸易程度较高;而若拉菲指数远离零值,就说明 i 国家 j 类行业(或贸易品)的产业内贸易程度较低。[①]

(二)产业间和产业内贸易模式的指数计算

1. 加权的 G－L 指数

表 5.12 1990—2019 年按 SITC 分类的商品的加权 G－L 指数

加权的 G－L 指数	1990 年	1991 年	1992 年	1993 年	1994 年	1995 年	1996 年	1997 年	1998 年	1999 年
	0.65	0.65	0.60	0.54	0.59	0.67	0.67	0.68	0.70	0.69
	2000 年	2001 年	2002 年	2003 年	2004 年	2005 年	2006 年	2007 年	2008 年	2009 年
	0.70	0.72	0.74	0.77	0.75	0.71	0.68	0.65	0.61	0.64
	2010 年	2011 年	2012 年	2013 年	2014 年	2015 年	2016 年	2017 年	2018 年	2019 年
	0.64	0.61	0.59	0.58	0.57	0.60	0.61	0.61	0.62	0.60

数据来源:根据 1999—2019 年《中国统计年鉴》和中国海关统计数据计算而得。

表 5.12 数据显示,1993—1994 年加权的 G－L 指数略有上升,之后到 2003 年一直在增加,2004—2014 年缓慢下降,近几年缓慢上升。但是指数值始终大于 0.5,说明我国按 SITC 分类的商品贸易整体上以产业内贸易为主。

① 吴贤彬、陈进、华迎:《基于 SRCA 和 Lafay 指数的“金砖五国”服务贸易结构竞争力分析》,载《宏观经济研究》2012 年第 2 期。

2. 边际产业内贸易 B 指数

表 5.13 1991—2019 年按 SITC 分类的商品的边际产业内贸易 B 指数

年份	SITC0	SITC1	SITC2	SITC3	SITC4	SITC5	SITC6	SITC7	SITC8	SITC9
1991	1.00	0.63	-1.00	-1.00	0.92	-0.94	0.08	-0.28	0.84	-0.03
1995	-1.00	0.06	-0.83	0.07	-1.00	-0.29	0.86	0.78	0.51	-1.00
2000	0.23	-1.00	-0.86	-0.57	0.92	-0.56	0.11	0.03	0.64	-0.17
2005	0.88	-1.00	-0.80	-0.67	1.00	-0.13	0.60	0.38	0.56	0.02
2006	0.69	-0.93	-0.94	-0.99	-0.69	-0.03	0.78	0.22	0.61	0.94
2007	0.54	-0.28	-0.93	-0.76	-1.00	-0.13	0.48	0.37	0.57	-1.00
2008	-0.12	-0.59	-0.91	-0.69	-0.84	0.24	0.82	0.53	0.59	-1.00
2009	-1.00	0.53	0.78	0.60	0.83	-0.42	-1.00	-0.42	-0.49	0.86
2010	0.12	-0.28	-0.91	-0.82	-0.93	-0.19	0.46	0.15	0.47	-1.00
2011	0.13	-0.55	-0.91	-0.88	-0.87	-0.07	0.57	0.20	0.70	-0.95
2012	-0.61	-0.39	0.92	-1.00	-0.97	0.20	1.00	0.47	0.79	-1.00
2013	-0.28	-0.70	-1.00	-0.12	1.00	-0.28	0.85	0.14	0.80	-0.98
2014	-0.70	-0.14	1.00	0.70	0.93	1.00	0.60	1.00	1.00	1.00
2015	0.36	-0.42	1.00	1.00	1.00	-0.01	0.27	-0.38	0.37	-0.97
2016	1.00	-0.17	0.80	0.91	0.83	-0.03	-0.56	-0.51	-0.74	1.00
2017	0.12	-1.00	-0.92	-0.79	-0.60	-0.21	0.13	0.12	0.38	1.00
2018	-1.00	-0.45	-0.63	-0.79	0.44	-0.07	0.38	0.09	0.32	-0.98
2019	-1.00	-0.92	-1.00	1.00	-0.90	-0.08	1.00	0.62	0.95	1.00
平均值	-0.06	-0.49	-0.30	-0.22	-0.05	-0.01	0.43	0.20	0.46	0.14

数据来源：根据 1999—2019 年《中国统计年鉴》和中国海关统计数据计算而得，平均值是根据 2005—2019 年数据计算而得。

在 1991—2019 年，初级产品中每一类的指数值大部分都在[-0.5, +0.5]之外，因此，初级产品的贸易增量大多数时期以产业间贸易为主，而工业制成品中的 SITC5 和 SITC7 指数值大部分都在[-0.5, +0.5]以内，其贸易增量是以产业内贸易为主，2014—2019 年，SITC6 和 SITC8 也以产业内贸易为主。从贸易绩效看,SITC6—8 表现出良好的绩效,大部分年份的边际产业内贸易指数值大于 0。从整体计算的平均值看,我国大部分商品的贸易增量还是以产业内贸易为主。

3. 拉菲指数(Lafay Index)

表 5.14 中数据显示,在 1990—2019 年主要年份,SITC1—5、SITC9 的拉菲指数大多小于 0,即缺乏专业化的比较优势,更多依赖进口。SITC1 在近几年的拉菲指数也呈现负值,表明缺乏专业化的比较优势。而 SITC6—7 的拉菲指数值近些年都是大于 0 并逐渐增加,比较优势增强。SITC8 的拉菲指数值在 1993 年达到最高值后缓慢下降,但仍然是所有商品中拉菲指数值最高的。从各类商品拉菲指数值的变动趋势看,SITC1、SITC4 的值有接近于 0 的变化,因此这几类商品的产业内贸易程度在增强。

表 5.14　1990—2019 年按 SITC 分类的主要年份商品的拉菲指数

年份	SITC0	SITC1	SITC2	SITC3	SITC4	SITC5	SITC6	SITC7	SITC8	SITC9
1990	2.18%	0.13%	-1%	3.01%	-0.79%	-3.21%	1.77%	-11.22%	8.20%	0.93%
1995	1.02%	0.31%	-2.37%	-0.15%	-0.83%	-3.48%	-0.06%	-9.34%	15.15%	-0.26%
2000	1.40%	0.07%	-3.54%	-3%	-0.19%	-4.27%	-0.75%	-3.84%	14.44%	-0.32%
2005	0.76%	0.02%	-4.80%	-3.67%	-0.24%	-3.52%	2.31%	1.10%	8.09%	-0.05%
2006	0.69%	0%	-4.80%	-4.66%	-0.23%	-3.17%	3.49%	0.98%	7.70%	-0.01%
2007	0.65%	-0.02%	-5.71%	-4.60%	-0.37%	-3.10%	3.59%	2.09%	7.50%	-0.04%
2008	0.52%	-0.03%	-6.87%	-6.28%	-0.44%	-2.46%	4.38%	3.97%	7.33%	-0.13%
2009	0.62%	-0.03%	-6.63%	-5.28%	-0.36%	-2.97%	2.32%	4.26%	8.17%	-0.10%
2010	0.53%	-0.03%	-7.20%	-5.90%	-0.30%	-2.58%	3.18%	5.03%	7.87%	-0.61%
2011	0.50%	-0.05%	-7.76%	-7.05%	-0.30%	-2.17%	4.10%	5.66%	8.42%	-1.36%
2012	0.30%	-0.06%	-7.04%	-7.82%	-0.33%	-2.15%	4.10%	5.56%	9.29%	-1.85%
2013	0.19%	-0.06%	-7%	-7.33%	-0.27%	-2.09%	4.45%	5.30%	9.43%	-2.64%
2014	-0.17%	-0.08%	-6.72%	-7.48%	-0.25%	-1.98%	4.70%	4.66%	9.16%	-1.86%
2015	-0.22%	-0.10%	-5.80%	-5.18%	-0.20%	-2.20%	4.53%	2.91%	8.71%	-2.45%
2016	-0.09%	-0.11%	-5.95%	-4.82%	-0.19%	-2.22%	4.45%	2.69%	8.48%	-2.24%
2017	0.02%	-0.11%	-6.67%	-5.93%	-0.19%	-2.12%	4.41%	3.89%	8.34%	-1.65%
2018	-0.20%	-0.10%	-5.98%	-7.19%	-0.16%	-1.86%	4.56%	4.60%	7.96%	-1.64%
2019	-0.64%	-0.11%	-6.48%	-7.34%	-0.20%	-2.02%	4.74%	4.95%	8.15%	-1.04%

数据来源：根据 1999—2019 年《中国统计年鉴》和中国海关统计数据计算而得。

二、产品内贸易模式的测度

（一）产品内贸易模式的测度方法

目前国内外学者计算一国参与产品内分工程度的方法主要包括以下三种：

方法一，首先区分出一国的进口品是属于最终的消费品还是属于中间投入品，然后再利用一国的投入产出表进行计算。不同的学者由于对中间投入品所包含内容的划分不一致，从而得出了不同的研究结论。

Feenstra 和 Hanson（1997）先求出一个行业每种投入品的价值和进口投入品的价值，再加总各个产业投入品和进口投入品的价值，之后一国参与产品内分工程度就用进口投入品的价值相对于所有中间投入品总价值的比重来表示。尽管理论上讲非常合理，但实际上需要大量的中间品数据，故此种方法很少使用。Hummels、Rapoport、Yi（1998）则认为不是只要进口中间投入品就会发生产品内贸易，而是只有当进口的中间品被用来生产，产品内贸易才会发生。之后，Hummels、Ishii、Yi（2001）通过绝对值指标（VS）和相对值指标（垂直专业化分工比重，VSS）对一国参与产品内分工的程度进行了测度。两个指标的区别是：绝对值指标（VS）计算了被用于出口产品生产的中间投入品进口的绝对价值，相对值指标（VSS）计算了被用于出口产品生产的中间投入品进口的绝对价值相对于该国总出口额的比重。这种方法进一步反映了中间投入品的贸易发展趋势，数据获得相对容易。北京大学中国经济研究中心课题组（2005）等依据 Hummels 模型和相关年份的投入产出表，测算了 1992 年至 2003 年中国参与产品内分工的程度。Dean、Fung 和 Wang（2007）、Koopman（2008）等则分别计算出口中非加工贸易出口和加工贸易出口的国内附加值比重，再加权平均。由于数据样本有限，虽然此种方法计算得更精确，但实际应用不多。

方法二是按照 SITC 分类中的零部件与一国的贸易总额的比值来衡量一国参与产品内分工程度的。Yeat（2001）对一国参与产品内分工的测度就是以 SITC 分类中的第 7 类产品的贸易额相对于一国总贸易额比重来计算的。

第7类商品基本都是零部件。

方法三是以BEC分类法中的中间品(包括半成品和零部件)的进口额或出口额占中间投入品总额的比重来衡量一国参与产品内分工程度的。

由于第三种方法比较直观,笔者据此设定如下指数:

$$VS = I_t/T_t \tag{5.21}$$

$$VS_1 = I_i/T_t \tag{5.22}$$

$$VS_2 = I_e/T_t \tag{5.23}$$

VS、VS_1、VS_2 分别表示我国产品内贸易指数、中间品进口变动指数、中间品出口变动指数,其中,I_t、T_t、I_i、I_e 分别为中间品进出口总额、贸易总额、中间品进口额、中间品出口额。VS 如果变大,则我国参与国际产品内分工的程度也会加深。

(二)产品内贸易模式的指数计算

表5.15　1995—2018年中国产品内分工指标

年份	中间品出口额/亿美元	中间品进口额/亿美元	贸易总额/亿美元	VS_1	VS_2	VS
1995	514	765	2 808.6	0.18	0.27	0.46
1998	600	929	3 239.5	0.19	0.29	0.47
1999	650	1 078	3 606.3	0.18	0.30	0.48
2000	926	1 402	4 742.9	0.20	0.30	0.49
2001	929	1 485	5 096.5	0.18	0.29	0.47
2002	1 170	1 828	6 207.7	0.19	0.29	0.48
2003	1 561	2 490	8 509.9	0.18	0.29	0.48
2004	2 248	3 240	11 545.5	0.19	0.28	0.48
2005	2 900	3 810	14 219.1	0.20	0.27	0.47
2006	3 840	4 480	17 604.4	0.22	0.25	0.47
2007	4 910	5 290	21 765.7	0.23	0.24	0.47
2008	5 980	5 630	25 632.6	0.23	0.22	0.45
2009	4 530	5 320	22 075.4	0.21	0.24	0.45

续表

年份	中间品出口额/亿美元	中间品进口额/亿美元	贸易总额/亿美元	VS_1	VS_2	VS
2010	6 210	6 960	29 740.0	0.21	0.23	0.44
2011	7 660	7 970	36 418.6	0.21	0.22	0.43
2012	8 110	8 190	38 671.2	0.21	0.21	0.42
2013	9 004	8 851	41 589.9	0.22	0.21	0.43
2014	9 540	9 099	43 030.4	0.22	0.21	0.43
2015	9 498	9 167	39 569.0	0.24	0.23	0.47
2016	8 748	8 679	36 855.7	0.24	0.24	0.48
2017	9 664	9 735	41 045.0	0.24	0.24	0.48
2018	10 950	10 999	46 230.4	0.24	0.24	0.48

数据来源：根据 http://comtrade. un. org/db/数据整理计算而得。

如表5.15中数据所示，VS 由1995年的0.46上升到2000年的最高值0.49，之后缓慢下降，到2012年为0.42，之后又开始反弹，到2018年为0.48。VS_1 在1995—2003年缓慢变化，2007—2008年维持在0.23，2009年开始回升。VS_2 在1999—2000年运行在0.30这样的高水平上，之后持续下降，到2012年开始回升。数据的变化一方面说明我国在产品内贸易中掌握了更大的自主权，对国外中间品的依赖逐渐变弱，另一方面说明我国企业的自主研发能力在提升，中间品出口占比增加，但是这种占比仍不稳定，需要企业进一步提升技术实力。

第五节 中国货物贸易区域结构演进的指数测度

中国货物贸易区域结构演进的测度包括地区集中度、地区多样性和地区均匀度三个方面。通过三个指标的测度体现了区域结构优化的水平。

一、区域结构优化水平的测度方法

（一）地区集中度

地区集中度就是指在一国内部或某地理区域范围内贸易商品的份额分布在某地或者某些地区的集中程度。利用赫芬达尔－赫希曼（Herfindahl－Hirschman，HH）指数这一产业经济学指标来表示①，也就是同一行业里每个企业所占市场份额的平方和。公式表达如下：

$$HH = s_1^2 + s_2^2 + s_3^2 + \cdots + s_N^2 = \sum_{i=1}^{N} s_i^2 \quad i = 0, \cdots, N \tag{5.24}$$

s_i 是 i 企业所占的市场份额，市场上存在 N 个企业。本书中，s_i 代表其他国家或地区 i 的出口或进口占中国进口总额或者出口总额的比重。当 HH 越来越小时，如果既定的占中国进出口份额较大的国家或地区不变，则说明这些国家或地区占中国的贸易份额越来越少，它们之间的差距也会变小，会有其他更多的国家成为中国的贸易伙伴，则中国的整体地区结构就是优化的；当 HH 指数不断增大时，如果既定的占中国进出口份额较大的国家或地区不变，则说明这些国家或地区中的个别地区对中国的进出口占中国进出口总额的比重增加，地区之间的差距加大，即使既定的占中国进出口份额较大的国家或地区发生了变化，也可能使贸易更集中于其他某一些国家，无论如何都说明了中国的整体地区结构越来越恶化。

（二）地区多样性

地区多样性也就是在一国内部或某地理区域范围内贸易商品的份额在不同地区或国家间发生变化的复杂性。利用信息论中衡量不确定性的 Shannon 多样性指数来测度结构的复杂性，其具体公式为（Romme，1982）：

$$H = -\sum_{i=1}^{n} p_i \log_2 p_i \tag{5.25}$$

p_i 本来是指景观中出现某单元的概率，此处被用来表示国家 i 在中国贸

① 魏浩：《中国进出口地区结构及其对称性问题的实证研究》，载《财贸经济》2007 年第 5 期。

易总额中所占的份额，n 即中国进口或出口贸易伙伴的总数。当 $H=0$ 时，也即 $p_i=1$，中国在某地区只有一个贸易伙伴国；当 H 值变大时，也就是说当中国在某地区范围内的贸易伙伴国增多或者这几个指定的贸易伙伴国所占的进口或出口份额接近时，说明中国在该地区的贸易区域结构趋于优化；当 H 值变小时，说明中国在某地区范围内的贸易向更少的贸易伙伴国集中，这使得既定的这些伙伴国之间的贸易差额加大，则中国在该地区的整体区域结构趋于恶化。

（三）地区均匀度

地区均匀度就是在一国内部或某地理区域范围内贸易品份额在不同的地区或不同贸易伙伴国家间的平均程度。

均匀度指数（E 指数）具体公式为：

$$E=\frac{H}{H_{max}} \tag{5.26}$$

H 是前述的 Shannon 多样性指数。$H_{\max}$ 是在最大均匀性条件下的 Shannon多样性指数，也就是若 n 种景观单元构成了一个景观，而其中每种景观类型都占 $1/n$ 的景观面积即 $p_i=1/n$，则此时的多样性指数即为最大均匀条件下的多样性指数，即 $H_{max}=\log_2 n$。

E 的取值范围在[0,1]之间。当它趋于 0 时，景观分布会变得不均匀；当它趋向 1 时，景观分布就会趋于均匀。若 E 值变大，在某地区范围内中国的贸易伙伴国个数一定，就说明既定几个国家的内部地区结构日益优化；若 E 值变小，则既定的几个贸易伙伴国的进出口分布变得不均匀，内部差距增大，地区结构日益恶化。[①] 这与对多样性指数的解释一致。

二、中国货物贸易内部区域出口结构优化水平的指数计算

对中国内部区域结构演进的测度，可以通过计算东部、东北部、中部和西部地区货物贸易额在中国货物贸易额中的比重来衡量 HH、H、E 指数。四

① 魏浩：《中国进出口地区结构及其对称性问题的实证研究》，载《财贸经济》2007 年第 5 期。

大区域的出口 HH 指数表明了中国四大区域在中国出口商品贸易中的集中程度，当 HH 指数越趋近于 1 时，表明中国出口的商品越来自于其中某个特定的区域，而当 HH 指数越趋近于 0 时，则中国出口的商品越均匀地来自于四大区域。四大区域的出口 H 指数表明了中国出口商品贸易来自于四大区域的多样性。若 H 指数越大，表明出口的商品越分散于四大区域，若 H 指数越小，则出口的商品会越集中地来自于其中某一区域。四大区域的出口 E 指数表明了出口商品来自于四大区域的均衡程度。E 指数变大，则内部区域的出口结构趋于优化，E 指数变小，则内部区域的出口结构恶化。

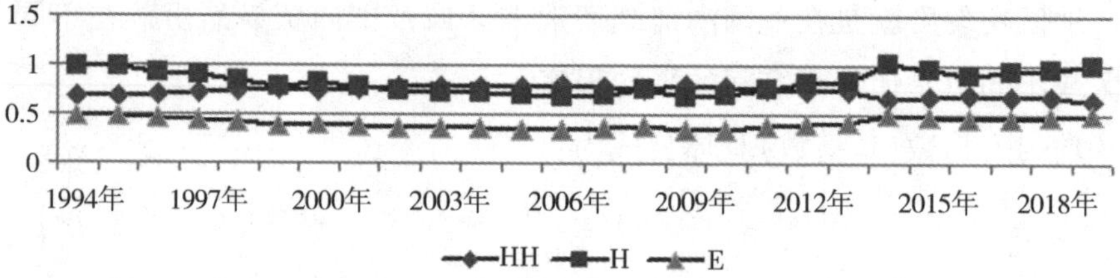

图 5.1　1994—2019 年我国四大区域出口结构的相关指数

数据来源：根据 1999—2019 年《中国统计年鉴》和中国海关统计数据计算而得。

图 5.1 显示，四大区域的出口 HH 指数变化幅度不大。从 1994—2006 年呈现缓慢上升态势，2007—2008 年短暂下降后，2009—2010 年持续升高，2011 年后又下降。2019 年与 1994 年相比下降了 2.7%。四大区域的 H 指数呈现了起伏态势。1994—1999 年下降较快，2000 年到 2019 年升降相随，其中 2008 年以后又开始上升，到 2019 年为 1，较 1994 年上升了 2.3%，E 指数和 H 指数的变动趋势相同。表明我国出口商品来自于四大区域的集中度、多样性和均匀度都在优化，但是变化不明显。

三、中国货物贸易内部区域进口结构优化水平的指数计算

四大区域的进口 HH 指数说明了中国四大区域在中国进口商品贸易中的集中程度。当 HH 指数趋近于 1 时，表明中国进口的商品越来越流向其中某个特定区域；当 HH 指数趋近于 0 时，表明中国进口的商品比较均匀地流

向四大区域。四大区域的进口 H 指数说明了中国四大区域在中国进口贸易中的多样性。当 H 指数变大时,表明进口的商品更分散地流向四大区域;当 H 指数变小时,则表明进口的商品越来越流向于其中某一区域。四大区域的进口 E 指数说明了进口商品流向四大区域的均衡程度。若 E 指数变大,则内部区域的进口结构趋于优化;若 E 指数变小,则内部区域的进口结构恶化。

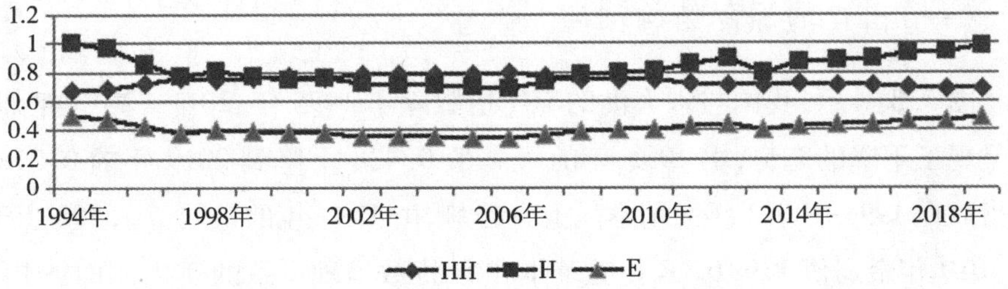

图 5.2　1994—2019 年我国四大区域进口结构的相关指数

数据来源:根据 1999—2019 年《中国统计年鉴》和中国海关统计数据计算而得。

四大区域的进口 HH 指数变化幅度不大。1994—2006 年呈现缓慢上升态势,2007 年以后缓慢下降,2019 年与 1994 年相比上升了 1.2%。表明中国进口的商品 2006 年以后更均匀地分布在四大区域中。四大区域的 H 指数在 1993—2006 年不断下滑,2007—2012 年、2013—2019 年又不断上升,证实了我国进口商品流向四大区域的差距缩小。E 指数和 H 指数表现出相似的变动趋势。

四、中国货物贸易外部区域出口结构优化水平的指数计算

对于中国外部区域结构演进,可以从计算亚洲主要贸易伙伴国、欧美及大洋洲主要贸易伙伴国的贸易额在中国货物贸易额中的比重的角度衡量 HH、H、E 指数。中国向这些贸易伙伴国和地区出口的 HH 指数表明了其在中国出口商品贸易中的集中程度。当 HH 指数趋近于 1 时,表明中国出口的

商品越来越流向于其中某个特定的国家或地区；而当 HH 指数趋近于 0 时，则中国出口的商品越来越均匀地分布于这些国家和地区。出口的 H 指数表明了中国出口商品贸易分布于这些贸易伙伴国和地区的多样性。若 H 指数越大，表明出口的商品越分散于这些国家和地区，若 H 指数越小，则出口的商品会越集中地来自于其中某些国家和地区。出口的 E 指数表明了出口商品分布于这些贸易伙伴国和地区的均衡程度。当 E 指数变大时，外部区域的出口结构趋于优化；当 E 指数变小时，则外部区域的出口结构趋于恶化。

（一）出口的洲际结构测度

图 5.3 显示，我国与六大洲的 HH 指数除了 1995 年、2011—2013 年外，都呈现了下降的态势，由 1995 年的最高值 0.438 下降到 2019 年的 0.318。H 指数在 1994—2013 年间基本呈上升趋势，由 1994 年的最低值 1.598 上升到 2019 年最高值 1.991。E 指数基本和 H 指数呈现一致的变化，由 1994 年的 0.618 上升到 2019 年的 0.77。可见，我国在这六大洲的出口货物分布更加优化，各大洲所占的份额差距缩小。

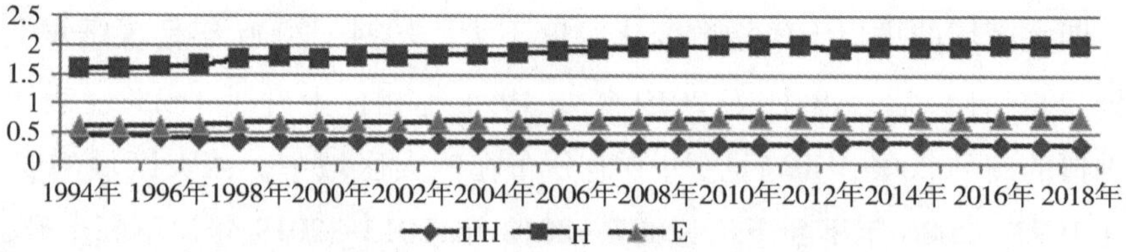

图 5.3　1994—2019 年我国货物出口的洲际结构指数

数据来源：根据 1999—2019 年《中国统计年鉴》、中国海关统计数据、http://unctadstat.unctad.org/数据整理计算而得。

（二）出口到亚洲主要国家的结构指数

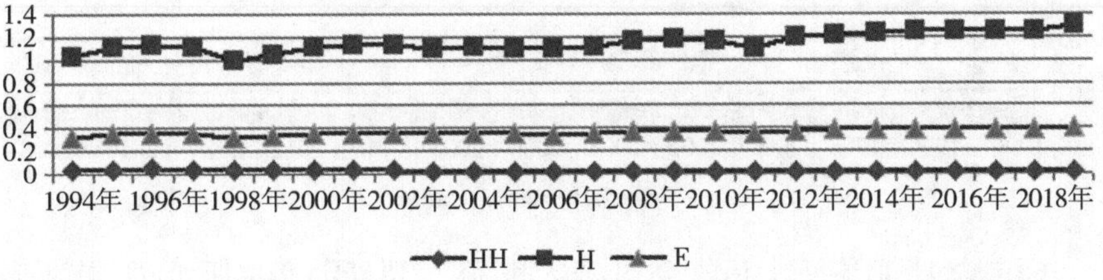

注：这里包括前述表格国家，即印度、印度尼西亚、日本、马来西亚、新加坡、韩国、泰国、阿联酋、越南等。

图 5.4　1994—2019 年我国出口到亚洲主要国家的结构指数

数据来源：根据 1999—2019 年《中国统计年鉴》、

中国海关统计数据、http://unctadstat. unctad. org/数据整理计算而得。

如图 5.4 所示，我国出口到亚洲主要国家的 HH 指数总体变小，由 1994 年的最高值 0. 105 变到 2019 年的 0. 009。H 指数总体在上升，最高值在 2019 年，为 1. 302，最低值在 1998 年，为 0. 998。E 指数的变化趋势和 H 指数一致。可见，我国出口到亚洲主要国家结构不断优化，在这些国家的内部分布日益趋于分散，内部差距缩小。

（三）出口到欧美及大洋洲主要国家的结构指数

如图 5.5 所示，我国出口到欧美及大洋洲十二国的 HH 指数总体呈下降趋势，但不鲜明，到 2019 年下降到 0. 033，低于 1994 年的值。H 指数在 1994—2010 年基本在上升，2011—2015 年略下降，2019 年比 1994 年上涨了 0. 29。E 指数和 H 指数的变化阶段基本一致。可见，2009 年以后，我国在欧美及大洋洲主要国家整体出口地区结构集中度发生了阶段性变化，其总体还是比较分散的，而且结构趋于优化。

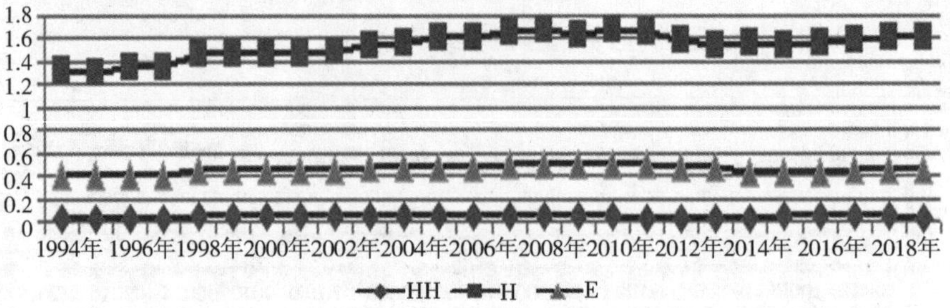

注:这里包括前述英国、德国、法国、意大利、荷兰、西班牙、俄罗斯、巴西、墨西哥、美国、加拿大和澳大利亚等十二国。

图 5.5　1994—2019 年我国出口到欧美及大洋洲等国的结构指数

数据来源:根据 1999—2019 年《中国统计年鉴》、中国海关统计数据、http://unctadstat.unctad.org/数据整理计算而得。

1993 年在外贸体制改革的推动和邓小平南方讲话的鼓舞下,中国出口的地区结构开始出现多样化的趋势,尤其是 2001 年加入世贸组织后,这一趋势更加明显。2008 年后受国际金融危机和欧洲主权债务危机的双重影响,在发达国家原有出口分散的倾向稍微发生逆转。①

五、中国货物贸易外部区域进口结构优化水平的指数计算

中国自主要贸易伙伴国和地区进口的 HH 指数说明了中国自其进口商品贸易的集中程度。若 HH 指数趋近于 1,表明中国进口的商品集中于其中的某些国家或地区;当 HH 指数趋近于 0 时,表明中国进口的商品在既定的国家之间比较均匀,地区差距不大。进口的 H 指数说明了中国自主要贸易伙伴国和地区进口商品贸易的多样性。当 H 指数变大时,表明进口的商品更分散地来自于这些国家或地区,多样性增加;当 H 指数变小时,则表明进口的商品越来越集中地来源于某些国家或地区,多样性减少。进口的 E 指数说明了进口商品来自于主要贸易伙伴国或地区的均衡程度。若 E 值变

① 张明志、林娟、铁瑛:《出口专业化、出口多样化与中国经济增长——兼谈中国经济增长出口驱动力的转换》,载《国际贸易问题》2013 年第 6 期。

大,则外部区域的进口结构趋于优化;若 E 值变小,则外部区域的进口结构恶化。

（一）自六大洲进口的洲际结构测度

如图 5.6 所示,我国与六大洲的进口 HH 指数在 2006 年以前缓慢上升,由 1994 年的 0.42 上升到 2005 年的 0.48,之后又下降到 2019 年的 0.355。即从 2006 年开始自六大洲进口的分布更均匀了。H 指数在 1994—2005 年经历了波动的下降后,2006 年开始上升,2019 年达到了 1.95,而 E 指数也经历了类似的变动趋势。可见,我国从六大洲的进口均匀分布,各大洲所占的进口份额差距缩小了。

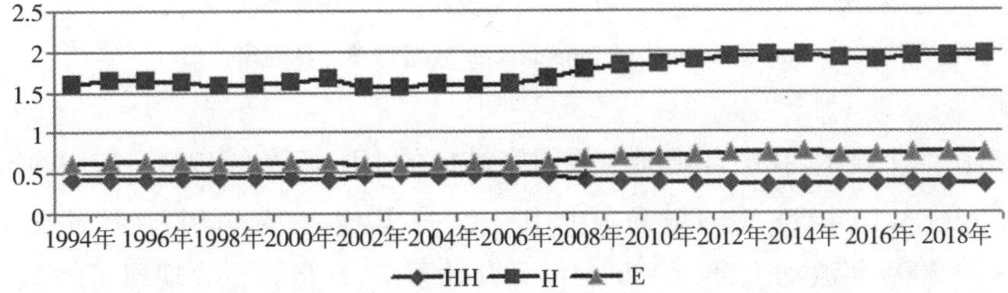

图 5.6　1994—2019 年我国货物自六大洲进口的洲际结构指数

数据来源:根据 1999—2019 年《中国统计年鉴》、中国海关统计数据、http://unctadstat.unctad.org/数据整理计算而得。

(二)自亚洲主要国家进口的结构指数

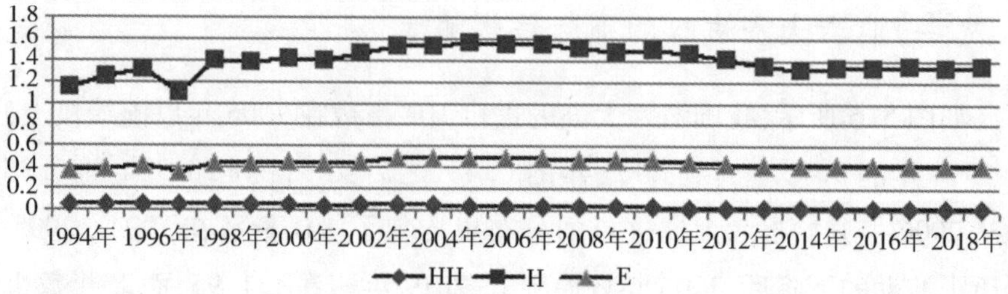

注:这里主要国家包括前述表格国家,即印度、印度尼西亚、日本、马来西亚、新加坡、韩国、泰国、菲律宾、沙特阿拉伯等。

图 5.7 1994—2019 年我国自亚洲主要国家进口的结构指数

数据来源:根据 1999—2019 年《中国统计年鉴》、中国海关统计数据、http://unctadstat.unctad.org/数据整理计算而得。

图 5.7 显示,我国自亚洲主要国家进口的 HH 指数在 1994—2019 年间总体变小,由 1994 年的最高值 0.057 变到 2019 年的 0.017。H 指数在 1994—2005 年波动上升,在 2006 年又开始下降,E 指数也表现出了类似的变化。说明我国自这些国家进口的整体地区结构在优化,但是 H 和 E 指数又说明 2007 年以后,自这些国家进口的内部差距在扩大,进口更集中于某些国家。

(三)自欧美及大洋洲主要国家进口的结构指数

由图 5.8 可见,我国自欧美及大洋洲主要国家进口的 HH 指数呈现了下降的趋势(HH 指数在 0.01—0.03 之间,故在图中不明显)。而 H 指数呈现先降后升的变化,E 指数也先降后升。说明我国自欧美及大洋洲主要国家进口的整体地区结构在优化,而且自这些国家和地区进口的内部差距也在缩小。

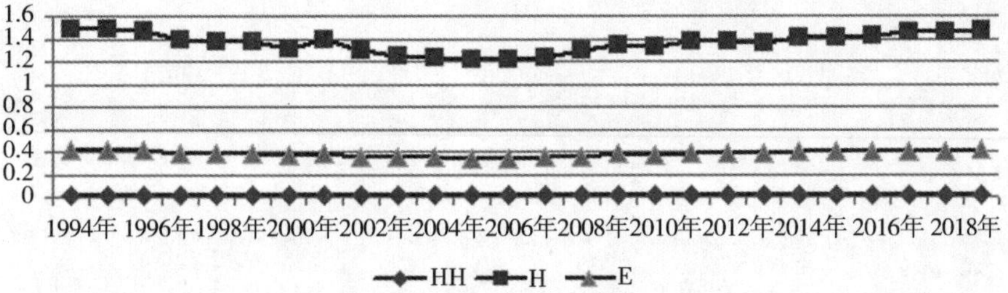

注:这里主要国家包括前述英国、德国、法国、意大利、荷兰、西班牙、俄罗斯、巴西、墨西哥、美国、加拿大和澳大利亚等十二国。

图 5.8　1994—2019 年我国自欧美及大洋洲主要国家进口的结构指数

数据来源:根据 1999—2019 年《中国统计年鉴》、中国海关统计数据、http://unctadstat.unctad.org/数据整理计算而得。

第六章　中国服务贸易结构的演进历程

第一节　中国服务贸易发展概述

随着服务业在全球的崛起,1986 年 9 月开始的关贸总协定乌拉圭回合谈判首次将服务贸易列入谈判议题,从而引发了全球研究服务贸易的热潮。此次谈判的重要结果是产生了《服务贸易总协定》(*GATS*)。*GATS* 将服务贸易定义为:(1)从一成员境内向任何其他成员境内提供的服务,即过境交付;(2)在一成员境内向任何其他成员的服务消费者提供的服务,即境外消费;(3)一成员的服务提供实体通过在其他任何成员境内商业存在的方式所提供的服务,即商业存在;(4)一成员的自然人在任何其他成员境内提供的服务,即自然人流动。在我国国内,对于服务贸易概念的界定有两种观点。一种观点认为,服务贸易可分为三种类型:第一,通过服务提供者或消费者的移动而进行的服务贸易,这种服务贸易以提供者或消费者的跨国界流动为条件;第二,不一定要求人员的跨国界流动,而在一国国内即可实现的服务输出与输入;第三,通过交换物化服务(如知识信息产品等)而进行的服务贸易,这是一种特殊形式的服务贸易,其中相当部分已被列入商品贸易统计中,如书籍、影视片、科技文件、电子数据、程序软件等的贸易。另一种观点则认为,服务贸易有狭义和广义之分。狭义的服务贸易是有形的,是指发生在国家之间的直接服务输出与输入。广义的服务贸易既包括有形的劳动力的输出与输入,也包括无形的提供者与消费者在没有物理接近情况下的交易活动，如卫星传送和传播、专利技术贸易等。[①] 还有学者认为狭义的服务贸易是指跨境服务贸易（BOP 统计），主要通过与货物贸易相对应的服务贸易进出口活动来进行；而广义的服务贸易还包括外国商业存在提供的国际服务贸易。[②] 我国学者杨圣明则把服务贸易定义为"服务在国家之间的有偿流动过程"[③]。由于目前服务贸易统计数据的不一致和不全面，在此只分析2000 年以来的狭义服务贸易的商品结构、模式结构和区域结构。根据中国国际收支平衡表（BOP 表）对服务贸易的分类，2015 年以前服务贸易分为运输、旅游、通信、建筑、保险、金融、计算机和信息、专有权利使用费和特许费（简称专利服务）、咨询、广告和宣传、电影和音像以及其他商业服务、未提及的政府服务等；2015 年后分为运输、旅行、建设、保险和养老金服务、金融服务、电信计算机和信息服务、知识产权使用费、个人文化和娱乐服务、维护和维修服务、加工服务和其他商业服务、未提及的政府服务等，本书不包括别处未提及的政府服务一项。根据各服务行业利用生产要素情况的不同，可将运输服务贸易视为资本密集型服务贸易，将旅游服务贸易视为资源、劳动密集型服务贸易，这两种服务贸易属于传统意义上的服务贸易形式，其他各项类商业服务贸易则主要是技术、知识密集型服务贸易，属于新兴的国际服务贸易形式。

改革开放以来，随着我国对服务业和服务贸易重要性认识的不断加深，我国服务贸易的发展也经历了从无到有、从小到大的过程，服务贸易进出口额不断增加，服务贸易增速高于同期 GDP 增速水平，其占世界服务贸易额的比重不断上升。从中国服务贸易进出口额及其占世界服务贸易进出口额的比重上看，1982 年，中国服务贸易进出口总额 46 亿美元，占世界服务贸易总额的 0.6%，其中服务贸易出口额 26 亿美元，占世界服务贸易出口总额的0.7%，服务贸易进口额 20 亿美元，占世界服务贸易进口总额的 0.5%。2001 年中国加入 WTO 时，我国服务贸易额增至 726 亿美元，服务贸易进出口总额占世界服务贸易进出口总额的比重已上升到 2.4%，其中，出口额 333

① 饶友玲、张伯伟：《国际服务贸易》，首都经济贸易大学出版社 2005 年版，第 15—16 页。

② 伍华佳、张莹颖：《中国服务贸易对产业结构升级中介效应的实证检验》，载《上海经济研究》2009 年第 3 期。

③ 饶友玲、张伯伟：《国际服务贸易》，首都经济贸易大学出版社 2005 年版，第 16 页。

亿美元,占当年世界服务贸易出口额的2.2%,进口额393亿美元,占当年世界服务贸易进口额的2.6%,逆差60亿美元。此时中国已初步成为世界服务贸易大国,具备了逐步开放服务业的条件。加入WTO以来,随着我国服务业开放程度的不断加深,我国服务贸易继续快速发展。2008年国际金融危机以来,全球经济复苏缓慢,中国在刺激全球服务市场需求方面发挥了建设性作用,成为促进全球服务贸易增长的最大贡献者之一。自2009年以来,中国服务贸易进出口总额年均增长10.9%,高于全球服务贸易年均增长速度7个百分点。其中,服务出口年均增长7.3%,高于全球服务出口年均增速3.3个百分点;服务进口年均增长13.6%,高于全球服务进口年均增速9.7个百分点。

2018年以来全球贸易摩擦加剧,贸易增长压力增大,受全球制造业活动和投资力度减弱影响,主要经济体服务贸易增长速度显著放缓,但中国服务贸易仍保持较高增速。2018年,世界服务出口增长7.7%,增速回落0.3个百分点,其中,美国服务贸易出口增长3.9%,增速回落1.3个百分点。相比较而言,2018年,中国服务贸易出口同比增长17.0%,对世界服务出口的贡献率达9.3%;进口同比增长12.3%,对世界服务进口的贡献率达14.9%。服务进出口总额继续保持世界第二,其中服务出口居第五位,服务进口居第二位,中国成为推动全球服务进口增长的最大贡献者。2019年,中国服务贸易进出口总额为7 499.08亿美元,出口总额为2 444亿美元,进口总额为5 055.08亿美元。中国服务与中国市场为全球经济增长提供了新动力,为世界各国带来了“中国机遇”。应该说,近年来中国正逐步由货物贸易大国向服务贸易大国迈进。

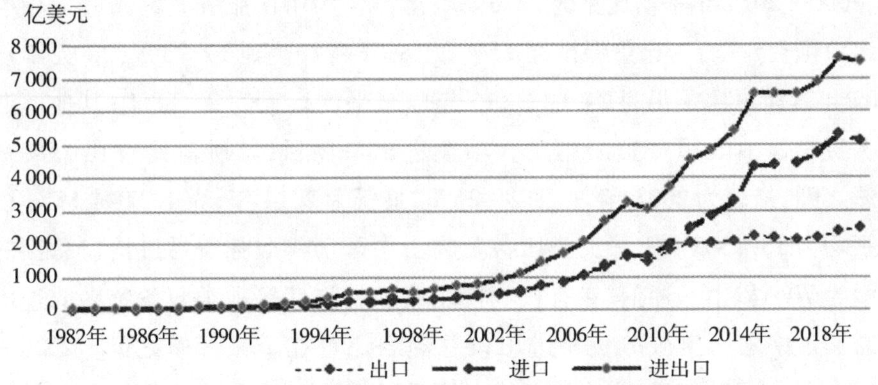

图 6.1　1982—2019 年中国服务贸易进出口、进口、出口总额

数据来源：根据历年《中国国际收支平衡表》中相关数据计算而得，精确到小数点后 2 位。

从历年中国服务贸易顺(逆)差情况来看，1982—1991 年间中国服务贸易保持顺差，顺差额由 1982 年的 6 亿美元增加到 1991 年的 30 亿美元。1992 年后，随着中国对外开放程度的不断加深，对服务产品进口管制的逐步取消和中国对国外优质服务产品需求的不断增加，中国服务贸易开始由贸易顺差变为贸易逆差，且贸易逆差额逐年上升，至 2019 年，中国服务贸易逆差额已上升至 2 611 亿美元，是 2001 年中国加入 WTO 时的 39 倍。中国巨额的服务贸易逆差说明，中国虽已成为服务贸易大国，但由服务贸易大国向服务贸易强国转变尚有很长的一段路要走。

第二节　中国服务贸易商品结构的演进

一、中国服务贸易进出口总额比重及增长率分析

从服务贸易进出口商品结构来看，由表 6.1 可知，2000 年以来，旅游作为中国第一大项类进出口项目，其占中国历年服务贸易进出口的比重在 2000 年曾一度达到 44.46%，此后比重虽有所下降，但始终保持在 25% 以

上,2000—2014年平均比重为33.39%;运输作为中国服务贸易第二大项类进出口项目,其所占比重保持在15%以上,最高曾达到29.73%(2007年),2009年其所占比重仍为24.64%,15年以来平均比重为25.88%;其他商业服务贸易是中国服务贸易第三大项类进出口项目,其所占比重在15%—25%之间,最高为2003年,达到21.26%,最低为2014年,为4.27%,15年以来平均为15.13%。上述三类服务贸易占中国历年服务贸易进出口总额的比重为70%以上。通信、专有权利使用费和特许费等项类服务贸易的进出口总额占中国历年服务贸易进出口总额的比重在1%—5%之间。2000—2014年计算机和信息、广告和宣传、咨询服务贸易进出口占中国服务贸易进出口的比重上涨较多,其中,计算机和信息服务贸易所占比重已由2000年的0.94%上升到2014年的4.69%,咨询服务贸易进出口所占比重则由2000年的1.51%上升到2014年的12.09%,金融服务贸易进出口在2012—2014年间上升较快,电影和音像服务贸易进出口占中国服务贸易进出口总额的比重历年均在1%以下,且历年变化幅度不大,说明这两类服务贸易的进出口对中国服务贸易进出口的重要性较小。

由于从2015年起,中国国际收支平衡表按《国际收支手册(第六版)》标准统计,故单独编表6.2,下文也是单独编写。其中,旅行、建设、保险和养老金服务、金融服务、加工服务进出口比重是下降的,其他商业服务呈现波动,其余项目总体呈上升趋势。运输、旅行、其他商业服务比重总和占到了70%以上。

表 6.1　2000—2014 年各类服务贸易进出口额占中国服务贸易进出口总额的比重

单位：%

年份	运输	旅游	通信	建筑	保险	金融	计算机和信息	专有权利使用费和特许费	咨询	广告和宣传	电影和音像	其他商业服务
2000	21.31	44.46	2.41	2.42	3.91	0.27	0.94	2.06	1.51	0.65	0.07	20.00
2001	22.16	44.09	0.83	2.34	4.08	0.25	1.11	2.85	3.34	0.75	0.11	18.11
2002	22.62	41.87	1.19	2.59	4.04	0.16	2.07	3.80	4.58	0.80	0.15	16.02
2003	25.82	32.20	1.05	2.44	4.82	0.38	2.11	3.61	5.27	0.93	0.10	21.26
2004	27.39	33.58	0.68	2.10	4.87	0.17	2.16	3.54	5.90	1.16	0.16	18.28
2005	27.93	32.50	0.69	2.68	4.93	0.19	2.20	3.49	7.32	1.14	0.18	16.73
2006	28.88	30.39	0.78	2.50	4.89	0.54	2.45	3.57	8.46	1.25	0.14	16.14
2007	29.73	26.71	0.90	3.30	4.61	0.31	2.61	3.40	8.94	1.29	0.19	18.00
2008	29.14	25.29	1.01	4.82	4.64	0.29	3.09	3.58	10.40	1.36	0.22	16.13
2009	24.64	29.27	0.84	5.41	4.53	0.39	3.40	4.04	11.23	1.51	0.14	15.27
2010	26.75	27.63	0.63	5.38	4.80	0.74	3.37	3.79	10.40	1.34	0.14	14.49
2011	27.56	28.77	0.69	4.37	5.39	0.36	3.80	3.66	11.17	1.62	0.12	12.02
2012	26.41	32.16	0.72	3.34	5.06	0.80	3.87	3.96	11.30	1.61	0.15	10.16
2013	24.36	33.30	0.59	2.70	4.82	1.27	3.95	4.04	11.84	1.48	0.17	10.10
2014	23.42	38.65	0.71	3.54	4.72	1.64	4.69	4.06	12.09	1.53	0.19	4.27
平均值	25.88	33.39	0.91	3.33	4.67	0.52	2.79	3.56	8.25	1.23	0.15	15.13

数据来源：根据历年《中国国际收支平衡表》(BPM5)中相关数据计算而得，精确到小数点后 2 位。

表 6.2　2015—2019 年各类服务贸易进出口额占中国服务贸易进出口总额的比重

单位：%

年份	运输	旅行	建设	保险和养老金服务	金融服务	电信、计算机和信息	知识产权使用费	个人、文化和娱乐服务	维护和维修服务	加工服务	其他商业服务
2015	18.98	45.14	4.11	2.11	0.76	5.51	3.54	0.40	0.75	3.15	15.00
2016	17.60	45.32	3.26	2.61	0.80	5.87	3.87	0.44	1.10	2.88	15.57
2017	19.06	43.27	3.05	2.27	0.74	6.75	4.90	0.51	1.20	2.66	14.84
2018	19.95	41.83	2.92	2.17	0.71	7.05	5.45	0.57	1.28	2.33	14.91
2019	20.18	38.73	3.17	2.11	0.84	8.26	5.46	0.67	1.85	2.15	15.87
平均值	19.15	42.86	3.30	2.25	0.77	6.69	4.64	0.52	1.24	2.63	15.24

数据来源：根据历年《中国国际收支平衡表》(BPM6)中相关数据计算而得，精确到小数点后 2 位。

表 6.3 2001—2014 年中国服务贸易各类进出口增长率

单位:%

年份	运输	旅游	通信	建筑	保险	金融	计算机和信息	专有权利使用费和特许费	咨询	广告和宣传	电影和音像	其他商业服务
2001	4.13	-0.88	-65.56	-3.72	4.35	-7.41	19.15	38.35	119.87	13.85	57.14	-9.45
2002	1.94	-4.99	43.37	11.16	-0.98	-36.00	84.82	33.33	37.95	8.11	36.36	-11.54
2003	14.15	-23.10	-11.76	-5.79	19.31	137.50	1.93	-5.00	15.07	16.25	-33.33	32.71
2004	6.08	4.29	-35.24	-13.93	1.04	-55.26	2.37	-1.94	11.95	24.73	60.00	-14.02
2005	1.97	-3.22	1.47	27.62	1.23	11.76	1.85	-1.41	24.07	-1.72	12.50	-8.48
2006	3.40	-6.49	13.04	-6.72	-0.81	184.21	11.36	2.29	15.57	9.65	-22.22	-3.53
2007	2.94	-12.11	15.38	32.00	-5.73	-42.59	6.53	-4.76	5.67	3.20	35.71	11.52
2008	-1.95	-5.32	12.22	46.36	0.65	-6.45	18.39	5.29	16.33	5.43	15.79	-10.33
2009	-16.09	14.99	-16.83	10.77	-3.02	41.38	10.03	12.01	7.40	9.56	-40.91	-6.07
2010	9.36	-5.00	-24.88	0.51	6.69	80.67	-0.75	-5.59	-6.91	-9.78	5.52	-4.45
2011	3.03	4.14	9.19	-18.70	12.33	-51.89	12.65	-3.36	7.39	20.18	-13.40	-17.01
2012	-4.18	11.79	4.42	-23.52	-6.23	125.62	1.86	8.14	1.19	-0.46	24.68	-15.52
2013	-7.76	3.53	-17.86	-19.35	-4.69	58.47	2.06	2.21	4.76	-8.13	12.21	-0.54
2014	-3.84	16.09	20.91	31.21	-2.01	28.56	18.63	0.40	2.17	3.81	15.34	-57.73
平均值	0.94	-0.45	-3.72	4.85	1.58	33.47	13.63	5.71	18.75	6.76	11.81	-8.17

数据来源:根据历年《中国国际收支平衡表》(BPM5)中相关数据计算而得,精确到小数点后 2 位。

表6.3显示，从增长率上看，2000—2014年间金融、计算机和信息、咨询、电影和音像等进出口增长较快。其中，金融服务年平均增长率为33.47%。增长最慢的是其他商业服务，大多数年份是负的增长率。表6.4显示，2016—2019年维护和维修服务进出口增长率平均值最高，是30.32%，电信、计算机和信息，知识产权使用费，个人、文化和娱乐服务进出口增长率平均值在10%以上，旅行、建设、加工服务的进出口增长率平均值是负数，而且加工服务连年负增长。

表6.4　2016—2019年中国服务贸易各类进出口增长率

单位:%

年份	运输	旅行	建设	保险和养老金服务	金融服务	电信、计算机和信息	知识产权使用费	个人、文化和娱乐服务	维护和维修服务	加工服务	其他商业服务
2016	-7.69	-0.09	-21.17	23.28	4.59	6.15	8.80	9.79	45.51	-9.22	3.32
2017	14.12	0.64	-1.29	-8.56	-3.05	21.11	33.45	21.86	14.78	-2.42	0.48
2018	16.05	7.16	6.11	6.15	7.47	15.85	23.23	23.46	18.22	-3.05	11.31
2019	-0.12	-8.56	7.19	-3.98	16.22	15.59	-0.89	16.34	42.78	-8.84	5.13
平均值	5.59	-0.21	-2.29	4.22	6.31	14.68	16.15	17.86	30.32	-5.88	5.06

数据来源：根据历年《中国国际收支平衡表》(BPM6)中相关数据计算而得，精确到小数点后2位。

二、中国服务贸易出口商品结构及增长率分析

(一)中国服务贸易出口商品结构

由表6.5各类服务贸易出口额占出口总额的比重来看，旅游出口一直是我国最主要的出口类别。最高在2001年，是54.10%，最低在2013年，是25.10%，2000—2014年的平均值为35.94%。其次是其他商业服务，2003年达到最高，占比32.54%，2014年是0.73%，为最低值，平均值为20.02%。

运输服务贸易在2000—2008年占比不断上升，之后维持在18%左右，2013年最低，平均值为19.30%，是第三大出口项目。这三类项目的总额占到历年出口的70%以上。咨询出口占比保持着稳定的增长，2014年达到了22.47%，超过了运输占比。专有权利使用费和特许费及电影和音像所占比重不足1%。由表6.6来看，2015—2019年，其他商业服务是我国服务贸易最主要的出口项目，出口平均值为27.83%，其次为旅行，运输，电信、计算机和信息。个人、文化和娱乐服务出口占比不足1%。加工服务出口占比一直在下滑。

表 6.5　2000—2014 年各类服务贸易出口额占中国服务出口总额的比重

单位:%

年份	运输	旅游	通信	建筑	保险	金融	计算机和信息	专有权利使用费和特许费	咨询	广告和宣传	电影和音像	其他商业服务
2000	12.19	53.92	4.49	1.99	0.36	0.27	1.20	0.27	1.20	0.73	0.03	23.52
2001	14.07	54.10	0.82	2.52	0.70	0.30	1.40	0.33	2.74	0.85	0.09	22.13
2002	14.47	51.78	1.40	3.17	0.53	0.13	1.62	0.33	3.25	0.94	0.08	22.34
2003	17.03	37.50	1.38	2.78	0.67	0.32	2.37	0.22	4.05	1.06	0.06	32.54
2004	19.44	41.38	0.71	2.37	0.61	0.14	2.64	0.39	5.07	1.37	0.06	25.68
2005	20.87	39.64	0.66	3.51	0.74	0.20	2.49	0.21	7.20	1.46	0.18	22.85
2006	23.00	37.14	0.80	3.01	0.60	0.16	3.24	0.22	8.57	1.59	0.15	21.55
2007	25.76	30.62	0.97	4.42	0.74	0.19	3.57	0.28	9.52	1.57	0.26	22.13
2008	26.22	27.88	1.07	7.05	0.94	0.21	4.27	0.39	12.38	1.50	0.29	17.75
2009	18.35	30.87	0.93	7.39	1.24	0.31	5.05	0.31	14.46	1.79	0.08	19.21
2010	19.98	26.75	0.70	8.47	0.99	0.76	5.43	0.47	13.32	1.69	0.06	20.79
2011	19.47	26.53	0.93	8.04	1.64	0.44	6.67	0.38	15.54	2.19	0.05	17.67
2012	20.32	26.12	0.94	6.37	1.72	0.99	7.58	0.52	17.45	2.51	0.05	14.84
2013	18.25	25.10	0.78	5.19	1.94	1.55	7.48	0.44	19.66	2.38	0.05	16.55
2014	20.01	29.81	0.94	8.07	2.41	2.36	9.64	0.37	22.47	2.62	0.10	0.73
平均值	19.30	35.94	1.17	4.96	1.06	0.56	4.31	0.34	10.46	1.62	0.11	20.02

数据来源:根据历年《中国国际收支平衡表》(BPM5)中相关数据计算而得,精确到小数点后2位。

表 6.6 2015—2019 年各类服务出口额占中国服务出口总额的比重

单位:%

年份	运输	旅行	建设	保险和养老金服务	金融服务	电信、计算机和信息	知识产权使用费	个人、文化和娱乐服务	维护和维修服务	加工服务	其他商业服务
2015	17.75	20.68	7.66	2.29	1.07	11.29	0.50	0.34	1.66	9.40	26.86
2016	16.23	21.32	6.08	1.95	1.52	12.20	0.56	0.36	2.50	8.90	27.81
2017	17.50	18.10	5.75	1.91	1.61	12.61	2.25	0.36	2.80	8.48	27.84
2018	18.11	17.29	5.80	2.11	1.43	12.85	2.38	0.41	3.08	7.46	28.33
2019	18.90	14.66	5.91	1.96	1.60	14.30	2.70	0.39	4.16	6.44	28.32
平均值	17.70	18.41	6.24	2.04	1.45	12.65	1.68	0.37	2.84	8.14	27.83

数据来源:根据历年《中国国际收支平衡表》(BPM6)中相关数据计算而得,精确到小数点后 2 位。

(二)服务贸易出口增长率

从各类服务贸易出口增长率上看,2001—2014 年间,年均增长率都在10%以上,其中,金融、咨询、电影和音像等项类服务贸易的出口年均增长率达到了 40%以上,保险、计算机和信息也达到了 30%以上。说明进入 21 世纪以来,虽然随着国外服务业企业全面进入中国市场,中国服务业企业与国外服务业企业的竞争日益激烈,但在我国服务业保持原有竞争优势的基础上,对资本、技术等生产要素需求较高的新兴服务业出口同样取得了较快增长,这也反映了我国服务出口结构在不断优化,国际竞争力在不断提升。但在中国服务贸易出口快速增长的同时,也存在各年增长率变化幅度较大、出口增长不稳定的情况,这一现象在知识、技术密集型服务贸易出口上表现得更为明显,如电影和音像在 2005 年增长到 234.65%,但是 2006 年仅增长4.59%,2007 年又增长了 125.92%,在 2010—2013 年又为零增长。

如表 6.8 所示,2016—2019 年,旅行、建设和加工服务的出口增速是负值,增长最快的是知识产权使用费,它在 2017 年增幅达到 3 倍以上。旅行、养老和保险金服务出口除了 2018 年外是缓慢下滑的。其余项呈现出波动变化。

表 6.7　2001—2014 年中国服务贸易各类出口增长率

单位:%

年份	运输	旅游	通信	建筑	保险	金融	计算机和信息	专有权利使用费和特许费	咨询	广告和宣传	电影和音像	其他商业服务
2001	26.16	9.67	-80.00	38.33	114.95	25.00	27.78	37.50	150.00	27.27	200.00	2.82
2002	23.11	14.61	103.70	50.60	-8.70	-50.00	39.13	18.18	42.22	32.14	0.00	20.88
2003	38.60	-14.71	16.36	3.20	47.62	200.00	71.88	-23.08	46.88	32.43	0.00	71.59
2004	52.78	47.70	-31.25	13.95	22.58	-40.00	49.09	140.00	67.55	73.47	33.33	5.63
2005	27.81	13.99	10.28	76.39	44.58	61.37	12.21	-34.42	68.96	26.56	234.65	5.86
2006	36.26	15.89	50.44	6.06	0.11	3.28	60.85	27.06	47.12	34.79	4.59	16.67
2007	49.02	9.67	60.90	95.53	64.31	53.66	46.78	71.32	47.90	31.88	125.92	36.62
2008	22.65	9.70	33.64	92.08	53.01	36.55	43.90	66.51	56.65	15.17	32.14	-3.38
2009	-38.57	-2.80	-23.55	-8.02	15.71	27.09	3.97	-29.89	2.53	4.44	-76.07	-5.02
2010	44.92	15.37	0.00	52.63	6.25	225.00	43.08	100.00	22.58	26.09	0.00	44.13
2011	4.09	5.90	41.67	1.38	76.47	-38.46	31.18	-12.50	24.56	37.93	0.00	-9.27
2012	9.27	3.09	5.88	-17.01	10.00	137.50	18.85	42.86	17.61	20.00	0.00	-12.07
2013	-3.34	3.40	-11.11	-12.30	21.21	68.42	6.21	-10.00	21.26	2.08	0.00	20.07
2014	1.60	10.06	12.50	43.93	15.00	40.63	19.48	-22.22	5.93	2.04	100.00	-95.89
平均值	21.03	10.11	13.53	31.20	34.51	53.57	33.89	26.52	44.41	26.16	46.75	7.05

数据来源:根据历年《中国国际收支平衡表》(BPM5)中相关数据计算而得,精确到小数点后 2 位。

表 6.8　2016—2019 年中国服务贸易各类出口增长率

单位:%

年份	运输	旅行	建设	保险和养老金服务	金融服务	电信、计算机和信息	知识产权使用费	个人、文化和娱乐服务	维护和维修服务	加工服务	其他商业服务
2016	-12.35	-1.19	-23.97	-18.34	35.97	3.60	7.06	1.49	44.30	-9.28	-0.76
2017	10.24	-13.22	-3.24	-0.07	8.11	5.61	313.63	2.83	14.72	-2.54	2.33
2018	13.44	4.74	10.62	21.33	-2.82	11.77	15.79	25.17	20.39	-3.57	11.55
2019	9.15	-11.28	6.50	-2.57	17.15	16.40	18.76	-0.03	41.65	-9.65	4.60
平均值	5.12	-5.24	-2.52	0.09	14.61	9.35	88.81	7.37	30.27	-6.26	4.43

数据来源:根据历年《中国国际收支平衡表》(BPM6)中相关数据计算而得,精确到小数点后 2 位。

三、中国服务贸易进口商品结构及增长率分析

（一）中国服务贸易进口商品结构

从各项类服务进口占我国服务进口的比重来看，2000 年以来，旅游一直是我国的第一大服务贸易进口项目，2007 年金融危机后旅游所占比重逐渐上升，最高比例出现在 2016 年，为 56.64%，平均所占比重在 2015—2019 年高达 54.34%；运输是我国的第二大服务贸易进口项目，平均值是19.83%；其他商业服务是我国的第三大服务贸易进口项目，近年所占比重在 9% 左右。上述三项共占我国服务进口的 80% 以上。另外，保险，电信、计算机和信息，专有权利使用费和特许费以及咨询等项类新兴服务贸易的进口额，虽然占我国服务贸易进口额的比重不大，一般不超过 10%，但也高于其他服务贸易的进口额。这表明：一方面，旅游、运输、其他商业服务占据了我国服务贸易进出口比重的绝大部分；另一方面，我国对需要大量资本、技术和管理经验等生产要素的新兴服务的需求在不断加大，与出口相比，这些服务项类在我国服务贸易进口中占了较大份额。维护和维修服务、加工服务所占比例较低，两者之和不足 1%。

表 6.9　2000—2014 年各类服务进口额占中国服务进口额的比重

单位:%

年份	运输	旅游	通信	建筑	保险	金融	计算机和信息	专有权利使用费和特许费	咨询	广告和宣传	电影和音像	其他商业服务
2000	28.97	36.49	0.67	2.76	6.88	0.28	0.75	3.57	1.78	0.56	0.11	17.05
2001	28.97	35.64	0.85	2.18	6.92	0.21	0.87	4.97	3.85	0.67	0.13	14.72
2002	29.50	33.41	1.02	2.08	7.03	0.20	2.45	6.72	5.64	0.85	0.22	10.69
2003	33.15	27.69	0.78	2.15	8.31	0.42	1.88	6.47	6.28	0.84	1.28	11.77
2004	34.27	26.75	0.66	1.87	8.55	0.20	1.75	6.28	6.61	0.98	0.25	11.84
2005	34.19	26.15	0.73	1.95	8.65	0.19	1.95	6.40	7.43	0.86	0.19	11.28
2006	34.30	24.23	0.76	2.04	8.77	0.90	1.72	6.58	8.36	0.95	0.12	11.27
2007	33.47	23.04	0.84	2.25	8.25	0.43	1.71	6.34	8.40	1.03	0.12	14.11
2008	31.85	22.88	0.96	2.76	8.07	0.36	2.00	6.53	8.57	1.23	0.16	14.63
2009	29.48	27.64	0.76	3.73	7.15	0.44	2.02	7.02	8.48	1.27	0.19	11.89
2010	32.75	28.40	0.57	2.64	8.17	0.72	1.55	6.73	7.81	1.03	0.21	8.90
2011	33.77	30.49	0.50	1.55	8.27	0.29	1.60	6.17	7.81	1.18	0.17	7.69
2012	30.55	36.27	0.57	1.28	7.33	0.68	1.35	6.29	7.11	1.00	0.21	6.97
2013	28.11	38.33	0.48	1.16	6.59	1.10	1.79	6.26	7.03	0.92	0.24	6.14
2014	25.12	43.07	0.60	1.28	5.88	1.28	2.22	5.90	6.92	0.99	0.24	6.03
平均值	31.90	31.52	0.73	2.16	7.81	0.52	1.73	6.26	6.89	0.97	0.26	11.34

数据来源:根据历年《中国国际收支平衡表》(BPM5)中相关数据计算而得,精确到小数点后 2 位。

表 6.10　2015—2019 年各类服务进口额占中国服务进口额的比重

单位:%

年份	运输	旅行	建设	保险和养老金服务	金融服务	电信、计算机和信息	知识产权使用费	个人、文化和娱乐服务	维护和维修服务	加工服务	其他商业服务
2015	19.59	57.34	2.34	2.02	0.61	2.62	5.05	0.43	0.30	0.04	9.08
2016	18.25	56.64	1.93	2.92	0.46	2.88	5.43	0.48	0.44	0.04	9.79
2017	19.76	54.64	1.83	2.43	0.34	4.10	6.09	0.58	0.48	0.04	8.98
2018	20.77	52.74	1.64	2.20	0.40	4.48	6.81	0.64	0.48	0.05	8.95
2019	20.80	50.37	1.85	2.18	0.47	5.33	6.80	0.81	0.73	0.08	9.85
平均值	19.83	54.34	1.92	2.35	0.46	3.88	6.04	0.59	0.49	0.05	9.33

数据来源:根据历年《中国国际收支平衡表》(BPM6)中相关数据计算而得,精确到小数点后 2 位。

(二)服务贸易的进口增长率

从服务贸易进口增长率上看,2001—2014年,我国服务贸易进口同样保持了较快的增长速度,各项类服务贸易进口的年均增长率均在10%以上,其中,金融、电影和音像服务贸易进口的年均增长率最高,达到50%以上;咨询、计算机和信息服务贸易进口的年均增长率均在30%以上;旅游、专有权利使用费和特许费、广告和宣传等项类服务贸易的进口增长率则在20%以上。2016—2019年,维护和维修服务的进口增长率平均值最高,其次是电信、计算机和信息及个人、文化和娱乐服务,进口增长率平均值都在20%以上。建设进口增长率的均值为负数,旅行和金融服务的进口增长率平均值之和不足1%。所有项历年进口增长变化均呈波动状态。

在中国服务贸易进口快速增长的同时也表现出两个明显的特点:一是进口增长率在各年的变化幅度较大,这种变化在金融、保险、咨询、计算机和信息等新兴的知识、技术密集型服务贸易的进口上表现得尤为明显。如2011年金融服务进口为-50.00%,2017年和2018年分别为-20.48%和29.30%。二是新兴的知识、技术密集型服务贸易进口增长率高于传统的劳动、资本密集型服务贸易的进口增长率,这一点从平均增长率上就可以看出。传统的劳动、资源密集型服务贸易增长率相对较低,虽与其基数较大有很大的关系,但新兴的知识、技术密集型服务贸易进口增长较快更体现出近年来中国对新兴服务产品需求量较大的特点。

表 6.11 2001—2014 年中国服务贸易各项类进口增长率

单位:%

年份	运输	旅游	通信	建筑	保险	金融	计算机和信息	专有权利使用费和特许费	咨询	广告和宣传	电影和音像	其他商业服务
2001	8.65	6.11	37.50	-14.14	9.31	-20.00	25.93	51.56	134.38	30.00	25.00	-6.21
2002	20.35	10.79	42.42	12.94	20.00	12.50	232.35	59.79	73.33	50.00	100.00	-14.11
2003	33.82	-1.30	-8.51	22.92	40.74	155.56	-8.85	14.52	32.69	17.95	600.00	31.03
2004	34.84	25.99	9.30	13.56	34.21	-39.13	21.36	26.76	37.10	52.17	-74.29	31.27
2005	15.92	13.62	28.38	20.85	17.64	13.91	29.80	18.25	30.73	2.17	-14.47	10.70
2006	20.92	11.68	25.95	26.59	22.23	464.35	6.62	24.03	35.68	32.83	-22.05	20.37
2007	25.79	22.58	42.32	41.94	21.18	-38.12	27.63	24.12	29.40	40.73	28.10	61.40
2008	16.31	21.39	39.61	49.94	19.49	1.56	43.34	25.97	24.68	45.16	65.64	26.77
2009	-7.41	20.86	-20.53	35.23	-11.32	23.76	1.10	7.56	-1.00	3.06	17.82	-18.69
2010	35.84	25.63	-8.33	-13.56	39.82	100.00	-6.25	17.12	12.69	0.00	33.33	-8.51
2011	27.01	32.24	9.09	-27.45	24.68	-50.00	26.67	13.08	23.18	40.00	0.00	6.40
2012	6.84	40.50	33.33	-2.70	4.57	171.43	0.00	20.41	7.53	0.00	50.00	7.10
2013	9.78	26.08	0.00	8.33	7.28	94.74	57.89	18.64	18.00	10.71	33.33	5.10
2014	2.01	28.23	43.75	25.64	1.81	32.43	41.67	7.62	12.29	22.58	12.50	12.14
平均值	17.91	20.31	19.59	14.29	17.98	65.93	35.66	23.53	33.62	24.81	61.07	11.77

数据来源:根据历年《中国国际收支平衡表》(BPM5)中相关数据计算而得,精确到小数点后 2 位。

表6.12　2016—2019年中国服务贸易各项类进口增长率

单位:%

年份	运输	旅行	建设	保险和养老金服务	金融服务	电信、计算机和信息	知识产权使用费	个人、文化和娱乐服务	维护和维修服务	加工服务	其他商业服务
2016	-5.58	0.11	-16.61	46.83	-23.11	11.65	8.89	13.00	48.81	-1.69	9.36
2017	15.75	3.10	1.62	-11.23	-20.48	52.05	19.88	28.46	14.95	10.82	-2.00
2018	17.09	7.52	-0.28	0.77	29.30	21.51	24.48	22.99	12.50	50.40	10.98
2019	-3.71	-8.17	8.28	-4.58	14.72	14.54	-3.95	20.96	45.96	44.50	5.88
平均值	5.89	0.64	-1.75	7.95	0.11	24.94	12.32	21.35	30.55	26.01	6.06

数据来源:根据历年《中国国际收支平衡表》(BPM6)中相关数据计算而得,精确到小数点后2位。

四、中国服务贸易差额结构分析

由表6.13得出，建筑、计算机和信息、广告和宣传、咨询、其他商业服务在2002年以后基本保持了顺差，其他商业服务在2014年出现了首次逆差。其中，计算机和信息的顺差额从2000年的0.90亿美元增长到2014年的99.00亿美元。然后是其他商业服务的顺差，由2000年的9.60亿美元增长到2013年的135.00亿美元。其余项目都保持了逆差的态势。2009年受美国次贷危机的影响，来华旅游人数锐减，旅游服务贸易一直为逆差，且差距增大，成为最大的逆差来源。

由表6.14得出，旅行一直是最大的逆差来源项目，其次是运输。到2019年逆差分别为－2 187.89亿美元和－589.81亿美元。另外，保险和养老金服务，知识产权使用费，个人、文化和娱乐服务也一直是逆差的来源。2019年其他商业服务是最大顺差来源项目，顺差额为194.04亿美元，在2016—2019年平均顺差额为178.06亿美元。通过上述对中国服务贸易差额结构的分析可以发现，2000年以来中国服务贸易差额变化呈现出两个主要特点：第一，中国服务贸易逆差项目仍主要集中于传统的资源、劳动密集型服务项目上。第二，近年来中国在资本、技术密集型服务贸易上虽有所发展，部分项类已由逆差转为顺差，但发展速度和质量有待进一步提高。

表 6.13　　2000—2014 年各类服务贸易差额

单位:亿美元

年份	运输	旅游	通信	建筑	保险	金融	计算机和信息	专有权利使用费和特许费	咨询	广告和宣传	电影和音像	其他商业服务
2000	-67.30	31.30	11.10	-3.90	-23.63	-0.20	0.90	-12.00	-2.80	0.20	-0.30	9.60
2001	-66.70	39.00	-0.60	-0.20	-24.70	0.20	1.20	-18.30	-6.00	0.20	-0.20	15.40
2002	-79.00	50.00	0.80	2.90	-30.30	-0.40	-4.90	-29.70	-13.20	-0.20	-0.70	38.70
2003	-103.00	22.00	2.10	1.10	-42.50	-0.80	0.70	-34.50	-15.70	0.30	-6.70	86.40
2004	-124.70	65.50	-0.30	1.30	-57.40	-0.50	3.90	-42.60	-15.80	1.50	-1.40	74.70
2005	-130.20	75.30	-1.18	9.73	-66.50	-0.14	2.18	-51.63	-8.61	3.61	-0.20	74.97
2006	-133.80	96.50	-0.30	7.00	-82.50	-7.50	12.30	-64.00	-5.60	5.00	0.20	84.00
2007	-119.46	74.46	0.93	24.67	-97.60	-3.26	21.36	-78.49	7.24	5.75	1.63	86.77
2008	-119.11	46.86	0.60	59.67	-113.60	-2.51	30.87	-97.49	46.05	2.62	1.63	28.85
2009	-230.00	-40.00	0.00	36.00	-97.00	-3.00	33.00	-107.00	52.00	3.00	-2.00	59.00
2010	-291.00	-91.00	1.00	94.00	-141.00	-1.00	63.00	-122.00	77.00	9.00	-3.00	184.00
2011	-448.00	-241.00	5.00	110.00	-167.00	1.00	84.00	-140.00	98.00	12.00	-3.00	140.00
2012	-470.00	-520.00	2.00	86.00	-173.00	0.00	107.00	-167.00	134.00	20.00	-5.00	88.00
2013	-567.00	-769.00	0.00	68.00	-181.00	-5.00	94.00	-201.00	169.00	18.00	-7.00	135.00
2014	-580.00	-1 080.00	-5.00	105.00	-179.00	-4.00	99.00	-219.00	164.00	12.00	-7.00	-217.00
平均值	-235.29	-149.33	1.08	40.08	-98.45	-1.81	36.57	-92.31	45.31	6.20	-2.20	59.23

数据来源:根据历年《中国国际收支平衡表》(BPM5)中相关数据计算而得,精确到小数点后 2 位。

表 6.14　2015—2019 年各类服务贸易差额

单位:亿美元

年份	运输	旅行	建设	保险和养老金服务	金融服务	电信、计算机和信息	知识产权使用费	个人、文化和娱乐服务	维护和维修服务	加工服务	其他商业服务
2015	-467.45	-2 048.62	64.55	-38.18	-3.10	131.40	-209.38	-11.63	22.86	202.75	188.61
2016	-467.53	-2 056.80	41.57	-88.49	11.41	126.95	-228.18	-13.98	32.40	183.82	147.13
2017	-559.78	-2 193.16	36.09	-74.02	18.15	74.93	-239.43	-19.86	37.12	178.94	169.27
2018	-669.03	-2 368.79	49.34	-66.25	12.00	64.90	-302.22	-24.26	46.47	171.61	191.25
2019	-589.81	-2 187.89	51.00	-62.23	15.08	79.92	-277.66	-31.36	64.73	153.62	194.04
平均值	-550.72	-2 171.05	48.51	-65.83	10.71	95.62	-251.37	-20.22	40.72	178.15	178.06

数据来源:根据历年《中国国际收支平衡表》(BPM6)中相关数据计算而得,精确到小数点后 2 位。

第三节　中国服务贸易模式结构的演进

产业内贸易程度的高低对一国服务业国际竞争力的强弱具有十分重要的影响。一是由于自产品种减少,一国可以在更大规模上进行该种服务产品的生产,从而提高该种服务产品的生产效率、降低该种服务产品的成本;二是产业内贸易是同类产品的相互交换,产品的技术含量基本相同,同等技术含量产品的贸易有利于学习对方在产业组织、技术促进和产品多样化等方面的创新点;三是产业内贸易是一种交易双方相互需求并相互满足的贸易,产业内贸易的高度发展可以扩大双方的相互依赖程度;四是产业内贸易是一国实现比较优势递进的有效途径。将上述产业内贸易的理论应用于服务贸易领域,可以得出如下结论:服务业产业内贸易作为服务贸易的重要组成部分,其发达程度取决于一国的服务业在国际分工中的地位。

本节内容先从产品角度的加权 G－L 指数变化来展示中国服务贸易整体产业内贸易变化情况,然后分析各项类中国服务贸易的 G－L 指数变化。

一、中国服务贸易整体产业内贸易水平变化分析

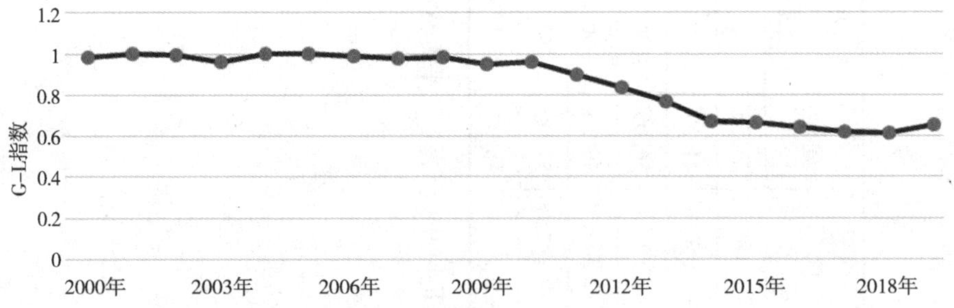

图 6.2　2000—2019 年中国服务贸易整体产业内贸易变化情况

数据来源:根据历年《中国国际收支平衡表》中相关数据计算而得。

从图 6.2 可知,2000 年以来中国服务贸易整体产业内贸易水平变化呈

现出两个主要特点：首先，G－L 指数一直都保持在 0.6 以上，说明中国服务贸易以产业内贸易为主；其次，2000—2010 年，G－L 指数都在 0.95 以上，受美国次贷危机的影响，从 2011 年开始，中国服务贸易整体产业内贸易水平呈下降趋势，到 2019 年为 0.65，2018 年是最低值，为 0.62。

二、中国服务贸易各项类产业内贸易情况

结合表 6.15 和 6.16 可以看出，2000—2019 年中国服务贸易各项类产业内贸易的变化情况呈现出以下几个特点：

第一，中国服务贸易以产业内贸易模式为主。2000—2014 年间，在 12 类服务贸易中，产业内贸易指数平均值小于 0.5 的有 2 个，即保险、专有权利使用费和特许费。其中，通信服务贸易的产业内贸易指数平均值最高，是 0.89。

第二，2015—2019 年间，旅行，知识产权使用费，个人、文化和娱乐服务，加工服务的产业内贸易指数平均值低于 0.5。其他商业服务的产业内贸易指数平均值都在 0.5 以上。建设，金融服务，电信、计算机和信息的产业内贸易指数比较高。从平均值上看，其他商业服务最高，为 0.83，最低的是加工服务，平均值只有 0.03。

第三，电影、音像服务贸易产业内贸易指数上下波动幅度较大，2005 年达到最高值 0.93，2005—2009 年间大于等于 0.5，2003 年最低值仅为 0.08。

第四，运输服务贸易产业内贸易指数在 2000—2008 年间逐年提高，2008 年最高值是 0.87，然后下降，到 2019 年为 0.61。

表 6.15　2000—2014 年中国服务贸易各项类产业内贸易指数

年份	运输	旅游	通信	建筑	保险	金融	计算机和信息	专有权利使用费和特许费	咨询	广告、宣传	电影、音像	其他商业服务
2000	0.52	0.89	0.30	0.75	0.08	0.89	0.86	0.12	0.72	0.95	0.40	0.93
2001	0.58	0.88	0.90	0.99	0.16	0.89	0.85	0.11	0.75	0.96	0.75	0.88
2002	0.59	0.86	0.92	0.87	0.12	0.71	0.72	0.08	0.66	0.97	0.46	0.72
2003	0.61	0.93	0.80	0.96	0.13	0.79	0.97	0.05	0.71	0.97	0.08	0.60
2004	0.66	0.85	0.97	0.95	0.12	0.78	0.87	0.10	0.80	0.90	0.36	0.69
2005	0.70	0.85	0.89	0.77	0.14	0.95	0.94	0.06	0.93	0.80	0.93	0.71
2006	0.76	0.83	0.98	0.85	0.12	0.29	0.74	0.06	0.97	0.79	0.92	0.73
2007	0.84	0.89	0.96	0.70	0.16	0.59	0.67	0.08	0.97	0.82	0.65	0.81
2008	0.87	0.94	0.98	0.59	0.20	0.72	0.67	0.10	0.85	0.94	0.76	0.94
2009	0.67	0.95	1.00	0.77	0.25	0.73	0.66	0.07	0.84	0.93	0.50	0.86
2010	0.70	0.91	0.96	0.52	0.19	0.96	0.49	0.12	0.80	0.82	0.40	0.65
2011	0.61	0.80	0.83	0.40	0.26	0.93	0.48	0.09	0.79	0.82	0.40	0.72
2012	0.62	0.66	0.94	0.46	0.28	1.00	0.42	0.11	0.75	0.74	0.29	0.82
2013	0.57	0.57	1.00	0.53	0.31	0.93	0.56	0.08	0.74	0.78	0.22	0.75
2014	0.57	0.51	0.88	0.48	0.34	0.96	0.63	0.06	0.76	0.86	0.36	0.11
平均值	0.66	0.82	0.89	0.71	0.19	0.81	0.70	0.09	0.80	0.87	0.50	0.73

数据来源：根据历年《中国国际收支平衡表》（BPM5）中相关数据计算而得，精确到小数点后 2 位。

表 6.16 2015—2019 年中国服务贸易各项类产业内贸易指数

年份	运输	旅行	建设	保险和养老金服务	金融服务	电信、计算机和信息	知识产权使用费	个人、文化和娱乐服务	维护和维修服务	加工服务	其他商业服务
2015	0.62	0.31	0.76	0.72	0.94	0.63	0.09	0.56	0.54	0.02	0.81
2016	0.59	0.30	0.80	0.48	0.78	0.67	0.09	0.51	0.55	0.02	0.85
2017	0.57	0.26	0.83	0.52	0.64	0.84	0.29	0.43	0.55	0.02	0.83
2018	0.56	0.25	0.78	0.60	0.77	0.88	0.27	0.44	0.52	0.03	0.83
2019	0.61	0.25	0.79	0.61	0.76	0.87	0.32	0.38	0.53	0.05	0.84
平均值	0.59	0.27	0.79	0.59	0.78	0.78	0.21	0.47	0.54	0.03	0.83

数据来源：根据历年《中国国际收支平衡表》（BPM6）中相关数据计算而得，精确到小数点后 2 位。

第四节　中国服务贸易区域结构的演进

近年来,虽然中国服务贸易增长迅速,推动了中国整个服务业乃至经济的快速增长,但是在原有经济基础、地理环境、政策导向等因素的影响下,中国各地区的服务贸易呈现了非均衡增长态势,这种非均衡增长态势主要体现为东、中、西部和东北四大地区在服务贸易上的差距较大(四大地区的划分与前文研究一致)。沿海发达地区在运输、保险、计算机和信息、咨询服务和广告宣传等项类服务贸易上较内陆地区具有明显优势,是中国服务贸易的主要出口地区。其中,北京、上海、广东、浙江和天津列全国服务贸易出口额的前五位。目前我国还没有完全建立起针对各省(自治区、直辖市)服务贸易情况的统计,因此仅选择有代表性且有统计的国际旅游来具体分析中国服务贸易的内部区域结构问题。在研究中国服务贸易外部区域结构问题时,围绕中国旅游服务贸易外部区域结构进行。

旅游服务贸易是国际贸易增长的重要驱动器,也是服务贸易最大的组成部分。在全球旅游服务贸易版图中,中国旅游服务贸易的地位日渐凸显。“改革开放40年来,我国旅游贸易已逐渐转向高质量发展阶段,以扩大开放和结构性改革带动旅游贸易发展是我国服务贸易发展的重要举措。旅游成为衡量现代生活水平的重要指标和人民幸福生活的刚需,被列为‘五大幸福产业’之首……旅游贸易作为服务贸易的重要组成部分,在促进全球价值链多元化发展和深化全球分工中的作用日益凸显。”[①]我国出入境游人数多年来保持较快增长速度,2019年国内旅游市场和出境旅游市场稳步增长,入境旅游市场基础更加牢固。2019年全年国内旅游人数60.06亿人次,比上年同期增长8.4%;入境旅游人数14 531万人次,比上年同期增长2.9%;出境旅游人数15 463万人次,比上年同期增长3.3%;全年实现旅游总收入6.63万亿元,同比增长11.1%。现阶段入境客源市场结构已显露出优化趋

① 王欠欠、夏杰长:《全球价值链视角下中国旅游贸易测算分析》,载《国际贸易》2019年第2期。

势。“一带一路”倡议是全球价值链的强大动力，推动我国入境旅游市场活跃度进一步提升，使入境旅游综合效益持续显现。

一、中国旅游服务贸易内部区域结构

（一）中国旅游服务贸易出口额内部区域结构的变化特点

1. 中国四大地区旅游服务贸易出口额比重分析

由表 6.17 可知，2000—2018 年，中国旅游服务贸易出口总体呈现出东部高、西部次之，东北低的态势。其中东部地区占中国旅游服务贸易出口额的比例保持在 60% 以上，2003 年达到最高 83.33%，此后除了 2014—2015 年外，一直下降，到 2018 年为 63.05%。西部地区占中国旅游服务贸易出口额的比例近年来连续上升，2018 年最高达 21.70%，2003 年最低，为 8.51%。中部地区占中国旅游服务贸易出口额的比例和西部一样近年来持续上升，2018 年最高，达到 11.45%。东北地区占我国旅游服务贸易出口额的比例不高，在 2013 年最高，是 7.14%，2018 年最低，只有 3.80%。由于东部沿海地区经济发展水平较高，服务产业基础较好，再加上服务贸易创新发展试点大多集中在这些地区，制度创新和优惠政策效果显著，因此东部沿海地区一直是中国服务贸易的主力军。中、西部地区旅游服务贸易出口额占比都有提高，内部区域结构趋于优化。

表 6.17　2000—2018 年中国四大地区旅游服务贸易出口额占全国比重

单位：%

年份	2000	2001	2002	2003	2004	2005	2006	2007	2008	2009
东部	79.73	79.07	78.96	83.33	80.71	80.21	79.26	78.01	77.8	76.62
中部	4.81	5.26	5.46	2.85	4.6	5.03	5.38	5.73	6.15	6.72
西部	11.06	10.73	10.55	8.51	9.89	10.08	10.19	10.75	9.48	10.20
东北	4.40	4.94	5.03	5.30	4.81	4.68	5.17	5.51	6.57	6.45

续表

年份	2010	2011	2012	2013	2014	2015	2016	2017	2018	
东部	76.40	73.78	72.12	69.24	72.50	71.42	68.89	68.35	63.05	
中部	7.07	7.82	8.28	8.80	8.08	8.77	9.39	9.78	11.45	
西部	10.13	11.68	12.69	14.81	15.17	15.97	17.58	18.13	21.70	
东北	6.40	6.73	6.91	7.14	4.25	3.85	4.14	3.73	3.80	

数据来源：根据2001—2019年度《中国统计年鉴》相关数据计算而得。

2. 各省(自治区、直辖市)旅游服务贸易出口额排名分析

从表6.18上看,2018年中国旅游服务贸易出口额排名前五位的省(自治区、直辖市)为:广东(205.12亿美元)、上海(72.61亿美元)、北京(55.16亿美元)、江苏(46.48亿美元)、云南(44.18亿美元)。

从四大地区内各省(自治区、直辖市)的排名分布来看,东北地区辽宁省的排名最高,其次为吉林省;中部地区安徽省进入了前十名;西部地区云南排名最高,陕西次之,广西第三,重庆和四川紧随其后;东部地区中除海南、河北、天津外,其余各省(直辖市)均位于全国前十位。

表6.18　2018年各省旅游服务贸易出口额

单位:百万美元

东部地区	出口额	中部地区	出口额	西部地区	出口额	东北地区	出口额
北京	5516.39	山西	377.98	广西	2777.73	辽宁	1739.58
天津	1109.85	安徽	3187.57	重庆	2189.89	吉林	685.85
河北	646.67	江西	745.38	四川	1511.65	黑龙江	537.06
上海	7261.39	河南	723.23	贵州	317.63		
江苏	4648.32	湖北	2379.69	云南	4418		
浙江	2595.79	湖南	1520.41	西藏	247.09		
福建	2828.21			陕西	3126.66		
山东	3292.82			甘肃	28.3		
广东	20511.74			青海	36.13		
海南	770.52			宁夏	55.87		

续表

东部地区	出口额	中部地区	出口额	西部地区	出口额	东北地区	出口额
				新疆	946.37		
				内蒙古	1272.1		

数据来源:2019年度《中国统计年鉴》。

由表6.19可知,2010年以来,广东始终占据中国旅游服务贸易出口第一大省的地位,北京、上海、浙江、江苏、福建、云南的名次不断变换。

表6.19　2010—2018年中国旅游服务贸易出口额前五位省(自治区、直辖市)

2010年	2011年	2012年	2013年	2014年	2015年	2016年	2017年	2018年
广东	广东	广东	广东	广东	广东	广东	广东	广东
上海	上海	江苏	浙江	浙江	浙江	福建	福建	上海
北京	江苏	上海	上海	上海	上海	上海	上海	北京
江苏	北京	北京	北京	福建	福建	北京	北京	江苏
浙江	浙江	浙江	福建	北京	北京	江苏	江苏	云南

数据来源: 2011—2019年《中国统计年鉴》。

(二)中国接待国际旅游人数内部区域结构的变化分析

1. 中国四大地区接待国际旅游人数比重分析

由表6.20可知,2000年以来东部地区接待了绝大部分的国际入境旅游游客,但是从2004年开始逐年下滑,到2018年接待了全国的59.05%的国际旅游人士,东部地区还是发展我国国际旅游业的主要力量。西部地区次之,2000—2007年间所接待国际旅游人数比重维持在12%～16%之间,自2008年又逐年上升,到了2018年达到23.05%。中部地区接待国际旅游人数在2003年占比最低,为4.34%,然后逐年上升,到了2018年达到最大值13.32%;东北地区接待国际游客的比重在4%～7%之间,近几年呈下滑的态势,2017—2018年,均占4.58%。

表 6.20　2000—2018 年中国四大地区接待国际旅游人数占全国比重

单位:%

年份	2000	2001	2002	2003	2004	2005	2006	2007	2008	2009
东部	73.75	72.94	73.04	78.37	74.89	74.41	72.67	71.38	71.62	71.2
中部	6.03	6.77	7.29	4.34	6.15	6.71	7.59	8.03	8.54	9.32
西部	15.76	15.58	14.87	12.06	14.10	14.19	14.67	15.17	13.12	13.21
东北	4.46	4.71	4.80	5.23	4.87	4.69	5.07	5.41	6.72	6.27
年份	2010	2011	2012	2013	2014	2015	2016	2017	2018	
东部	70.07	67.12	64.91	65.65	65.10	62.20	62.03	61.63	59.05	
中部	9.95	10.92	11.67	11.96	12.14	11.93	11.84	12.42	13.32	
西部	13.60	15.29	16.54	16.46	16.91	20.86	21.18	21.37	23.05	
东北	6.38	6.67	6.87	5.93	5.85	5.01	4.96	4.58	4.58	

数据来源：根据 2001—2019 年《中国统计年鉴》相关数据计算而得。

2. 各省(自治区、直辖市)接待国际旅游人数排名分析

由表 6.21 可知,2018 年中国接待入境旅游人数前五位的省(自治区、直辖市)为:广东(3748.06 万人次)、上海(742.04 万人次)、云南(706.08 万人次)、广西(526.33 万人次)、福建(513.55 万人次)。从四大地区内各省(自治区、直辖市)的排名分布来看,东北地区辽宁的排名最高。中部地区湖北排名最高,进入全国前十。西部地区中云南排名第一,其次为广西,再次是陕西。可见,从各省(自治区、直辖市)接待国际旅游人数的排名来看,西部、中部、东北地区与东部地区存在不平衡,这也意味着可以对西部、中部、东北地区的旅游资源进行深层次挖掘和开发,从而促进当地国际旅游业发展。

表 6.21 2018 年各省（自治区、直辖市）旅游服务贸易接待国际旅游人数

单位：万人次

东部地区	人数	中部地区	人数	西部地区	人数	东北地区	人数
北京	400.41	山西	71.35	广西	526.33	辽宁	287.7
天津	58.96	安徽	370.75	重庆	279.98	吉林	143.75
河北	98.86	江西	191.78	四川	369.82	黑龙江	109.16
上海	742.04	河南	167.25	贵州	39.69		
江苏	400.85	湖北	405.11	云南	706.08		
浙江	456.76	湖南	365.08	西藏	47.62		
福建	513.55			陕西	437.14		
山东	422			甘肃	10.01		
广东	3748.06			青海	6.92		
海南	126.36			宁夏	8.82		
				新疆	99.3		
				内蒙古	188.08		

数据来源：2019 年度《中国统计年鉴》。

由表 6.22 可知，2010 年以来，广东、北京、上海、福建、江苏、浙江、云南等省占据了中国旅游服务贸易接待人数的前五位。广东始终占据中国旅游服务贸易接待人数第一大省的地位，北京、上海、浙江、江苏、福建、云南的名次不断变换，近几年，北京和江苏都不在前五名中，西部的云南排名迅速上升。

表 6.22 2010—2018 年中国旅游服务贸易接待人数前五位省（自治区、直辖市）

2010 年	2011 年	2012 年	2013 年	2014 年	2015 年	2016 年	2017 年	2018 年
广东	广东	广东	广东	广东	广东	广东	广东	广东
上海	浙江	浙江	上海	上海	上海	上海	上海	上海
浙江	江苏	江苏	北京	北京	云南	福建	福建	云南
江苏	上海	上海	浙江	浙江	浙江	云南	云南	广西
北京	北京	北京	福建	福建	广西	浙江	浙江	福建

数据来源：2011—2019 年《中国统计年鉴》。

从旅游服务贸易国内地区分布上看,我国旅游服务贸易主要集中在经济发达的东部地区。这主要是由于东部地区交通便利、自然风光秀丽,又是全国政治、经济、文化的中心,对国外旅游者自然具有吸引力。随着"一带一路"倡议实施,西部和中部各省(自治区、直辖市)独特的人文环境和自然景观、悠久的历史文化吸引了大批国外旅游者,使得这两个地区的旅游业近年来得以快速发展,旅游业已成为中、西部地区对外贸易的一个新的增长点。东北地区由于没有充分发挥旅游资源的优势,设施不充足等,其发展势头略落后于其他地区。

二、中国旅游服务贸易外部区域结构

(一)来华旅游人数洲际结构

1. 比重分析

表 6.23　2010—2018 年各洲来华旅游人数占来华旅游总人数的比重

单位:%

年份	2010	2011	2012	2013	2014	2015	2016	2017	2018
亚洲	61.92	61.31	61.13	61.09	61.95	63.86	64.12	62.35	62.60
非洲	1.77	1.80	1.93	2.10	2.26	2.23	2.09	2.16	2.21
欧洲	21.81	21.90	21.88	21.64	20.92	18.92	19.45	20.27	19.79
南美洲	1.15	1.24	1.30	1.35	1.31	1.35	1.39	1.46	1.49
北美洲	10.31	10.56	10.39	10.53	10.47	10.60	10.63	10.69	10.92
大洋洲及太平洋岛屿	3.02	3.17	3.36	3.28	3.07	2.99	2.94	3.06	2.99
其他	0.01	0.01	0.01	0.01	0.01	0.01	0.01	0.01	0.01

数据来源:根据 2011—2019 年各年度《中国统计年鉴》相关数据计算而得,精确到小数点后 2 位。

由表 6.23 可知,从国际旅游入境人数的洲际分布来看,2010—2018 年各洲来华旅游人数占来华旅游总人数的比重亚洲最高,占 61% 以上,最多为

64.12%（2016年），最低为61.09%（2013年）；欧洲次之，占18%以上，2011年最高，达21.90%，2015年最低，为18.92%；北美洲第三，各年所占比重均在10%以上；大洋洲及太平洋岛屿排名第四，所占比重在3%左右；非洲所占比重在2%左右；南美洲所占比重均在1%左右。

2. 增长率分析

表6.24　2011—2018年各洲来华旅游人数增长率

单位：%

年份	2011	2012	2013	2014	2015	2016	2017	2018
亚洲	2.75	-0.01	-3.38	1.69	1.61	8.69	0.82	5.15
非洲	5.44	7.39	5.30	8.00	-2.80	1.52	6.81	7.15
欧洲	4.21	0.18	-4.37	-3.06	-10.84	11.29	8.04	2.24
南美洲	12.11	4.81	0.34	-2.29	1.04	11.49	9.36	6.38
北美洲	6.28	-1.32	-2.01	-0.33	-0.17	8.54	4.28	6.92
大洋洲及太平洋岛屿	8.87	6.47	-5.63	-6.17	-4.16	6.39	8.01	2.34
其他	-9.52	0.00	15.79	-18.18	16.67	-4.76	10.00	0.00

数据来源：根据2012—2019年各年度《中国统计年鉴》相关数据计算而得，精确到小数点后2位。

由表6.24各洲来华旅游人数的增长率上看，2011—2018年度各洲来华旅游人数增长率变化幅度较大。亚洲除了2012—2013年出现负增长外，其余年份来华旅游人数呈现稳定增长态势；非洲除了2015—2016年外，来华旅游人数增长较快；欧洲在2013—2015年出现了负增长，而2016年强势反弹；南美洲除了2014年外，其余年份来华旅游人数增长很快；北美洲则在2012—2015年连续4年负增长，2016年反弹式增长；大洋洲及太平洋岛屿呈现类似北美洲的态势。

(二)来华旅游人数国别结构

表 6.25　2010—2018 年来华旅游人数排名前五位国家及比重

单位:%

2010 年		2011 年		2012 年		2013 年		2014 年	
名次	比重	名次	比重	名次	比重	名次	比重	名次	比重
韩国	15.60	韩国	15.44	韩国	14.97	韩国	15.10	韩国	15.86
日本	14.28	日本	13.49	日本	12.94	日本	10.93	日本	10.31
俄罗斯	9.07	俄罗斯	9.35	俄罗斯	8.92	俄罗斯	8.32	美国	7.94
美国	7.69	美国	7.81	美国	7.79	美国	7.93	俄罗斯	7.76
马来西亚	4.77	马来西亚	4.59	马来西亚	4.54	马来西亚	4.59	马来西亚	4.58
2015 年		2016 年		2017 年		2018 年			
名次	比重	名次	比重	名次	比重	名次	比重		
韩国	17.10	韩国	16.97	韩国	13.25	韩国	13.73		
日本	9.61	日本	9.21	日本	9.20	日本	8.81		
美国	8.03	美国	8.00	俄罗斯	8.08	美国	8.13		
俄罗斯	6.09	俄罗斯	7.03	美国	7.93	俄罗斯	7.91		
马来西亚	4.14	马来西亚	4.14	蒙古	6.39	蒙古	4.89		

数据来源:根据 2011—2019 年各年度《中国统计年鉴》相关数据计算而得,精确到小数点后 2 位。

表 6.25 显示了 2010—2018 年来华旅游人数排名前五位国家的位次变化和所占比重,从表中可以看出 2010 年以来来华旅游人数的国别分布呈现以下几个特点:首先,韩国和日本一直排在来华旅游人数的首位,韩国比重最高值出现在 2015 年,为 17.10%,日本所占比重持续下降,由 2010 年的 14.28% 下降到 2018 年的 8.81%;其次,在 2010—2013 年间,俄罗斯与美国分别名列第三、第四位,但到了 2014—2016 年间,俄罗斯来华旅游人数比重有所下滑,而美国来华旅游人数比重略有上升,2017—2018 年,两国交替位列第三和第四,马来西亚在 2010—2016 年较稳定,排在第五位,2017—2018 年略低于蒙古国。可以说,2010 年以来来华旅游人数的国别分布呈高度集中的态势。

三、中国服务贸易区域结构不平衡的影响

（一）内部区域结构不平衡的影响

1. 消极影响

中国服务贸易集中在东部地区，对中、西部和东北地区服务贸易的发展是十分不利的。

第一，中国服务贸易对东部地区过分依赖，大量服务业企业集中在东部地区，这将使其他地区的服务业企业面临着来自国外服务业企业和东部服务业企业的双重竞争压力。国外服务业企业和东部地区服务业企业具有资金、技术、管理经验等方面的优势，而这些优势是西部、中部和东北地区的服务业企业难以望其项背的，这必将减少中、西部和东北地区发展本地区服务贸易的机会，从而使中、西部和东北地区的服务贸易进一步萎缩，以及在中国服务贸易中所占的份额进一步下降。

第二，中、西部和东北地区服务贸易的萎缩进一步导致这些地区的服务业人才流向东部地区，使得原本就面临人才缺乏的中部、西部和东北地区的服务业更加捉襟见肘，这种情况将进一步阻碍西部、中部和东北地区服务贸易的发展。

第三，因为缺乏资金、技术、管理方式的支持和专业的服务人才，所以中、西部和东北地区的传统优势服务业只能采用依托丰富的自然资源和廉价的劳动力资源的粗放型经营方式，这将严重阻碍这些行业的比较优势的发展，阻碍这些行业将自身的比较优势转化为竞争优势，使得这些行业只能在低附加值水平上发展，最终阻碍这些行业的产业结构升级步伐。

2. 积极影响

中国服务贸易集中在东部地区，有助于中国服务业产生集聚效应，促进中国服务业外部规模经济的产生。大量的服务业企业，特别是金融、保险、计算机和信息服务、咨询等服务行业集中在东部地区，有助于东部地区形成

专业化的服务业从业人员队伍；加快东部地区服务业的专业化分工步伐；降低东部地区服务业企业在信息搜集、服务产品销售等方面的成本；有助于东部地区形成专业化的服务贸易区，形成服务业的外部规模经济；对我国服务业和服务贸易的发展以及我国服务贸易的总体竞争力的提升具有积极的意义。

（二）外部区域结构不平衡的影响

中国服务贸易过于集中在少数地区对未来中国服务贸易的发展将产生消极和积极两个方面的深远影响。

1. 消极影响

中国服务贸易外部区域过于集中，极易受到少数几个主要国家和地区服务市场波动的影响，从而加大我国服务贸易的风险，降低我国服务贸易抵御系统风险的能力，增加我国服务贸易发展的不确定性，最终危害我国服务贸易的发展。因此，中国服务贸易应该大力开拓新兴工业化国家和发展中国家及地区的服务市场，使中国服务贸易外部区域结构向多元化方向发展，从而降低中国服务贸易所面临的潜在的系统性风险。

2. 积极影响

中国服务贸易集中在少数地区，有利于中国服务产品更好地满足国外市场的需求，减少由服务市场过于分散而导致的服务产品的针对性不强、市场竞争力减弱的风险。一般而言，由于各国或地区的国情或区情、风俗习惯、宗教信仰等因素的差异，各国或地区对服务产品的需求也是有差异的。中国服务贸易市场的集中可以使中国服务业企业更多地关注少数几个主要国家和地区，并且侧重考虑几个主要国家和地区对服务产品需求的偏好，这就可能使我国的服务产品针对性更强，服务产品能更好地适应主要国家和地区的市场需求，服务产品在主要国家和地区的国际竞争力增强、品牌得以建立，从而达到以质取胜的目的。

第七章　中国服务贸易结构演进的影响因素分析

第一节　模型设定与变量说明

一、模型设定

(一)不同影响因素对服务贸易结构演进的作用机制

1.经济发展水平与服务贸易结构

经济发展水平作用于服务贸易结构体现在:第一,一个国家或地区的经济发展水平越高,人们的素质越高,人文环境优越,不但能提供优质的服务,而且对高品质的服务需求强烈,从而推动服务贸易商品结构升级;第二,一个国家或地区的经济发展水平越高,各类服务企业经营活力越强,越能深入参与服务贸易的国际分工,从而加大对产业内服务贸易的需求;第三,服务贸易的对象是具有很强主观能动性的,经济发展水平越高,地方经济越好,居民对优质服务越有渴望,这使得经济发展水平不同的区域产生了不同的服务贸易结构。

2. 产业结构与服务贸易结构

产业结构升级过程中第二产业比重减少，第三产业比重增加，服务业兴旺发展，进而带动了服务贸易的发展。产品的创新，工艺的引进和研发，使得产品制作中的服务环节发生了升级，从而丰富了服务贸易的商品结构；产业结构升级要求企业更深层次地参与国际化分工，有效安排生产、销售等环节，从而服务贸易模式结构就会发生变化；产业结构升级在不同地区有快慢之分，进而影响了不同地区的服务贸易结构的变迁。

3. 要素禀赋与服务贸易结构

要素禀赋作用于服务贸易结构体现在：第一，固定资本、人力资本和知识资本的提升，对服务业的比较优势产生影响，从而优化服务贸易商品结构；第二，各种要素升级，带来了深层次的国际分工，使得服务贸易模式结构发生变化；第三，各地区的固定资本、人力资本和知识资本的禀赋差异，使得国际贸易环境时刻变化，进而影响了服务贸易区域结构。

4. 技术创新与服务贸易结构

技术差异是国际贸易、服务贸易产生的主要动因之一。哈罗德的“经济增长与国际贸易命题”指出：技术创新不但能带来进口的增加，而且可以促进出口的增加。首先，技术创新提高了产业技术水平，通过提高要素生产率改变其比较优势，进而促进服务贸易结构的优化。一方面，技术创新带来的新产品、新工艺，提高了服务产品的知识和技术含量；另一方面，要素生产率的提高推动专业化程度不断提高和生产规模不断扩大。这两方面的动因都促使一国服务贸易的比较优势发生变化，推动服务贸易结构从劳动密集型向知识和技术密集型转换。其次，技术创新通过改变服务产品的需求结构，影响服务贸易结构。一方面，技术创新使厂商提供高质量服务产品的可能性不断提高，让潜在需求转变为现实需求，为满足需求偏好的多样性提供条件；另一方面，技术创新带来了新产品、新技术，降低生产成本，扩大市场消费范围，使需求偏好多样性的满足成为现实。

5. 对外直接投资的流入和流出与服务贸易结构

对外直接投资的流入和流出有利于优化服务贸易结构体现在：首先，对外直接投资的流入不仅带来了资金，也带来了先进的技术，提升了服务贸易各部门尤其是技术密集型行业的商品质量；而大量传统服务贸易部门面临转型和走出去的压力，将不再进行低端服务出口，从而优化了服务贸易商品结构。其次，对外直接投资的流入和流出促进了新兴服务贸易的发展，比如跨国公司对我国软件、医疗、保险、个人娱乐服务进行外包的同时，我们又进行转包，对外直接投资流入得越多，产业内贸易内容越丰富。再次，我国四大区域对外直接投资的差异很大，对外直接投资充裕的地区新兴服务贸易发展快，服务贸易逆差减少，有利于服务业的发展，也促进了服务业的转型升级，加快了资金流出，对外直接投资少的地区不利于服务业的发展。

（二）设定模型

根据分析，设定基本模型如下：

$$\ln fjg_t = \beta_0 + \beta_1 \ln gdp_t + \beta_2 \ln id_t + \beta_3 \ln yaosu_t + \beta_4 \ln jc_t + \beta_5 \ln if_t + \beta_6 \ln of_t + \varepsilon_t \tag{7.1}$$

其中，t 为年份，fjg_t 代表各种贸易结构，包括服务贸易进口商品结构、服务贸易出口商品结构、旅游贸易出口地区结构、旅游贸易进口地区结构。gdp、id、$yaosu$、jc、if、of 分别表示经济发展水平、产业结构、要素禀赋、技术创新、对外直接投资的流入和流出，ε 为残差。

根据不同的贸易结构类型，笔者进一步设定模型如下：

$$\ln sp_t = \beta_0 + \beta_1 \ln gdp_t + \beta_2 \ln id_t + \beta_3 \ln yaosu_t + \beta_4 \ln jc_t + \beta_5 \ln if_t + \beta_6 \ln of_t + \varepsilon_t \tag{7.2}$$

$$\ln iit_t = \beta_0 + \beta_1 \ln gdp_t + \beta_2 \ln id_t + \beta_3 \ln yaosu_t + \beta_4 \ln jc_t + \beta_5 \ln if_t + \beta_6 \ln of_t + \varepsilon_t \tag{7.3}$$

模型 7.2 和 7.3 分别用来表示经济发展水平、产业结构、要素禀赋、技术创新、对外直接投资的流入和流出因素对服务贸易商品结构（sp）、模式结构（iit）变动的影响。其中服务贸易商品结构（sp）包括出口商品结构（hx）和进口商品结构（hi）。

$$\ln nqy_t = \beta_0 + \beta_1 \ln gdp_t + \beta_2 \ln id_t + \beta_3 \ln yaosu_t + \beta_4 \ln jc_t + \beta_5 \ln if_t + \beta_6 \ln of_t + \varepsilon_t \tag{7.4}$$

模型7.4用来表示经济发展水平、产业结构、要素禀赋、技术创新、对外直接投资的流入和流出因素对我国旅游服务贸易内部区域结构(nqy)的影响。

$$\ln wqy_t = \beta_0 + \beta_1 \ln gdp_t + \beta_2 \ln id_t + \beta_3 \ln yaosu_t + \beta_4 \ln jc_t + \beta_5 \ln if_t + \beta_6 \ln of_t + \varepsilon_t \tag{7.5}$$

模型7.5表示结合前述影响因素来分析对我国旅游服务贸易外部区域结构(wqy)的影响。但是在影响因素的具体指标选择上与前述略有区别,用另一国某一指标减去我国同样指标的差值来表示。

二、变量说明

(一)因变量

1. 服务贸易出口商品结构和服务贸易进口商品结构

服务贸易出口商品结构和进口商品结构用除运输和旅游以外的新兴服务贸易出口额或进口额占服务贸易出口额或进口额的比重来表示。服务贸易出口商品结构的优化表现在新兴服务贸易出口额比重不断提升。服务贸易进口商品结构中新兴服务贸易进口额比重增加则体现了一国产业结构升级和居民消费层次的提升。数据来源于历年《中国国际收支平衡表》。

2. 服务贸易模式结构

迄今为止,H Grubel和P J Lloyd创建的G-L指数最为权威。笔者根据《中国国际收支平衡表》计算出来加权的G-L指数值代表服务贸易模式结构,记为iit。

3. 服务贸易区域结构

对服务贸易区域结构的分析这里只针对旅游服务贸易。旅游服务贸易区域结构分析包括对出口的内部区域结构和出口的外部区域结构的分析（由于无法搜集到进口数据，暂不做分析）。出口的内部区域结构分别用东部地区、东北地区、中部地区和西部地区接待游客的出口额占全国旅游服务贸易的出口额比重表示。

出口的外部区域结构则采用亚洲、欧洲和美洲、大洋洲游客占总游客的比重来表示。这里出口主要国家包括：亚洲的日本、印度、印尼、韩国、马来西亚、泰国、新加坡、阿联酋、越南，欧洲的德国、英国、法国、意大利、荷兰、西班牙、俄罗斯，美洲的美国、加拿大、巴西和墨西哥，大洋洲的澳大利亚。

（二）自变量

与前文分析货物贸易结构演进的影响因素一节中的自变量说明是一致的。

第二节　实证检验及结果分析

一、中国服务贸易商品结构和模式结构演进的影响因素分析

表 7.1 中①—③分别为中国服务贸易出口商品结构、进口商品结构、模式结构的影响因素检验结果。①—②采用随机效应估计，③采用固定效应估计。此计量检验的国内研究样本是 2006—2018 年间全国的数据资料。由表中各模型调整后的 R^2 及 F 值可知，总体来看，各模型拟合效果较好。

表 7.1　中国服务贸易商品结构和模式结构演进的实证检验结果

	①	②	③
ln*gdp*	0.255	0.012	0.214***
	(0.36)	(0.20)	(3.15)
ln*id*	-0.123*	-0.156*	-0.136*
	(-1.18)	(-1.52)	(-1.49)
ln*yaosu*	-0.385**	-0.102	-0.154***
	(-2.02)	(-0.49)	(-3.26)
ln*jc*	0.281**	-0.031	0.001
	(2.11)	(-0.25)	(0.07)
ln*if*	-0.287**	2.75**	0.153***
	(-2.18)	(2.12)	(5.20)
ln*of*	-0.018	-0.0139***	0.035**
	(-0.41)	(-3.98)	(1.87)
_*cons*	-4.826	-1.054	-2.781***
	(-1.32)	(-0.96)	(-3.33)
F 检验	0.0000	0.0000	0.0000
BP 检验	0.0000	0.0000	0.0000
Hausman 检验	0.182	0.298	0.356
$adj-R^2$	0.72	0.81	0.84

注：括号内为 *z* 值，***、**、* 分别表示在 1%、5%、10% 的显著性水平上显著。

由表 7.1 各行估计结果可以看出，经济发展水平对各种结构的影响都为正，且对服务贸易模式结构的影响通过了 1% 的显著性水平检验，符号为正，也就是说经济发展水平越高，越有利于我国产业内服务贸易的发展；产业结构对各种贸易结构都通过了 10% 的显著性水平检验；要素禀赋对进口商品结构的作用不显著；技术创新不利于进口商品结构的发展，更有利于出口商品结构并且非常显著；对外直接投资流入有利于进口商品结构和模式结构的优化并且效果显著；对外直接投资流出则对出口商品结构不利，但是作用不显著。

由表 7.1 第①列估计结果可知，产业结构、要素禀赋、技术创新、对外直接投资的流入等4个变量通过了显著性检验。其中,技术创新的系数为正,而产业结构、要素禀赋、对外直接投资的流入的系数为负。说明技术创新有利于出口商品结构升级,产业结构中第一产业的发展阻碍了服务贸易出口商品结构的升级。从长期来看,人力资本的提升、固定资本的增加和知识资本的积累有利于服务贸易结构,但需要一个积累期。对外直接投资的流入大部分集中于服务业中的低端部门,而这些部门的技术含量低,产业升级慢,没有带来明显的产业内技术溢出,因此对我国的出口商品结构的优化升级作用不显著。其他影响因素中,经济发展水平有利于出口商品结构优化,而对外直接投资的流出不利于出口商品结构优化,没有通过显著性水平检验。

由表7.1第②列估计结果可知,产业结构、对外直接投资的流出和流入3个变量通过了显著性水平检验,其中前两项符号为负。第一产业的发展不利于服务贸易进口商品结构。对外直接投资的流出,也没有直接刺激国外对国内服务的消费。而对外直接投资的流入以资金或技术、实物的形式促进了服务贸易进口商品结构升级。我国经济的发展,提高了人们的生活水平,有利于服务贸易进口商品结构升级。其他的影响因素中,要素禀赋、技术创新的系数为负但不显著,说明我国除了经济发展水平和对外直接投资的流入有利于进口商品结构升级外,其他主要影响因素都没有有效地发挥出应有的作用。

由表7.1第③列估计结果可知,产业结构、要素禀赋不利于服务贸易模式结构的升级,而且通过了显著性水平检验。第一产业的发展,不利于第二、三产业的发展,产业结构升级放缓,因而不利于服务贸易模式结构。我国的要素禀赋已经发生了动态的变化,但是仍不利于出口企业主体向国有和其他类型企业升级。其他影响因素中,经济发展水平、对外直接投资的流入和流出对服务贸易模式结构的影响是显著的,符号为正。

二、中国服务贸易区域结构演进的影响因素分析

表 7.2　中国旅游服务贸易内部区域结构演进的实证检验结果

	①	②	③	④
ln*gdp*	-0.69**	0.15	0.011	0.424**
	(-2.33)	(0.82)	(0.36)	(2.15)
ln*id*	-0.456***	-0.092***	0.102	-0.132
	(-2.36)	(-2.79)	(1.19)	(-1.34)
ln*yaosu*	0.198**	-0.128	-0.547	-0.389***
	(2.31)	(-1.09)	(-0.99)	(-3.45)
ln*jc*	0.039	-0.047***	-0.012	-0.089***
	(0.8)	(-2.25)	(-0.29)	(-2.88)
ln*if*	-0.036	-0.152*	-0.324***	-0.356
	(-0.26)	(-1.5)	(-7.24)	(-1.32)
ln*of*	0.093**	0.114	0.214	-0.045***
	(2.12)	(1.13)	(0.68)	(-1.88)
_*cons*	8.029***	5.04***	-3.62***	2.887**
	(5.24)	(2.12)	(-4.95)	(2.12)
F 检验	0.0000	0.10	0.0000	0.0000
BP 检验	0.0000	0.19	0.0000	0.0000
Hausman 检验	0.264	-	0.4452	0.5362
$adj-R^2$	0.98	0.78	0.94	0.87

注：括号内为 *z* 值，***、**、* 分别表示在 1%、5%、10% 的显著性水平上显著。

表 7.2 中①—④分别代表对东北地区出口结构、中部地区出口结构、东部地区出口结构、西部地区出口结构的影响因素检验结果。其中①、③、④采用随机效应模型，②采用了混合 OLS 模型。计量检验的国内研究样本为 2005—2018 年间各省、自治区和直辖市的数据资料。由表中各模型调整后的 R^2 及 F 值可知，总体来看，各模型拟合效果较好。

由表 7.2 各行估计结果可以看出，经济发展水平对各地区出口结构的影

响不一致,有两个地区通过了显著性水平检验;产业结构在中部地区、东北地区出口结构中通过了显著性水平检验,并显著为负;要素禀赋在东北地区出口结构、西部地区出口结构中通过了显著性水平检验,并在西部地区出口结构中显著为负;技术创新除了对东北地区出口结构、东部地区出口结构不显著外,其余基本通过了1%的显著性水平检验,中部地区出口结构和西部地区出口结构的系数为负;对外直接投资的流入只对中部和东部地区出口结构有显著影响,而且四个地区系数均为负;对外直接投资的流出对东北地区出口结构和西部地区出口结构作用显著。

由表7.2第①列估计结果可知,东北地区出口结构的影响因素中,要素禀赋、技术创新、对外直接投资的流出系数是正号,除了技术创新,其余的两个变量通过了显著性水平检验。东北地区的要素禀赋丰富有利于旅游出口的发展。即使对外直接投资的流出减少了资本量,东北地区原有的旅游优势仍能够促进出口的发展。在系数为负的变量中,经济发展水平、产业结构显著的不利于旅游服务贸易发展,这进一步说明东北地区的经济发展没有带动旅游业的发展,第一产业占比越高,旅游业越受限。

由表7.2第②列估计结果可知,产业结构、技术创新、对外直接投资的流入、要素禀赋系数为负,其中前三个通过了1%的显著性水平检验。说明中部地区存在产业结构不合理、技术创新不足、对外直接投资的流入没有效发挥作用等一系列问题,使得旅游服务贸易缺乏竞争力。

由表7.2第③列估计结果可知,经济发展水平、产业结构、对外直接投资的流出对东部地区出口结构有利。说明东部地区产业结构发展合理,经济发展水平较高,对外直接投资的流出有利于国内产业结构调整,促进了东部地区出口结构。其他因素中,对外直接投资的流入显著不利于东部地区出口结构的发展。

由表7.2第④列估计结果可知,只有经济发展水平显著地促进了西部地区出口结构的发展,说明西部地区的经济发展仍处于上升阶段,上升越快,越利于旅游服务贸易出口。其他因素中,要素禀赋、技术创新、对外直接投资的流出显著地影响了出口结构的发展。对外直接投资的流入的作用是负数,也就是对外直接投资的流入不利于西部地区出口结构,但效果不显著。

表7.3中①—③分别代表我国出口到欧洲主要国家的结构、我国出口到

美洲和大洋洲主要国家的结构、我国出口到亚洲主要国家的结构的影响因素检验结果。全部采用混合 OLS 模型。由表中各模型调整后的 R^2 及 F 值可知，总体来看，各模型拟合效果较好。

表 7.3　中国旅游服务贸易外部区域结构演进的实证检验结果

	①	②	③
ln*gdp*	−0.4321**	−1.1014**	0.1686
	(−2.52)	(−2.52)	(0.72)
ln*id*	−0.0543	−1.2131**	−0.1582**
	(−1.08)	(−2.84)	(−2.50)
ln*yaosu*	−0.5871***	0.1014	0.0542
	(−3.16)	(0.52)	(0.32)
ln*jc*	0.1702***	0.2413**	−0.0178
	(9.62)	(2.52)	(−0.22)
ln*if*	−0.1342**	−0.0821*	−0.0532
	(−2.58)	(−0.002)	(−0.72)
ln*of*	−0.1124	−0.0038	−0.0568*
	(−0.84)	(−0.02)	(−1.87)
_*cons*	1.5427***	−0.3697	0.452
	(5.89)	(−0.38)	(0.87)
F 检验	0.1024	0.1942	0.1156
BP 检验	0.1311	0.1178	0.1729
Hausman 检验	–	–	–
$adj-R^2$	0.85	0.92	0.99

注：括号内为 z 值，***、**、* 分别表示在 1%、5%、10% 的显著性水平上显著。

表 7.3 各行显示的结果如下：

经济发展水平的差距在①和②中通过了显著性水平检验，系数符号相同。欧洲、美洲等主要国家与我国经济的差距，不利于我国旅游服务贸易出口的增长。而在亚洲的情况相反，由于地理、文化、人文等各方面因素，经济发展水平有利于旅游服务贸易出口。

产业结构的差距在②和③都通过了显著性水平检验，且系数都为负。以第一产业为指标的产业结构本身就是不利于旅游服务贸易出口的，并且中国与欧洲、美洲和大洋洲的主要国家在产业结构上相差大。与亚洲主要国家的产业差距也会对旅游服务贸易出口产生不利影响。

要素禀赋的差距在②和③中系数为正，但没通过显著性水平检验。而在①中通过了显著性水平检验，且系数符号为负。根据要素禀赋论，各国按照要素禀赋进行生产和交换。我国的要素禀赋和欧洲国家存在很大不同，欧洲公民愿意去往发达国家旅游，因而不利于我国旅游服务贸易出口。但是与亚洲和美洲的差距则对旅游服务贸易出口有利，是因为这种差距在缩小，越来越多的亚洲和美洲人来到中国旅游。

技术创新差距除了对亚洲主要国家的出口不显著外，对其他国家通过了显著性水平检验并且都为正。也就是技术创新差距促进了旅游服务贸易出口到欧洲、美洲和大洋洲，技术创新差距在缩小，越来越多的技术交流带动了这些地区人士来中国旅游。

对外直接投资的流入对①和②的作用是显著的，①—③符号为负。对于发达国家而言，外资流入目的是贸易替代，而我国引入外资的目的是与贸易互补，更有利于贸易的发展。当对外直接投资的流入差距变大时，也就是其他国家的外资流入增加，或者我国的外资流出减少，则对我国的旅游服务贸易出口是不利的。

对外直接投资的流出的所有系数是负的，对出口到亚洲主要国家的结构的影响是显著的。与其他主要国家的对外直接投资的流出差额越大，越说明投资的领域、方向有很多不同，越不利于旅游服务贸易出口的发展。

第八章　中国服务贸易结构演进的指数测度

第一节　中国服务贸易商品结构演进的指数测度

一、相关指标的选取和数据来源

（一）相关指标的选取

在产业经济学中，市场集中度用来表示某一特定市场中少数几个大厂商所占有的市场份额，其衡量指标可分为绝对指标和相对指标。绝对指标主要包括集中度指数（CR 指数）、赫芬达尔－赫希曼指数（HH 指数）等，相对指标主要包括基尼系数、泰尔指数等。本书借用产业经济学中衡量市场集中程度的集中度指数（CR 指数）、赫芬达尔－赫希曼指数（HH 指数）对中国服务贸易商品结构的集中程度进行测定。

1. 集中度

（1）集中度指数（CR 指数）

通过直接计算某一特定市场上市场占有率排名前几位厂商所占的市场份额来衡量该市场的集中程度，其计算公式为：

$$CR_k = \sum_{i=1}^{k} x_i / X \tag{8.1}$$

其中 x_i/X 表示第 i 家厂商在该市场上的市场占有率，k 为市场占有率最大的 k 个厂商，一般取 $k=4$ 或 8。令 x_i/X 其为第 i 项类服务贸易占中国服务贸易的比重。无论从进口、出口还是进出口上看，旅游、运输和其他商业服务都一直是中国服务贸易前三大项类，因此，本书令 $k=3$ 来计算中国服务贸易商品结构的集中程度，其中 $k=3$ 则主要指旅游、运输和其他商业服务三项类服务贸易对中国服务贸易进出口的重要程度。

(2)赫芬达尔－赫希曼指数(HH 指数)

公式同前文，其中 s_i 表示第 i 类服务贸易占中国服务贸易进出口的比重，用于判断中国服务贸易进出口商品结构的集中程度。

2. 稳定性

(1)劳伦斯指数(Lawrence Index，简称 L 指数)

公式同前文，其中 s_j,t 是 j 类服务商品第 t 年在一国服务出口中所占的比例。L 指数的取值区间是[0,1]，越接近 0，表明一国服务贸易结构的变化越小，反之则越大。

(2)结构收益性指数(B 指数)

公式同前文，其中 X_j,t、M_j,t 分别为 t 年一国 j 类服务产品的出口额和进口额。当 B 指数大于 0 并越大时，表明一国服务贸易出口商品结构对世界动态需求反应越快，结构优化度越高。

3. 国际竞争力

(1)贸易竞争力指数(TC 指数)

公式同前文，TC_p 即 p 类服务贸易商品的贸易竞争力指数。TC_p 的取值范围是[－1,1]。当 $TC_p<0$ 时，p 类服务贸易商品的出口竞争力较弱；当 $TC_p=-1$ 时，p 类服务贸易品的国际竞争力最弱，没有出口只有进口；当 $TC_p>0$ 时，p 类服务贸易品有一定的国际竞争力；当 $TC_p=1$ 时，p 类服务贸易品只有出口没有进口，其国际竞争力最强；当 $TC_p=0$ 时，p 类服务贸易品的进出口贸易额相等，属于商品品种的交换。

(2)Michaely 指数(MI 指数)

公式同前文，MI_{jp}是国家 j 在服务商品 p 上的 Michaely 指数。MI_{jp}的取值范围在[-1,1]之间,当 $MI_{jp}>0$ 时,表示服务贸易品 p 具有比较优势,而 $MI_{jp}<0$ 时则表示服务贸易品 p 具有比较劣势。

(二)数据来源

计算 CR 指数、HH 指数、L 指数、B 指数、TC 指数、MI 指数的所有数据来自历年《中国国际收支平衡表》、联合国贸易和发展会议网站数据库,其中未包括别处未提及的政府服务。

二、中国服务贸易商品结构集中度

(一)集中度指数(CR 指数)分析

表 8.1 2000—2019 年中国服务贸易前三项类集中度指数

单位:%

年份	2000	2001	2002	2003	2004	2005	2006	2007	2008	2009
进出口	85.77	84.37	80.51	79.28	79.25	77.16	75.41	74.44	70.58	68.7
出口	89.63	90.30	88.58	87.07	86.51	83.37	81.70	78.51	71.85	68.43
进口	82.51	81.31	73.60	72.60	72.86	71.63	69.79	70.61	69.37	69.01
年份	2010	2011	2012	2013	2014	2015	2016	2017	2018	2019
进出口	68.87	68.35	68.73	67.76	66.34	79.11	78.49	77.17	76.70	74.78
出口	67.52	63.68	61.29	59.90	50.55	65.30	65.36	63.43	63.73	61.88
进口	70.05	71.94	73.79	72.58	74.22	86.00	84.69	83.37	82.46	81.02

数据来源:根据历年《中国国际收支平衡表》中相关数据计算而得,精确到小数点后 2 位。

表 8.1 显示了旅游、运输和其他商业服务三项类服务贸易在中国服务贸易进出口中的集中程度。从中可以发现,2000 年以来,中国服务贸易 CR_3 的变化体现以下特点:首先,从进出口集中度看,2000—2009 年和 2010—2014 年数值不断下降,2015 年数值反弹,2019 年又下降到 74.78%;其次,出口集中度和进出口集中度表现出类似的变化趋势,2014 年 CR_3 出现最低值 50.55%,之后反弹,到 2019 年下降到 61.88%。进口集中度 2000 年后开始

下降，到2009年是最低值69.01%，之后上升，到2019年为81.02%。另外，2009年之前，中国服务贸易出口的集中程度大于进出口的集中程度，这说明中国服务贸易出口对旅游、运输和其他商业服务三类产品的依赖程度大于进口和进出口对这三类产品的依赖程度。2009年后，则是中国服务贸易进口的集中程度大于进出口的集中程度，说明进口更依赖于这三类服务。

（二）赫芬达尔－赫希曼指数（HH指数）分析

表8.2　2000—2019年中国服务贸易HH指数

年份	2000	2001	2002	2003	2004	2005	2006	2007	2008	2009
进出口	0.287	0.281	0.259	0.223	0.229	0.222	0.214	0.205	0.193	0.188
出口	0.364	0.363	0.342	0.279	0.279	0.260	0.247	0.222	0.201	0.195
进口	0.253	0.438	0.224	0.217	0.219	0.216	0.209	0.204	0.195	0.197
年份	2010	2011	2012	2013	2014	2015	2016	2017	2018	2019
进出口	0.188	0.194	0.203	0.201	0.229	0.270	0.268	0.255	0.247	0.228
出口	0.183	0.175	0.173	0.172	0.197	0.175	0.177	0.169	0.171	0.169
进口	0.214	0.230	0.245	0.244	0.265	0.380	0.369	0.352	0.337	0.315

数据来源：根据历年《中国国际收支平衡表》中相关数据计算而得，精确到小数点后3位。

表8.2显示了2000—2019年中国服务贸易HH指数。首先，中国服务贸易进出口商品结构的HH指数在2000—2010年呈现出一路下滑趋势，由0.287下降到0.188，2011—2015年上升，然后又开始下降，到2019年是0.228；其次，出口商品结构的HH指数在2000—2019年整体呈下滑趋势，由0.364下降到0.169，其间偶尔有反弹，但没改变下降的趋势；最后，进口商品结构的HH指数在2001年达到最大值0.438，然后下滑，直到2009年又开始上扬，到了2015年达到了0.380，到2019年下降到0.315，仍然高于2000年水平。这说明中国服务贸易进出口、进口商品结构的集中度不稳定，一直在波动。出口商品结构在2009年前，相对于进口、进出口商品结构更集中，2009年开始，进口商品结构的集中度高于出口和进出口商品结构，出口商品

结构的集中度最低。

三、中国服务贸易商品结构稳定性

（一）劳伦斯指数（L 指数）分析

表 8.3　2001—2018 年中国服务贸易劳伦斯指数

年份	2001 年	2002 年	2003 年	2004 年	2005 年	2006 年	2007 年	2008 年	2009 年	2010 年
进口	0.173	0.191	0.074	0.024	0.014	0.022	0.033	0.020	0.064	0.056
出口	0.050	0.027	0.148	0.081	0.050	0.045	0.065	0.072	0.083	0.056
进出口	0.040	0.044	0.103	0.040	0.027	0.030	0.044	0.039	0.061	0.032
年份	2011 年	2012 年	2013 年	2014 年	2015 年	2016 年	2017 年	2018 年	平均值	
进口	0.034	0.063	0.037	0.050	—	0.071	0.080	0.021	0.060	
出口	0.048	0.048	0.047	0.160	—	0.259	0.210	0.121	0.092	
进出口	0.040	0.044	0.028	0.073	—	0.081	0.115	0.047	0.052	

数据来源：根据历年《中国国际收支平衡表》中相关数据计算而得，精确到小数点后 3 位，2015 年统计口径发生变化，故不计算。

由表 8.3 可知，2001 年以来，中国服务贸易劳伦斯指数变化呈现三个特点：首先，无论是进出口劳伦斯指数、出口劳伦斯指数还是进口劳伦斯指数，除了 2016—2017 年的出口指数外，数值均在 0.2 以下，这说明中国服务贸易商品结构在各年间的变化幅度较小，中国服务贸易商品结构比较稳定。从中国服务贸易进出口商品结构稳定性上看，进出口劳伦斯指数最高年份为 0.115（2017 年），最低为 0.027（2005 年）；出口劳伦斯指数最高值为 0.259（2016 年），最低值为 0.027（2002 年）；进口劳伦斯指数最高值为 0.191（2002 年），最低值为 0.014（2005 年）。其次，虽然进出口、出口、进口劳伦斯指数在各年间的变化幅度不同，但三者基本呈现大致相同的变化特点，这说明中国服务贸易商品结构变化呈现出一致性的特征。最后，从劳伦斯指数的平均值上看，出口劳伦斯指数（0.092）大于进口劳伦斯指数（0.060），而进口劳伦斯指数又大于进出口劳伦斯指数（0.052），这说明中国服务贸易出口商品结构的变化幅度大于进口商品结构的变化幅度，服务贸易进口商品结构的变化幅度又大于进出口商品结构的变化幅度，同时也说明国外对中国服务贸易商品的需求结构变化较大，中国对国外服务贸易商品的需求结构变化相对较小。

（二）结构收益性指数（B 指数）分析

表 8.4　2001—2018 年中国服务贸易商品结构收益性指数

年份	2001	2002	2003	2004	2005	2006	2007	2008	2009
B 指数	0.0019	-0.0008	0.0109	0.0009	0.0020	0.0016	0.0052	0.0026	-0.0062
年份	2010	2011	2012	2013	2014	2015	2016	2017	2018
B 指数	0.0012	0.0017	-0.0011	-0.0002	0.0004	0.0002	0.0003	0.0004	0.0001

数据来源：根据联合国贸易和发展会议网站数据库 http://unctadstat.unctad.org/中相关数据计算而得，精确到小数点后 4 位。

表 8.4 显示了 2001—2018 年中国服务贸易商品结构收益性指数，从总体上看，2001—2008 年中国服务贸易商品结构是不断优化的。2008 年国际金融危机对我国服务贸易产生了一定的影响，2009 年该指数为负。2010—2011 年短暂优化后，2012—2013 年商品结构收益性指数又变成负值，到 2014 年又变为正值。因此，从长期来看，中国服务贸易商品结构收益性指数并不总是为正值，服务贸易商品结构易受国际环境影响。

四、中国服务贸易商品结构国际竞争力

（一）贸易竞争力指数（TC 指数）分析

表 8.5 显示了 2001—2014 年中国服务贸易整体及各项类服务贸易 TC 指数，从中可以看出，在 2001—2010 年间整体变化幅度不大，大致保持在[-0.1,0]之间，说明我国服务贸易整体竞争力仍然较弱。但是 2011 年开始，服务贸易整体竞争力变化幅度增大，服务贸易整体竞争力减弱。具体到

各项类服务贸易来看，运输服务贸易整体 TC 指数一直为负，我国运输服务贸易始终不强。2001—2008 年，旅游服务贸易 TC 指数虽为正，却一直呈下降趋势，这表明我国旅游服务贸易虽具有一定的国际竞争力，但竞争力不明显。从 2009 年开始旅游服务贸易 TC 指数为负，且不断变小，说明我国旅游服务贸易的国际竞争力进一步减弱。通信服务贸易的 TC 指数在大多数年份是正值，但数值小，最高值是 0.20(2003 年)。建筑服务贸易有一定的竞争力，并不断增强，到 2014 年达到 0.52；保险、金融、专有权利使用费和特许费，以及电影、音像服务贸易的 TC 指数在所有年份里几乎均为负，说明这类服务贸易始终难以提高竞争力；计算机和信息、咨询以及广告、宣传的 TC 指数在所有年份里几乎均为正，并且计算机和信息的竞争力较强，咨询和广告、宣传的 TC 指数值在 0.20 左右，表明有一定的竞争力。其他商业服务的 TC 指数除了 2014 年外始终为正，最高曾达到 0.40(2003 年)，后虽有所下降，但 2013 年仍为 0.25，说明在其他商业服务上，中国具有一定的国际竞争力。

表 8.6 显示了 2015—2019 年中国服务贸易整体及各项类服务贸易 TC 指数。整体看，服务贸易竞争力仍然较弱。运输、旅行、保险、知识产权使用费，以及个人、文化和娱乐服务的 TC 值基本均为负，说明这五项的竞争力薄弱，尤其是旅行的 TC 值最低。其他的项类中，加工服务表现出很强的竞争力，2015—2019 年的 TC 值均接近 1。上述事实说明，我国在需要大量技术、人力资本和物质资本等生产要素的技术知识密集型服务领域的国际竞争力仍有待提高。

表 8.5　2001—2014 年中国服务贸易 TC 指数

年份	运输	旅游	通信	建筑	保险	金融	计算机和信息	专有权利使用费和特许费	咨询	广告和宣传	电影和音像	其他商业服务	整体
2001	-0.42	0.12	-0.1	-0.01	-0.84	0.11	0.15	-0.89	-0.25	0.04	-0.25	0.12	-0.08
2002	-0.41	0.14	0.08	0.13	-0.88	-0.29	-0.28	-0.92	-0.34	-0.03	-0.54	0.28	-0.08
2003	-0.39	0.07	0.20	0.04	-0.87	-0.21	0.03	-0.95	-0.29	0.03	-0.92	0.40	-0.08
2004	-0.34	0.15	-0.03	0.05	-0.88	-0.22	0.13	-0.90	-0.20	0.10	-0.64	0.31	-0.07
2005	-0.30	0.15	-0.11	0.23	-0.86	-0.05	0.06	-0.94	-0.07	0.20	-0.07	0.29	-0.06
2006	-0.24	0.17	-0.02	0.15	-0.88	-0.71	0.26	-0.94	-0.03	0.21	0.08	0.27	-0.05
2007	-0.16	0.11	0.04	0.30	-0.84	-0.41	0.33	-0.92	0.03	0.18	0.35	0.19	-0.03
2008	-0.13	0.06	0.02	0.41	-0.80	-0.28	0.33	-0.90	0.15	0.06	0.24	0.06	-0.04
2009	-0.33	-0.05	0.00	0.23	-0.75	-0.27	0.34	-0.93	0.16	0.07	-0.50	0.14	-0.10
2010	-0.30	-0.09	0.04	0.48	-0.81	-0.04	0.51	-0.88	0.20	0.18	-0.60	0.35	-0.06
2011	-0.39	-0.20	0.17	0.60	-0.74	0.07	0.53	-0.91	0.21	0.18	-0.60	0.28	-0.13
2012	-0.38	-0.34	0.06	0.54	-0.72	0.00	0.58	-0.89	0.25	0.26	-0.71	0.18	-0.19
2013	-0.43	-0.43	0.00	0.47	-0.69	-0.07	0.44	-0.92	0.26	0.23	-0.78	0.25	-0.24
2014	-0.43	-0.49	-0.12	0.52	-0.66	-0.04	0.37	-0.94	0.24	0.14	-0.64	-0.89	-0.33

数据来源：根据历年《中国国际收支平衡表》中相关数据计算而得，精确到小数点后 2 位。

表 8.6　2015—2019 年中国服务贸易 TC 指数

年份	运输	旅行	建筑	保险	金融	电信、计算机和信息	知识产权使用费	个人、文化和娱乐服务	维护和维修服务	加工服务	其他商业服务	整体
2015	-0.38	-0.69	0.24	-0.28	-0.06	0.37	-0.91	-0.44	0.46	0.98	0.19	-0.33
2016	-0.41	-0.70	0.20	-0.52	0.22	0.33	-0.91	-0.49	0.45	0.98	0.15	-0.36
2017	-0.43	-0.74	0.17	-0.48	0.36	0.16	-0.71	-0.57	0.45	0.98	0.17	-0.38
2018	-0.44	-0.75	0.22	-0.40	0.23	0.12	-0.73	-0.56	0.48	0.97	0.17	-0.38
2019	-0.39	-0.75	0.21	-0.39	0.24	0.13	-0.68	-0.62	0.47	0.95	0.16	-0.35

数据来源：根据历年《中国国际收支平衡表》中相关数据计算而得，精确到小数点后 2 位。

（二）Michaely 竞争优势指数（MI 指数）分析

表 8.7 显示了 2000—2014 年各项类服务贸易的贸易竞争优势指数（MI 指数）。MI 指数呈现出以下几个变化特点：首先，旅游的 MI 指数值从 2010 年转为负；通信和建筑分别有两年的值为负；金融有七年处于竞争劣势；咨询 2000—2005 年处于竞争劣势，之后竞争力明显增强；电影、音像大多数年份不具有竞争优势；其他商业服务只有在 2014 年不具有竞争力。其次，运输、保险、专有权利使用费和特许费三项类服务产品的指数为负，处于竞争劣势。最后，广告、宣传的指数一直为正，显示出一定的竞争力。

表 8.8 显示了 2015—2019 年各项类服务贸易的贸易竞争优势指数（MI 指数）。首先，运输、旅行、保险、知识产权使用费以及个人、文化和娱乐服务处于竞争劣势，尤其是旅行，MI 指数值最低为 -0.367（2015 年）。其次，其他商业服务显示出较强的竞争优势，MI 指数值大于其他各项类，建筑、维护和维修服务、加工服务以及电信、计算机和信息的 MI 指数值也在稳定增长。

表 8.7　2000—2014 年各项类服务贸易竞争优势指数

年份	运输	旅游	通信	建筑	保险	金融	计算机和信息	专有权利使用费和特许费	咨询	广告和宣传	电影和音像	其他商业服务
2000	-0.168	0.174	0.038	-0.008	-0.065	0.000	0.004	-0.033	-0.006	0.002	-0.001	0.065
2001	-0.249	0.062	-0.003	-0.004	-0.086	0.000	0.002	-0.064	-0.024	0.000	-0.001	0.023
2002	-0.150	0.184	0.004	0.011	-0.065	-0.001	-0.008	-0.064	-0.024	0.001	-0.001	0.116
2003	-0.161	0.098	0.006	0.006	-0.076	-0.001	0.005	-0.063	-0.022	0.002	-0.012	0.208
2004	-0.148	0.146	0.001	0.005	-0.079	-0.001	0.009	-0.059	-0.015	0.004	-0.002	0.138
2005	-0.133	0.135	-0.001	0.016	-0.079	0.000	0.005	-0.062	-0.002	0.006	0.000	0.116
2006	-0.113	0.129	0.000	0.010	-0.082	-0.007	0.015	-0.064	0.002	0.006	0.000	0.103
2007	-0.077	0.076	0.001	0.022	-0.075	-0.002	0.019	-0.061	0.011	0.005	0.001	0.080
2008	-0.056	0.050	0.001	0.043	-0.071	-0.001	0.023	-0.061	0.038	0.003	0.001	0.031
2009	-0.111	0.032	0.002	0.037	-0.059	-0.001	0.030	-0.067	0.060	0.005	-0.001	0.073
2010	-0.128	-0.016	0.001	0.058	-0.072	0.000	0.039	-0.063	0.055	0.007	-0.001	0.119
2011	-0.143	-0.040	0.004	0.065	-0.066	0.001	0.051	-0.058	0.077	0.010	-0.001	0.100
2012	-0.102	-0.101	0.004	0.051	-0.056	0.003	0.062	-0.058	0.103	0.015	-0.002	0.079
2013	-0.099	-0.132	0.003	0.040	-0.046	0.005	0.057	-0.058	0.126	0.015	-0.002	0.104
2014	-0.051	-0.133	0.003	0.068	-0.035	0.011	0.074	-0.055	0.156	0.016	-0.001	-0.053

数据来源：根据历年《中国国际收支平衡表》中相关数据计算而得，精确到小数点后 3 位。

表 8.8　2015—2019 年各项类服务贸易竞争优势指数

年份	运输	旅行	建筑	保险	金融	电信、计算机和信息	知识产权使用费	个人、文化和娱乐服务	维护和维修服务	加工服务	其他商业服务
2015	−0.018	−0.367	0.053	0.003	0.005	0.087	−0.046	−0.001	0.014	0.094	0.178
2016	−0.020	−0.353	0.041	−0.010	0.011	0.093	−0.049	−0.001	0.021	0.089	0.180
2017	−0.023	−0.365	0.039	−0.005	0.013	0.085	−0.038	−0.002	0.023	0.084	0.189
2018	−0.027	−0.354	0.042	−0.001	0.010	0.084	−0.044	−0.002	0.026	0.074	0.194
2019	−0.019	−0.357	0.041	−0.002	0.011	0.090	−0.041	−0.004	0.034	0.064	0.185

数据来源：根据历年《中国国际收支平衡表》中相关数据计算而得，精确到小数点后 3 位。

第二节 中国服务贸易模式结构演进的指数测度

一、相关指标的选取和数据来源

(一)边际产业内贸易 B 指数

公式同前文,其中,ΔX_i 、ΔM_i 分别表示相邻的两个阶段 i 部门(或产品)服务出口额和进口额的变动量。$MIIT_i$ 的取值区间是[-1,1]。$MIIT_i$ 接近 -1 或 1,则说明 i 项服务贸易中的变动量主要是由产业间贸易带来的; $MIIT_i$ 接近 0,则说明 i 项服务贸易中的变动量主要是由产业内贸易带来的。当 $-1 \leqslant MIIT_i < -0.5$ 时,说明 i 项服务贸易中的变动量主要是由产业间贸易带来的,并且产生了不良的绩效;当 $-0.5 \leqslant MIIT_i \leqslant 0$ 时,说明 i 项服务贸易中的变动量主要是由产业内贸易带来的,并且产生了不良的绩效;当 $0 < MIIT_i \leqslant 0.5$ 时,说明 i 项服务贸易中的变动量主要是由产业内贸易带来的,并且产生了良好的绩效;而当 $0.5 < MIIT_i \leqslant 1$ 时,说明 i 项服务贸易中的变动量主要是由产业间贸易带来的,并且产生了良好的绩效。

(二)Lafay 指数

X_j^i 、M_j^i 分别表示 i 国家 j 项服务贸易的出口额、进口额,公式同前文。若 $LFI_j^i > 0$,说明 i 国家 j 项服务贸易有专业化的比较优势,而且指数值越大,则专业化程度越高;若 $LFI_j^i < 0$,说明 i 国家 j 项服务贸易缺乏专业化的比较优势,进口同类服务多;若 Lafay 指数趋于零值,则说明 i 国家 j 项服务贸易产业内贸易程度较高;而若 Lafay 指数远离零值,就说明 i 国家 j 项服务贸易产业内贸易程度较低。

二、指数计算与分析

（一）边际产业内贸易 B 指数分析

由表 8.9 和 8.10 所示可知：

2001—2014 年，运输服务贸易，只有 3 年指数大于等于 0，在小于 0 的年度里有 4 年曾经小于 -0.5；2016—2019 年，有 3 年指数小于 0。说明增量主要是由产业内贸易带来的，但是绩效较差。

2001—2014 年，旅游服务贸易，有 5 年的指数大于 0，在小于 0 的年度里有 6 年小于 -0.5；2016—2019 年，有 3 年为负值。说明旅游服务贸易的绩效较差，而且增量主要是由产业间贸易带来的。旅游服务贸易并没有表现出作为中国第一大服务贸易出口部门所应有的良好绩效。

2001—2014 年，通信服务贸易，有 6 年的指数大于 0，在负数的年份里有 5 年小于 -0.5。说明通信服务贸易的绩效不好，增量主要是由产业间贸易带来的。

2001—2014 年，建筑服务贸易，有 5 年的指数小于 0，在正数的年份里，有 8 年大于 0.5；2016—2019 年，有 2 年的指数是负数。说明建筑服务贸易的绩效较好，增量主要是由产业间贸易带来的。

2001—2014 年，保险服务贸易，只有 2 年的指数大于 0，在负数的年份，大部分指数值都小于 -0.5；2016—2019 年，指数值有 1 年是负数。说明保险服务贸易的绩效在改善，增量主要是由产业间贸易带来的。

2001—2014 年，金融服务贸易，有 6 年的指数小于 0，在正数的年份里，有 3 年是大于 0.5 的；2016—2019 年，指数值有 1 年是负数。说明金融服务贸易的绩效还可以，增量主要是由产业内贸易带来的。

2001—2014 年，计算机和信息服务贸易，有 3 年的指数小于 0，在大于 0 的年份里，有 6 年是大于 0.5 的；2016—2019 年，指数值有 1 年为正数。在负数的年份里有 2 年指数绝对值小于 0.5。说明计算机和信息服务贸易的绩效很好，在绩效好的年份里增量主要是由产业间贸易带来的。

2001—2014 年，专有权利使用费和特许费服务贸易的边际产业内贸易

B 指数 14 年间均接近于 1，且均为负值；2016—2019 年，知识产权使用费服务贸易的指数绝对值有 3 年大于 0.5。说明专有权利使用费和特许费服务贸易的贸易增量主要由产业间贸易带来的，且部门绩效较差。

2001—2014 年，咨询服务贸易，有 4 年的指数小于 0，在大于 0 的年份里，只有 2 年大于 0.5。说明咨询服务贸易不仅绩效不错，而且增量主要是由产业内贸易带来的。广告和宣传服务贸易中，有 4 年的指数小于 0，在大于 0 的年份里，只有 3 年大于 0.5，说明广告和宣传服务贸易和咨询服务贸易一样绩效良好，而且增量主要是由产业内贸易带来的。电影和音像服务贸易有 7 年的指数小于 0，而且很多年份等于 1，说明它的绩效还可以，增量主要是由产业间贸易带来的。

2001—2014 年，其他商业服务的服务贸易有 5 年的指数小于 0，在大于 0 的年份里大部分的指数大于 0.5；2016—2019 年，有 1 年的指数小于 0，说明它的绩效良好。

2016—2019 年，个人、文化和娱乐服务，加工服务服务贸易的指数连年为负数且接近 -1，说明这几项服务以产业间贸易为主，并且绩效有待改善。保险、维护和维修服务的指数较高，说明这两类服务贸易绩效尚可，但是保险服务贸易偏向产业间贸易。运输、旅行、知识产权使用费以及电信、计算机和信息服务贸易在 2019 年的指数为正，说明绩效提高了，但运输和知识产权使用费的指数为 1，说明这两项服务贸易转以产业间为主，绩效良好。

通过上述对各项类服务贸易的边际产业内贸易 B 指数的分析可以看出，金融、咨询广告和宣传服务贸易的增量主要由产业内贸易带来，且绩效尚可。

表 8.9　2001—2014 年中国服务贸易边际产业内贸易 B 指数

年份	运输	旅游	通信	建筑	保险	金融	计算机和信息	专有权利使用费和特许费	咨询	广告和宣传	电影和音像	其他商业服务
2001	-0.36	0.27	0.33	0.58	-1.00	-1.00	-0.63	-0.97	-0.49	-0.18	-1.00	1.00
2002	-0.35	-0.88	1.00	-0.69	-0.86	-0.17	1.00	-1.00	-0.17	0.26	-1.00	0.61
2003	-0.21	0.36	-1.00	0.06	-0.91	0.20	0.42	-0.74	0.00	0.20	1.00	-0.41
2004	-0.08	0.16	-0.49	0.60	-0.73	0.48	-0.30	-1.00	0.20	0.87	1.00	0.01
2005	-0.03	0.29	0.22	-0.47	-1.00	-0.99	0.82	-0.94	0.06	0.23	1.00	0.19
2006	0.07	-0.25	0.16	0.51	-0.68	1.00	0.49	-0.84	0.21	0.09	0.68	0.02
2007	0.00	-0.28	-0.04	0.55	-0.63	0.81	0.33	-0.81	0.42	-0.35	0.00	-1.00
2008	-0.60	-1.00	-0.09	-1.00	1.00	-0.22	0.75	-1.00	1.00	0.24	-1.00	0.54
2009	-0.22	-0.29	1.00	1.00	-0.96	0.13	1.00	-0.65	0.42	1.00	-1.00	1.00
2010	-0.85	-0.74	0.67	1.00	-0.50	0.17	0.57	-1.00	0.23	0.16	-0.96	-1.00
2011	-0.25	-0.90	-0.60	-0.92	-0.50	-0.04	1.00	-0.82	0.56	1.00	-1.00	-1.00
2012	-1.00	-0.88	-1.00	-1.00	-0.36	-0.16	-0.42	-1.00	0.33	-0.50	-1.00	0.70
2013	-0.52	-0.75	-0.56	0.65	0.20	0.04	0.09	-1.00	-0.09	-0.75	0.00	-1.00
2014	0.03	0.32	-1.00	1.00	-0.30	1.00	0.18	-0.91	-0.23	0.00	0.33	1.00

数据来源：根据历年《中国国际收支平衡表》中相关数据计算而得，精确到小数点后 2 位。

表 8.10　2016—2019 年中国服务贸易边际产业内贸易 B 指数

年份	运输	旅行	建筑	保险	金融	电信、计算机和信息	知识产权使用费	个人、文化和娱乐服务	维护和维修服务	加工服务	其他商业服务
2016	-0.001	-1.000	-0.404	-1.000	1.000	-0.201	-0.925	-0.915	0.425	-0.997	-1.000
2017	-0.571	-1.000	-1.000	0.996	1.000	-0.646	-0.134	-0.933	0.446	-1.000	1.000
2018	-0.521	-0.828	1.000	0.815	-1.000	-0.137	-0.805	-0.534	0.624	-1.000	0.191
2019	1.000	0.665	0.104	0.613	0.300	0.180	1.000	-1.000	0.439	-1.000	0.048

数据来源:根据历年《中国国际收支平衡表》中相关数据计算而得,精确到小数点后 3 位。

(二)Lafay 指数分析

由表 8.11 看出,2000—2014 年大多数年间,运输、旅游、建筑、保险、金融、咨询、电影和音像、其他商业服务产业内贸易程度较低,运输、建筑、保险、金融、计算机和信息、通信、电影和音像的 Lafay 指数大多数年份为负,说明这些项类服务贸易缺乏专业化。

由表 8.12 可知,2015—2019 年多数年间,建筑、维护和维修服务、加工服务及其他商业服务的 Lafay 指数趋于 0,说明产业内贸易程度高,而电信、计算机和信息,知识产权使用费等产业内贸易程度较低。其中知识产权使用费的专业化程度较高,电信、计算机和信息,个人、文化和娱乐服务的专业化程度较低。

表 8.11　2000—2014 年中国服务贸易 Lafay 指数

单位：%

年份	运输	旅游	通信	建筑	保险	金融	计算机和信息	专有权利使用费和特许费	咨询	广告和宣传	电影和音像	其他商业服务
2000	-0.19	0.64	3.20	-0.71	-0.20	-0.01	-0.11	0.04	-0.11	-0.11	-0.12	-0.19
2001	-0.13	0.73	-0.28	-0.48	-0.12	0.13	-0.15	0.03	-0.25	-0.12	0.12	-0.07
2002	-0.13	0.87	0.08	-0.42	-0.21	-0.09	-0.88	-0.01	-0.49	-0.26	-0.28	0.35
2003	-0.15	0.61	0.48	-0.62	-0.25	-0.15	-0.58	-0.07	-0.61	-0.23	0.06	1.05
2004	-0.02	1.08	0.07	-0.70	-0.40	-0.08	-0.56	0.04	-0.71	-0.19	-0.81	1.15
2005	0.16	1.28	-0.56	-0.51	-0.38	0.05	-0.85	-0.10	-0.69	0.12	1.44	0.67
2006	0.50	1.54	-0.34	-0.86	-0.58	-2.20	-0.48	-0.12	-0.81	0.17	1.84	0.76
2007	1.25	1.49	-0.10	-0.63	-0.48	-0.86	-0.35	-0.03	-0.75	0.07	5.44	0.40
2008	1.71	1.41	-0.34	-0.04	-0.30	-0.58	-0.49	0.13	-0.17	-0.75	6.69	-0.83
2009	0.05	0.82	-0.45	-1.83	0.08	-0.66	-0.45	-0.09	-0.04	-0.61	-0.57	-0.08
2010	0.35	0.66	-0.14	0.96	-0.35	0.65	1.03	0.30	0.33	0.06	-0.90	0.58
2011	-0.56	-0.23	1.19	2.34	0.33	0.84	1.41	0.10	0.48	0.23	-1.19	-0.32
2012	-0.48	-1.98	-0.13	1.45	0.51	1.04	2.41	0.30	1.10	1.32	-2.72	0.36
2013	-1.17	-3.53	-0.48	0.55	0.94	0.41	0.65	-0.08	1.52	0.79	-4.37	1.06
2014	-1.21	-5.38	-2.20	1.50	1.42	1.53	-0.60	-0.44	1.19	-0.50	-4.64	-4.89

数据来源：根据历年《中国国际收支平衡表》中相关数据计算而得，精确到小数点后 2 位。

表 8.12　2015—2019 年中国服务贸易 Lafay 指数

单位:%

年份	运输	旅行	建筑	保险	金融	电信、计算机和信息	知识产权使用费	个人、文化和娱乐服务	维护和维修服务	加工服务	其他商业服务
2015	0.60	0.63	0.68	2.48	-4.85	2.48	-1.98	1.52	0.01	0.21	0.47
2016	0.02	0.56	-0.27	-2.21	0.37	2.10	-2.17	1.01	-0.19	0.16	-0.41
2017	-0.37	-0.26	-0.70	-1.14	2.98	-0.80	1.07	-0.31	-0.23	0.11	-0.01
2018	-0.71	-0.41	0.22	0.35	0.59	-1.85	0.88	-0.24	0.32	-0.09	0.04
2019	0.45	-0.52	0.07	0.52	0.91	-1.93	2.20	-1.98	0.09	-0.39	-0.09

数据来源:根据历年《中国国际收支平衡表》中相关数据计算而得,精确到小数点后 2 位。

第三节 中国服务贸易区域结构演进的指数测度

一、相关指标的选取和数据来源

（一）旅游服务贸易竞争力

在对中国旅游服务贸易的衡量中，我们借用RCA指数，其中分子是某一地区旅游服务贸易出口额占全国旅游服务贸易出口总额的比重；在对分母的计算上，鉴于我国目前尚未建立起对各地区服务贸易进出口额的统计，且中国旅游服务贸易占中国对外贸易总额的比重较小（2019年中国服务贸易出口额占中国对外贸易出口额的14.64%，旅游服务贸易占对外贸易总额的5.67%），故以各地区货物贸易出口额占全国货物贸易出口总额的比重作为RCA指数的分母。新构建的RCA指数一方面近似地衡量了一地区旅游服务贸易的区域竞争力，另一方面也表明了，与货物贸易出口相比，该地区旅游服务贸易出口是否具有比较优势。当RCA的值大于2.5时，表明旅游服务贸易国际竞争力很强；当RCA的值在1.25~2.5之间时，表明旅游服务贸易国际竞争力较强；当RCA的值位于0.8~1.25之间时，则说明旅游服务贸易的国际竞争力不强；当RCA的值小于0.8时，也就是旅游服务贸易的国际竞争力比较弱。相关数据来自《中国统计年鉴》。

（二）旅游服务贸易地区差距

衡量经济差距的指标主要分为绝对指标和相对指标两大类。其中绝对指标主要包括极差、极均差、平均差、标准差等，主要用于反映经济差距在绝对量上的变化；相对指标则主要包括变异系数（Coefficient of Variation）、泰尔指数（又叫泰尔熵标准，Theil Index）、基尼系数（Gini Index）等，主要反映各地区经济差距的相对变化程度。[①] 由于绝对指标中量纲的存在，使得在利用绝对指标衡量地区差距时易受价格水平波动的影响，因此在指标的选取上，遵循以绝对指标为辅的原则。在相对指标中，泰尔指数可以直接将整体差距分解为地区内差距和地区间差距两部分，从而揭示二者的变动方向和变动幅度以及各自在整体差距中的贡献程度和变化趋势。在衡量指标的选取上，本书首先利用极差和标准差来衡量2010年以来中国旅游服务贸易出口地区绝对差距的变化情况，其次利用地区多样性指数和泰尔指数作为衡量中国旅游服务贸易出口地区差距和地区经济差距的指标。

1. 绝对差距分析

一组数据的最大值和最小值之差称为极差，用 R 表示，其计算公式为：

$$R = \text{Max}(x_t) - \text{Min}(x_t) \tag{8.2}$$

其中 $\text{Max}(x_t)$、$\text{Min}(x_t)$ 分别表示 t 时期一组数据的极大值和极小值。令其分别表示 t 时期中国四大地区旅游服务贸易出口的最大值和最小值，则可粗略地衡量出中国旅游服务贸易出口地区绝对差距的变化。

标准差用来反映数据的离散程度。令 SE_t 表示数据的标准差，EY_t 表示期望，则标准差可表示为[②]：

$$SE_t = \left[\frac{E\,(Y_t - EY_t)^2}{n}\right]^{1/2} \tag{8.3}$$

其中 Y_t 为 t 年 i 省区旅游服务贸易出口额，$n=4$ 表示中国四大地区。SE_t 越大说明中国旅游服务贸易出口地区绝对差距越大。

2. 相对差距分析

在对中国旅游服务贸易出口地区相对差距的分析上，主要利用地区多样性指数和泰尔指数作为分析工具，分析东、中、西部和东北四大地区旅游服务贸易出口地区相对差距的变化情况。

---

① 蒋庚华：《中国服务贸易结构问题研究》，博士学位论文，东北师范大学，2012。

② 贾俊平、何晓群、金勇进：《统计学（第二版）》，中国人民大学出版社2004年版，第91页。

(1)地区多样性指数

即前文所述的 H 指数。在运用该指数时,对公式中的 p_i 和 n 赋予新的含义:令 p_i 表示 i 地区在中国旅游服务贸易出口中所占的份额,$n=4$ 表示所研究的中国四大地区,即东部、中部、西部和东北地区。如果 H 指数上升,说明四大地区在中国旅游服务贸易出口中所占份额趋于平均,中国旅游服务贸易出口地区差距缩小;反之则说明中国旅游服务贸易出口地区差距扩大。

(2)泰尔指数

最早是由泰尔于 1967 年在研究国家之间的收入差距时提出的,在这里将国家换成地区,即可用于分析一国各地区之间在某一经济发展指标上的差距。[①] 其计算公式为:

$$T_{整体} = T_{地区间} + T_{地区内} = \sum_{i=1}^{n} Y_i \log \frac{Y_i}{P_i} + \sum_{i=1}^{n} Y_i \left(\sum_{j=1}^{n} Y_{ij} \log \frac{Y_{ij}}{P_{ij}} \right) \quad (8.4)$$

其中 i 表示地区,j 表示省(自治区、直辖市),Y_i 表示 i 地区的旅游服务贸易出口额占全国旅游服务贸易出口额的比重,P_i 表示 i 地区的人口占全国总人口的比重,Y_{ij} 表示 j 省(自治区、直辖市)旅游服务贸易出口额占 i 地区旅游服务贸易出口额的比重,P_{ij} 表示 j 省(自治区、直辖市)人口占 i 地区总人口的比重,$\sum_{j=1}^{n} Y_{ij} \log \frac{Y_{ij}}{P_{ij}}$ 为衡量 i 区域内省际差距的泰尔指数。通过旅游服务贸易出口的泰尔指数来衡量旅游服务贸易地区差距。

(三)旅游服务贸易区域结构优化度

在对来华旅游人数地区分布和来华留学生人数地区分布优化度的分析上,主要利用集中度指数(HH 指数)、地区多样性指数(H 指数)和均匀度指数(E 指数)。

1. 集中度指数(HH 指数)

如前文所述,公式中 s_i 表示第 i 大洲来华旅游或留学人数占来华旅游或

① 张红霞、范跃进:《对外贸易与地区差距:中国的经验研究》,经济科学出版社 2010 年版,第 76,83 页。

留学人数比重。*HH* 指数越趋于1,表示集中程度越高,HH 指数越趋于0,表明集中程度越低。如果 HH 指数变小,说明出口外部区域结构趋于优化,相反,若 HH 指数变大,则说明出口外部区域结构趋于集中,出口外部区域结构趋于恶化。

2. 地区多样性指数(H 指数)

在前文对中国服务贸易内部区域结构的研究中,曾利用 H 指数分析中国旅游服务贸易地区相对差距的变化情况,在此,令 $i=7$,再次利用地区多样性指数分析来华旅游或留学人数在各大洲的分布情况。H 指数的最小取值为0,最大取值则无上限。当中国在某地区的出口国家个数一定时,H 指数变大,说明中国服务贸易外部区域结构趋于平均,反之,若 H 指数变小,则说明中国服务贸易外部区域结构趋于恶化。

3. 均匀度指数(E 指数)

公式见前文。E 指数越趋于0,说明均匀程度越低;E 指数越趋于1,则表明各景观越均匀。因此,如果 E 指数变大,则说明中国服务贸易外部区域结构趋于均衡,反之,若 E 指数变小,则表明中国服务贸易外部区域结构不平衡程度加深。

相关数据均来自 2011—2019 年各年度《中国统计年鉴》。

二、指数计算与分析

(一)旅游服务贸易竞争力分析

如图 8.1 所示,西部地区旅游服务贸易的 RCA 指数自 2010 年以来始终保持2.0 以上(最高年份达到 2.95,出现在 2016 年),表现出较强甚至极强的竞争力。中部地区的 RCA 指数在 2010—2015 年下滑并在 2015 年达到了最低值,到 2018 年恢复到 1.42,说明这个地区的旅游服务贸易具有中度以上的竞争力。东北地区的 RCA 指数逐年上升,2018 年为 1.62。与之相比,东部地区的 RCA 指数一直在 0.9 左右徘徊,表明东部地区旅游服务贸易竞争力与其他三大地区相比相对较弱。这里需要指出的是,如前文所述,RCA指数实质上反映的是一地区某一产业与其他产业相比在该地区对外贸易中是否具有比较优势,因此,各地区旅游服务贸易RCA指数的大小并不能反映各地区旅游业和旅游服务贸易的发达程度。东部地区的RCA指数较低并不代表东部地区旅游服务贸易不发达,只说明和货物贸易的出口相比,东部地区在旅游服务贸易出口上并不具备比较优势,相应地,西部地区极高的RCA指数并不能代表西部地区旅游服务贸易发达,只是由于西部地区货物贸易出口较少,占中国货物贸易出口的比重较小,使得与货物贸易出口相比,西部地区在旅游服务贸易出口上更具有比较优势。

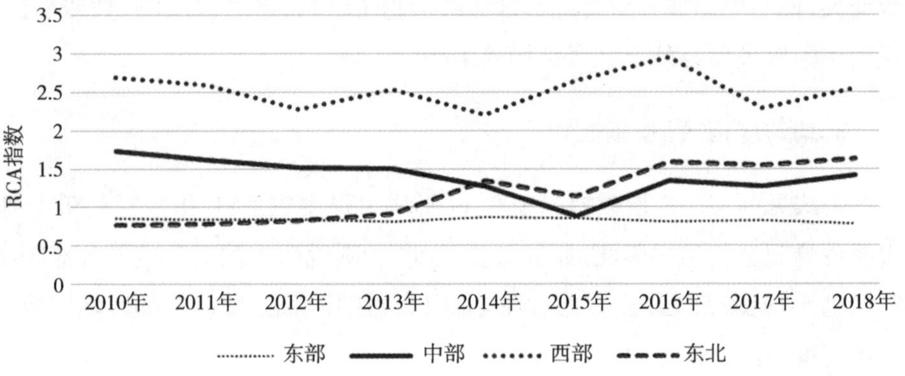

图8.1　2010—2018年中国四大地区旅游服务贸易区域竞争力变化趋势

数据来源:根据2011—2019年各年度《中国统计年鉴》相关数据计算而得。

(二)旅游服务贸易地区差距分析

1. 绝对差距变化分析

图8.2显示了2010—2018年中国四大地区旅游服务贸易出口的极差和标准差,从中可知,无论是从极差上看还是从标准差上看,中国旅游服务贸易出口地区差距在2010—2018年都在不断扩大,这种变化是缓慢的。极差值由2010年的363.8亿美元上升到2018年的463.2亿美元;标准差则由

2010 年的 554.4 亿美元上升到 2018 年的 678.8 亿美元。上述事实说明，2010—2018 年，中国旅游服务贸易出口地区绝对差距是在不断扩大的。

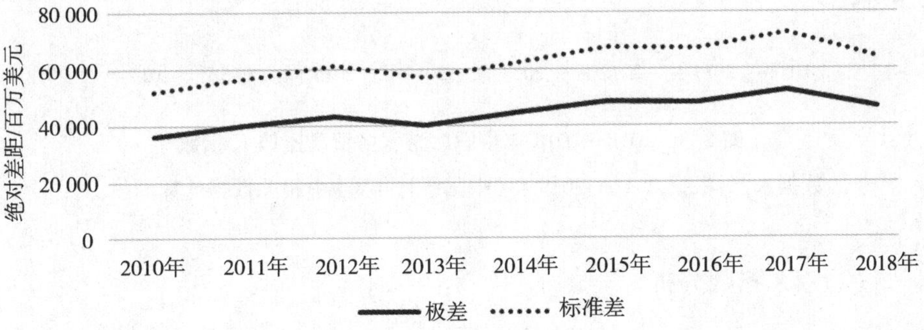

图 8.2　2010—2018 年中国旅游服务贸易出口绝对差距变化

数据来源：根据 2011—2019 年《中国统计年鉴》中相关数据计算而得。

2. 相对差距变化分析

(1)地区多样性指数分析

如图 8.3 所示，总体来看，2010 年以来中国旅游服务贸易出口的 H 指数呈阶段性变化，2010—2013 年直线上升，下滑后，2014 年开始又继续上升，到 2018 年为 1.45，高于 2010 年的 1.16。说明四大地区在中国旅游服务贸易出口中所占份额从 2014 年开始趋于平均，中国旅游服务贸易出口地区差距缩小。

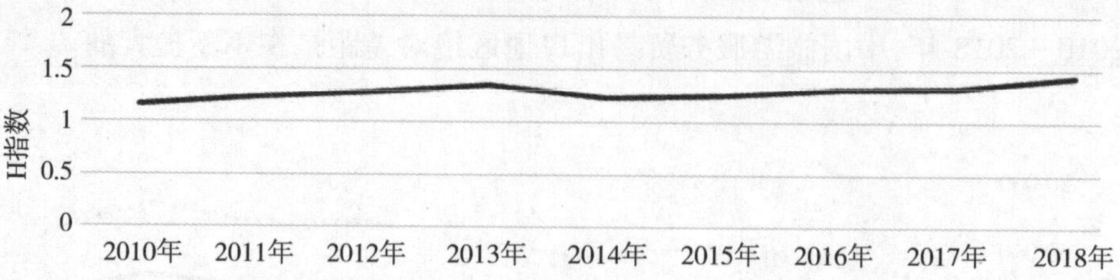

图 8.3　2010—2018 年中国旅游服务贸易出口 H 指数

数据来源：根据 2011—2019 年《中国统计年鉴》中相关数据计算而得。

(2)泰尔指数分析

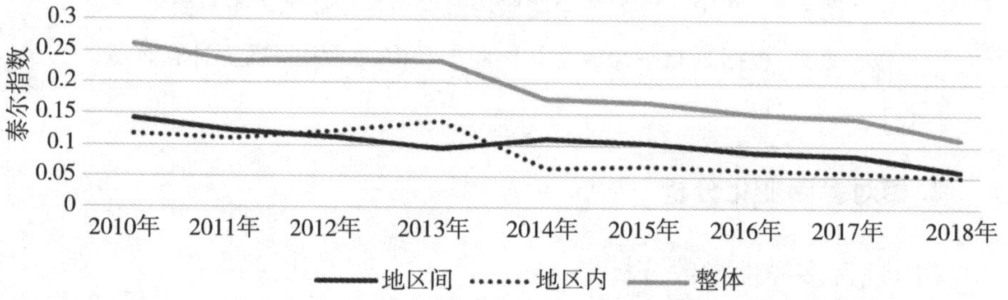

图 8.4　2010—2018 年中国旅游服务贸易出口泰尔指数

数据来源：根据 2011—2019 年《中国统计年鉴》中相关数据计算而得。

由图 8.4 可知，2010 年以来，中国旅游服务贸易出口的整体泰尔指数、地区间泰尔指数基本呈下降趋势，这说明 2010 年以来中国旅游服务贸易出口地区差距、地区间差距均在缩小。具体来说，中国旅游服务贸易出口的整体泰尔指数由 2010 年的 0.26 下降到 2018 年的 0.11；地区间泰尔指数由 2010 年的 0.14 下降到 2018 年的 0.06，但在 2014 年有偶然的上升；地区内泰尔指数则先降后升，然后保持微弱下降的趋势，说明地区内的省份之间的差距在缓慢地缩小。

表 8.13 2010—2018 年中国旅游服务贸易出口地区间差距和地区内差距对总体差距贡献率

年份	2010	2011	2012	2013	2014	2015	2016	2017	2018
地区间差距	0.55	0.53	0.48	0.41	0.64	0.61	0.59	0.59	0.54
地区内差距	0.45	0.47	0.52	0.59	0.36	0.39	0.41	0.41	0.46

由表 8.13 可知,2010 年以来,地区内差距对我国旅游服务贸易出口整体泰尔指数差距的贡献率在 2014 年开始小于地区间差距的贡献率。中国旅游服务贸易出口地区差距下降的原因主要有以下两个方面:

首先,自然资源、人文社会资源和劳动力成本等旅游资源对旅游服务贸易的发展具有重要作用,而在旅游资源的地区分布上,中部、西部、东北地区与东部地区相比差距并不大,加之与东部地区相比这三大地区的劳动力成本具有优势,这使得与资本、技术密集型行业相比,这三大地区在旅游服务贸易的发展上更具有比较优势。其次,近年来中、西部和东北地区的各级地方政府对旅游业和旅游服务贸易的重视程度不断提高,对旅游业的投入不断增加,对旅游资源的开发力度不断加大,更重要的是,1999 年后国家实施了“西部大开发”“中部崛起”“振兴东北老工业基地”等一系列战略措施和“一带一路”倡议,对中、西部和东北地区投放了大量的资金,大量资金的投入一方面使得中、西部和东北地区的旅游资源和劳动力资源得到充分利用,另一方面也使得这三大地区与东部相比在基础设施建设、旅游服务设施建设、旅游服务质量上的差距不断缩小。上述两方面原因使中、西部和东北地区旅游服务贸易得到快速发展,与东部地区的差距不断缩小,进而使中国旅游服务贸易出口地区差距呈不断缩小的态势。

(三)旅游服务贸易区域结构优化度分析

表 8.14　2010—2018 年来华旅游人数集中度指数

年份	2010	2011	2012	2013	2014	2015	2016	2017	2018
HH 指数	0.443	0.437	0.434	0.433	0.440	0.456	0.462	0.443	0.445
H 指数	1.576	1.597	1.610	1.618	1.602	1.569	1.567	1.600	1.598
E 指数	0.561	0.569	0.574	0.576	0.571	0.559	0.558	0.570	0.569

数据来源:根据 2011—2019 年各年度《中国统计年鉴》相关数据计算而得。

根据表 8.14 可知,2010—2018 年间,来华旅游人数集中度指数(HH 指数)呈现先降再升,再下降的趋势,2018 年和 2010 年相比变化不大。来华旅游人数地区多样性指数(H 指数)则由 2010 年的 1.576 上升到 2018 年的 1.598,中间也经历了上升和下降的过程。来华旅游人数的均匀度指数(E 指数)呈现出与地区多样性(H 指数)相同的变化趋势,由 2010 年的 0.561 上升到 2018 年的 0.569。

上述数据表明:从集中度指数上看来,华旅游人数的洲际集中程度优化不明显;从地区多样性指数上看,来华旅游人数洲际分布的集中程度呈现分散的变化趋势;均匀度指数呈现出与地区多样性指数相同的变化趋势。由此可知,2014 年以来,来华旅游洲际结构有分散的趋势,但是这种变化微弱。

第九章　主要结论与政策建议

第一节　主要结论

一、关于中国货物贸易商品结构演进研究的结论

从进出口商品结构演进的历程来看：出口的初级产品主要有 SITC0、SITC2、SITC3，出口的工业制成品主要是 SITC7、SITC8；进口的初级产品和工业制成品的比重接近于 1982 年水平，进口的初级产品主要是 SITC2 和 SITC3，进口的工业制成品主要是 SITC7。

从进出口商品结构演进的影响因素来看：技术创新、贸易开放有利于出口商品结构升级，贸易开放、对外直接投资的流入和汇率水平有利于进口商品结构升级。

从进出口商品结构演进的指数测度来看：第一，对商品竞争力和比较优势的测度显示，在 1980—2019 年间，SITC6 和 SITC7 的 TC、MI、RCA、RSCA 指数都呈上升趋势，表现出很强的竞争优势，SITC8 的竞争力最高；第二，对商品结构变化水平和优化水平的测度显示，按 SITC 分类法，在 1991—2018 年间，出口的劳伦斯指数变动小，贸易结构比较稳定，进口的劳伦斯指数变动最大，但结构收益指数平均值不高，出口商品结构整体优化不明显；第三，从出口结构相似程度的测度结果看，按 SITC 分类法，中德的出口相似度平均

值最高,中日的出口相似度平均值略低于中美。

二、关于中国货物贸易方式结构演进研究的结论

从进出口方式结构演进的历程来看:出口方面,2011 年一般贸易的比重超过了加工贸易,之后一般贸易和其他贸易方式快速发展;进口方面,到 2018 年一般贸易仍是主要的贸易方式,其他贸易方式发展得也比较快。

从进出口方式结构演进的影响因素来看:贸易开放度、产业结构和汇率水平是影响进出口方式结构的较重要的三个因素,技术创新和要素禀赋的关联度稍微弱些,金融发展排在最后。

从进出口方式结构演进的指数测度来看:在 2000—2019 年间,进出口方式结构都在优化,但进口表现得更明显;加工贸易的增值率增强但不稳定,加工贸易依然面临升级压力。

三、关于中国货物贸易主体结构演进研究的结论

从进出口主体结构演进的历程来看:我国其他类型企业是出口贸易的主体,在 2015 年超过了外资企业;国有企业出口比重在下降;进口贸易中仍是以外资企业为主,但外资企业和国有企业的进口比重都在下降,而其他企业的进口比重有所上升。

从进出口主体结构演进的影响因素来看:产业结构、要素禀赋和贸易开放显著不利于我国的出口主体结构发展,而对外直接投资的流出和贸易开放不利于我国进口主体结构的优化。

从进出口主体结构演进的指数测度来看:2011 年以后非外资企业进出口变动指数都大于 0.5,贸易主体结构有优化的趋势但有待时间验证;2002—2015 年间,高技术产品出口的主体结构指数显示其结构逐渐优化。

四、关于中国货物贸易模式结构演进研究的结论

从货物贸易模式结构演进的历程来看:按 SITC 分类的贸易品,在 2019 年 SITC2、SITC3、SITC4、SITC8、SITC9 都以产业间贸易为主;我国中间品出口额上涨快,半成品的出口额大于零配件的出口额,而 2017—2018 年,半成品

进口额大于半成品出口额,半成品进口额远大于零配件进口额。

从货物贸易模式结构演进的影响因素来看:产业结构和汇率水平对货物贸易模式结构的演进带来了明显的不利影响;要素禀赋和技术创新、贸易开放对货物贸易模式结构的影响显著并为正。

从货物贸易模式结构演进的指数测度来看:第一,在1990—2019年间,按SITC分类的贸易品,加权的G-L指数显示以产业内贸易为主,边际产业内贸易指数从整体计算的平均值看,我国绝大部分商品的贸易增量还是以产业内贸易为主,Lafay指数显示SITC1、SITC4的产业内贸易程度在增强;第二,从产品内贸易来看,在2012—2018年间,我国参与产品内贸易的程度较之前开始增强。

五、关于中国货物贸易区域结构演进研究的结论

从货物贸易区域结构演进的历程来看。第一,我国出口的内部区域中,东部地区出口占比除了2019年以外都在80%以上,与总出口额增长趋势高度一致,中部和西部地区的出口比重缓慢上升。自2006年以来,东部地区排在前三位的出口省份是广东省、江苏省、浙江省。第二,我国出口的外部区域中,对亚洲出口在减少,对欧美的出口自2008年下降,而对非洲、拉丁美洲和大洋洲的出口则上升较快。在亚洲,日本和韩国是主要的出口目标地;在欧洲,德国、荷兰和英国、俄罗斯是主要的出口目标地;在美洲和大洋洲,美国是最大的出口目标地,但对巴西和墨西哥的出口增长也较快。第三,我国进口的内部区域中,虽然东部地区进口的比重在80%以上,但从2007年以来缓慢下降,2019年西部和中部地区的进口额和比重均高于东北地区。自2006年以来,东部地区排在前三位的进口地区是广东省、北京市和上海市。2019年,三个地区的进口占比达到了全国的一半。第四,我国进口的外部区域中,亚洲比重最大,然后是欧洲,非洲、拉丁美洲和大洋洲进口比重之和在增加;亚洲的日本和韩国,欧洲的德国和俄罗斯,美洲及大洋洲的巴西、美国及澳大利亚是重要的进口来源国。

从货物贸易区域结构演进的影响因素来看。第一,在内部区域结构中,东北地区的经济发展水平、产业结构显著不利于东北地区出口结构的发展,

而产业结构和金融发展又不利于东北地区进口结构；中部地区，产业结构、技术创新、对外直接投资的流入和金融发展不利于出口结构，经济发展水平、贸易开放和金融发展又不利于进口结构；东部地区的出口结构受对外直接投资的流入不利影响显著，而进口结构受技术创新和对外直接投资的流出的影响显著；西部地区的出口受要素禀赋、技术创新、对外直接投资的流出、贸易开放的不利影响显著，而经济发展水平、对外直接投资的流入和贸易开放对进口结构有显著不利影响。第二，在外部区域结构中，对欧洲主要国家的出口受经济发展水平差距、要素禀赋差距、对外直接投资的流入差距不利影响比较显著，而自欧洲主要国家的进口受产业结构和要素禀赋差距的不利影响不显著；对美洲和大洋洲主要国家的出口受经济发展水平差距、产业结构差距、金融发展差距和对外直接投资的流入差距的不利影响显著，自美洲和大洋洲主要国家的进口受产业结构差距、技术创新差距的不利影响显著；对亚洲主要国家和地区的出口受产业结构差距、对外直接投资的流出的差距的不利影响显著，而自其进口则受对外直接投资的流入差距的不利影响显著。

从货物贸易区域结构演进的指数测度来看。第一，内部区域出口结构的指数表明我国出口商品来自四大区域的集中度、多样性和均匀度都在优化，但是变化不明显。内部区域进口结构的指数结果则表明 2006 年后我国的进口更均匀地分布在这四个经济区。第二，外部区域出口结构指数结果表明，2013 年以后在六大洲的出口货物分布更加优化，各大洲所占的份额差距缩小，出口到亚洲主要国家和地区的指数显示出同样的变化。2009 年后，出口到欧美及大洋洲的整体集中度下降。外部区域进口结构指数结果表明，自 2006 年起进口的洲际结构整体是优化的。自亚洲主要国家和地区进口的整体结构在优化，但 2007 年以后，内部国家间所占份额的差距有所扩大；自欧美和大洋洲主要国家进口的整体结构不断优化，内部国家间所占份额的差距不断缩小。

六、关于中国服务贸易商品结构演进研究的结论

从服务贸易商品结构演进的历程来看。2000 年以来，旅游、运输、其他

商业服务服务贸易是中国服务贸易前三大项类进出口项目,其占中国历年服务贸易进出口总额比重合计在70%以上。从各项类服务贸易进出口额所占比重的情况看,2000—2014年计算机和信息以及咨询服务贸易进出口占中国服务贸易进出口的比重上涨较多,2015—2019年运输,电信、计算机和信息,知识产权使用费,个人、文化和娱乐服务,维护和维修服务等所占进出口比重稳定增长;从增长率上看,2001—2014年间金融、计算机和信息、咨询、电影和音像等进出口增长较快,2016—2019年间维护和维修服务进出口增长率平均值最高,电信、计算机和信息,知识产权使用费,个人、文化和娱乐服务进出口增长率平均值也在10%以上。从各项类服务贸易出口额占出口总额的比重来看,2000—2014年旅游、其他商业服务、运输服务贸易出口占比合计达到70%以上,但是在2015—2019年,三者之和明显下滑;从增长率上看,2001—2014年,金融,咨询以及电影、音像等项类服务贸易的出口年均增长率达到了40%以上,保险、计算机和信息也达到了30%以上,但是在2016—2019年,其增长大幅放缓。从各项类服务进口占我国服务进口的比重来看,2000年以来,旅游、运输、其他商业服务三项共占我国服务进口的70%以上,但是我国对新兴服务贸易需求在不断增加,尤其是在2000—2019年间,对计算机和信息的进口需求保持了稳定增长态势。从2000年以来中国服务贸易差额结构上看,计算机和信息、其他商业服务成为两大顺差项目,而运输和旅游成为逆差的主要来源。

从服务贸易商品结构演进的影响因素来看。在服务贸易出口商品结构影响因素中,产业结构、要素禀赋、技术创新、对外直接投资的流入四个变量通过了显著性水平检验。其中,技术创新的系数为正,而产业结构、要素禀赋、对外直接投资的流入的系数为负。在服务贸易进口商品结构影响因素中,产业结构、对外直接投资的流出和流入三个变量通过了显著性水平检验,其中前两个符号为负。

从服务贸易商品结构演进的指数测度来看。首先,从集中度上看,中国服务贸易的进出口、出口和进口均处于高度集中的状态,对旅游、运输和其他商业服务三项类产品的依赖程度高,但其集中度近年来均有所降低,其中服务贸易出口商品结构集中度的下降幅度最大,服务贸易商品结构出口集中度在2009年前都大于进出口和进口集中度,2009年以后,进口集中度大于出口和进出口集中度。其次,从稳定性上看,中国服务贸易商品结构在各年间的变化幅度较小,中国服务贸易商品结构比较稳定。虽然进出口、出口、进口劳伦斯指数在各年间的变化幅度不同,但三者基本呈现大致相同的变化特点,这说明中国服务贸易商品结构变化呈现出一致性的特征。服务贸易出口商品结构的变化幅度大于进口商品结构的变化幅度,服务贸易进口商品结构的变化幅度又大于进出口商品结构的变化幅度。从长期来看,我国服务贸易商品结构优化指数并不总是为正值,服务贸易商品结构易受国际环境影响。最后,从国际竞争力来看,运输、旅行、保险、知识产权使用费以及个人、文化和娱乐服务处于竞争劣势,其他商业服务显示出较强的竞争优势。

七、关于中国服务贸易模式结构演进研究的结论

从服务贸易模式结构演进的历程来看:2000 年以来中国服务贸易以产业内贸易为主,从 2011 年开始,产业内贸易水平呈下降趋势;2000—2014 年产业内贸易指数平均数小于 0.5 的是保险、专有权利使用费和特许费;2015—2019 年产业内贸易指数平均数小于 0.5 的是旅行,知识产权使用费,个人、文化和娱乐服务,加工服务。

从服务贸易模式结构演进的影响因素来看:产业结构、要素禀赋不利于服务贸易模式结构的升级,而且通过了 1% 的显著性水平检验;其他影响因素中,经济发展、对外直接投资的流入和流出对模式结构的影响是显著的,符号为正。

从服务贸易模式结构演进的指数测度来看:金融和广告咨询的贸易增量主要是由产业内贸易带来的,且绩效尚可;2001—2014 年大多数年间,运输、旅游、建筑、保险、金融、咨询、电影和音像、其他商业服务产业内贸易程度较低;2016—2019 年多数年间,建筑、维护和维修服务、加工服务及其他商业服务的产业内贸易程度高,而电信、计算机和信息,知识产权使用费等产业内贸易程度较低。

八、关于中国服务贸易区域结构演进研究的结论

从服务贸易区域结构演进的历程来看。2000 年至今,中国旅游服务贸

易出口总体呈现出东部高、西部次之，东北低的态势。中部和西部地区占我国旅游服务贸易出口额的比例近年来连续上升，东部和东北地区占我国旅游服务贸易出口额的比例都有所下降。从各省（自治区、直辖市）旅游服务贸易出口额的排名来看，西部、中部和东北地区都落后于东部地区。从占据中国旅游服务贸易出口前五位的省（自治区、直辖市）的排名来看，广东始终占据中国旅游服务贸易出口第一大省的地位，北京、上海、浙江、江苏、福建、云南的名次不断变换。从接待国际旅游人数上看，东部地区接待了绝大部分的国际入境旅游游客。从占据中国旅游服务贸易接待人数前五位的省（自治区、直辖市）的排名来看，广东始终占据中国旅游服务贸易接待人数第一大省的地位，北京、上海、浙江、江苏、福建、云南的名次不断变换，近几年，西部的云南排名迅速上升。中国旅游服务贸易接待人数最多的省（自治区、直辖市）基本集中在东部。

从国际旅游入境人数的洲际分布来看，亚洲国家和地区来我国旅游的人数最多，欧洲次之，北美洲第三，大洋洲及太平洋岛屿排名第四，非洲所占比重在2%左右，南美洲所占比重均在1%左右。2010年以来来华旅游人数的国别分布呈现以下几个特点：首先，韩国和日本一直排在来华旅游人数的首位，其中韩国比重略有上升，日本所占比重持续下降；其次，在2010—2018年间，俄罗斯与美国交替名列第三、第四位。2010—2016年马来西亚排在第五位，2017—2018年蒙古排在第五位。可以说，中国旅游服务贸易出口主要集中在韩国、日本、俄罗斯、美国和马来西亚、蒙古，中国旅游服务贸易的国别地区分布呈高度集中的态势。

从服务贸易区域结构演进的影响因素来看。东北地区出口结构的影响因素中，要素禀赋、技术创新、对外直接投资的流出系数是正号，除了技术创新其余的变量通过了显著性水平检验。产业结构、技术创新、对外直接投资的流入显著不利于中部地区出口结构。经济发展水平、产业结构、对外直接投资的流出对东部地区出口结构有利。经济发展水平显著地促进了西部地区出口结构的发展。

欧洲和美洲与我国经济发展水平的差距不利于我国旅游服务贸易出口的增长。而在亚洲的情况相反。无论贸易伙伴位于哪个大洲，产业结构的差距对旅游服务贸易的发展都是不利的。要素禀赋的差距对旅游服务贸易出口到美洲和大洋洲、亚洲的影响系数为正,但没通过显著性检验,而在对欧洲的出口中通过了显著性检验,且系数符号为负,说明不利于对欧洲的旅游服务贸易出口,但是与亚洲和美洲、大洋洲的差距则对旅游服务贸易有利。技术创新差距促进了旅游服务贸易出口到欧洲和美洲、大洋洲。对外直接投资的流入的差距不利于对欧洲和美洲、大洋洲的旅游出口。对外直接投资的流出的差距对所有方程的系数是负的,对亚洲来华旅游人数的影响是显著的。

从服务贸易区域结构演进的指数测度来看。首先,竞争力方面,西部地区旅游服务贸易的 RCA 指数表现出较强甚至极强的竞争力。中部地区的 RCA 指数表明这地区的旅游服务贸易具有中度以上的竞争力。东北地区的 RCA 指数逐年上升,东部地区的 RCA 指数一直在 0.9 左右徘徊,表明东部地区旅游服务贸易竞争力与其他三大地区相比相对较弱。前文所述各地区货物贸易出口额占全国货物贸易出口总额的比重作为 RCA 指数的分母,所以东部的 RCA 指数较低并不代表东部地区旅游服务贸易不发达,只说明和货物贸易的出口相比,东部地区在旅游服务贸易上并不具备比较优势。

其次,从极差上来讲,中国旅游服务贸易出口地区差距在 2010—2018 年都在不断扩大,这种变化是缓慢的。2010 年以来四大地区在中国旅游服务贸易出口中所占份额从 2014 年开始趋于平均,中国旅游服务贸易出口地区差距缩小。2010 年以来,中国旅游服务贸易出口的整体泰尔指数、地区间泰尔指数表明 2010 年以来中国旅游服务贸易出口地区差距、地区间差距均在缩小。从中国旅游服务贸易出口的地区间泰尔指数和地区内泰尔指数对中国旅游服务贸易出口整体泰尔指数的贡献程度上看,2014 年以来,地区内差距对我国旅游服务贸易出口整体泰尔指数差距的贡献程度小于地区间差距的贡献度。

最后,从集中度上看来华旅游人数的洲际集中程度优化不明显,从多样性指数和均匀度指数上看来华旅游人数洲际分布的集中程度呈现分散的变化趋势。2014 年以来,来华旅游洲际结构有分散的趋势,但是这种变化微弱。

第二节 政策建议

在贸易强国的建设过程中,正确看待我国贸易结构演进过程中的问题和不利因素,从国情出发,结合各学科知识和前人相关的研究,有利于提出适当的贸易政策和配套的其他政策建议,用以推进我国贸易结构的优化。

一、优化中国货物贸易商品结构的政策建议

从劳伦斯指数和结构收益性指数测度结果来看,我国的不同商品分类下的进出口商品结构的优化程度和变动幅度不稳定、不鲜明。因此,调结构、稳增长仍是对外贸易的长期艰巨任务之一。

优化和"绿化"产业结构,以满足内需为目标,不盲目追求经济的高速增长。吴石磊(2016)指出充分挖掘本国文化资源,引导文化产品和服务走出去,增强国家软实力。[①] 在加工贸易企业研发低碳、零碳和新能源技术产品方面给予政策扶持,增强产业化能力,建立各类环境友好型加工贸易企业;大力发展以信息产业、新材料产业、生物工程等为经营内容的具有自主知识产权的高技术内资企业,特别是内资民营企业;国家在技术引进上要给予包括降低高新技术设备进口关税、提供低息贷款、免予报关等政策鼓励;在环境塑造上要使内资的高技术产业与外资享有同等的权利和待遇;还应当以提出更严的环境法规、提高能源价格等方式倒逼低附加值企业转型升级。[②]

把握好对先进技术、核心零件和关键设备进口支持的时效和力度,逐步实现进口替代。按照 Krugman(1980)的"母市场"效应理论,应该遵循"进口高新技术、核心零部件、关键设备——模仿吸收技术——企业自主创新——生产差异化产品——极大地满足国内市场——提高我国出口制成品技术含量和附加值"的路径来优化我国的贸易结构。因此,大量进口高技术产品和设备是必要的,国家也应该在政策上给予扶持和帮助。但是在进口时要把

① 吴石磊:《中国文化产业发展对居民消费的影响研究》,经济科学出版社 2016 年版,第 4 页。
② 张群:《中国货物贸易结构演进研究》,哈尔滨工程大学出版社 2016 年版,第 11 页。

关,杜绝重复进口,或进口不适合我国产业升级的高技术产品。一方面,国家需要设立专门的监管部门,另一方面,对重复进口的技术和设备设立高关税的政策,借此推动我国企业自主创新能力和竞争力的提高,在某些高技术设备上实现进口替代。①

对于急需的初级产品进口进行战略性规划,保持价格稳定。在我国,矿物原料和其他非食用原料是存在长期需求的,而这类产品出口国的供给弹性很大。一旦进口原料价格上涨,虽然从总值上会显示出进口增加,但同时会导致半加工品、制成品的价格上涨,从而可能带来输入型通货膨胀。因此,我们要对需求和供给进行预测,合理安排生产。一方面,转变经济发展方式,走低碳环保之路,这可以减轻对能源和资源的需求;另一方面,可以同这类产品出口国进行战略性合作,或对其进行投资,从进口资源型初级产品转为进口资源密集型中间产品,形成稳定的供求关系,保持价格变动区间在一个合理的范围内。②

扩大消费品进口比重,减少社会福利损失。边际效用递减规律认为:越是富裕的阶层,其储蓄能力越高,边际消费倾向越低,而低收入人群恰恰相反,这样就产生了不同的消费类型和层次。目前,我国进口品比例依然偏低,国内售价高,很多国民去海外购物,造成了居民的社会福利损失。2019年,我国进口消费品 1.45 万亿元,较上年(下同)增长 19%,占同期我国进口总值的 10.1%,这与一些发达国家已超过 20% 的份额有一定差距。当国内市场进口产品的比例上升,价格下调,会使人们更多地消费进口品,从而迫使更多的国内企业注重研发和商品的质量及资金的信誉,这有利于培养更优化的国内市场。吴石磊(2016)指出:消费品和消费方式的不断拓展,将大大增加人民消费欲望和消费可能。③ 以消费品的进口提升消费层次,培育新的消费热点,进而带动产业升级。

提高人民币的国际化水平,逐步放开资本项目。提高人民币的国际化水平一方面要推进汇率制度改革,使人民币汇率的弹性提高,利用市场的自

① 张群、张曙霄、吴石磊:《优化进口贸易结构促进扩大内需的对策研究》,载《经济纵横》2014年第1期。

② 张群:《中国货物贸易结构演进研究》,哈尔滨工程大学出版社 2016 年版,第 11 页。

③ 吴石磊:《中国文化产业发展对居民消费的影响研究》,经济科学出版社 2016 年版,第 4 页。

我调节功能,进一步加快我国外汇市场与国际接轨的步伐;另一方面要加强人民币的国际储备、国际结算和国际计价的作用,扩大人民币在跨境合作、国际金融、国际贸易中的使用范围。资本项目的逐步放开意味着人民币可自由兑换的实现,眼前来看就是要将贸易融资和资本交易的限制条件逐渐取消,长远看必须放宽银行贷款和直接投资汇兑的限制条件。

提升引进外资的质量,同时注意对外直接投资所带来的福利提升效应。加强对外直接投资的力度,特别是对外工程承包。当前我国已经跨越了依靠外商投资发展加工贸易,提高资源利用效率,带动产业结构升级的经济发展阶段,进入到供给决定型的新阶段。为此,必须提升引进外资的质量,尤其是更应该注重引进以外资为依托所聚集的全球高级生产要素,如全球化高级人才、顶级的创新技术等,以此促进利用外资结构的优化升级,并通过将这些高质量外资生产要素与国内创新供给条件相结合,进一步提升我国供给侧的创新能力,进而争取嵌入全球价值链的中高端环节,逐渐形成我国企业在全球价值链上的影响力。[①] 另外,在双边及多边贸易自由化受阻时,关税下降对贸易福利上升的促进效应具有不确定性,需要重视对外直接投资带来的福利提升效应。全球范围内对生产要素进行组合、生产并销售是新时代我国开放型经济的新要求,这决定了我国将鼓励并支持对外直接投资高质量发展。这不仅顺应了新一轮全球生产分工的发展趋势,也有助于我国转移部分生产环节,减少贸易顺差和来自其他国家的贸易摩擦。[②] 在外向型战略中,对外直接投资与出口之间既有关系也各有自身的发展规律,两种对外开放的方式共同推动中国贸易福利上升,共同促进中国对外贸易发展与经济增长,企业在对外直接投资时,应重点关注劳动力具有更大比较优势或者科技水平更高的东道国。[③]

---

① 李志翠、马雪梅、陈颖:《改革开放以来中国利用外资的实践、成效、经验及对策》,载《国际贸易》2019 年第 12 期。

② 刘洪愧:《新时期中国对外直接投资高质量发展的实践基础、前景及建议》,载《经济学家》2020 年第 6 期。

③ 吴石磊:《现代农业创业投资的梭形投融资机制构建及支持政策研究》,经济科学出版社 2018 年版,第 9 页。

二、优化中国货物贸易方式结构的政策建议

通过技术创新促进一般贸易和加工贸易的升级。以提高出口品技术含量为根本目的,通过对从事一般贸易的国内企业实施政策激励、加大前后企业关联度、设立研发部门、和国内科研院所合作等措施,提高一般贸易出口品的技术含量。一般贸易的进口除了自然品外,还要加大能够满足国内不同消费层次的含有各种技术含量的产品。要以技术创新引导加工贸易的转型升级。转变生产模式,由低成本模式向具有高技术含量的模式转变,通过产品质量和科技含量的真正提升实现大众产业领域的创新和高端制造。东部地区发展加工贸易有良好的技术人才和设备优势,因此应该鼓励国内加工贸易的企业掌握产品的设计、营销和品牌等关键方面,提高加工组装的层次和技术门槛。扩大加工贸易的技术外溢效应,将技术较落后的产业转移至中西部,增加与国内其他地区企业的前后联系。

优化要素禀赋。提高一般贸易方式的科技含量和推动加工贸易的转型升级。我国现有劳动力存量丰富,但短板是技术要素不足。通过引进外资、自我创新等方式积累技术实力,提升劳动力的技术创新水平,进而提高一般贸易方式主体的科技能力。技术实力增强,有利于与国外高水平的跨国公司合作,引进外资的质量和领域会不断升级。①

优化金融环境。金融的发展,加快了资本的积累,特别是中小企业可以借助金融业整体经营方式的变革获得更多的资金支持从而解决融资的问题。贸易型企业就可以通过高效的资本配置发展一般贸易,提升加工贸易的水平,从而推动对外贸易的内生型增长。吴石磊(2018)提到创业投资不但能够为创业企业提供资金支持,还能提供监管管理、降低企业成本、提高生产率等非资本增值服务。

推动产业结构向高级化发展。产业结构高级化就是对本来存在的产业结构的扬弃,也就是选择性保留和发展,使得结构规模由小变大,结构水平由低变高,结构联系由紧变松。面对国际贸易环境的不确定性,产业结构需

① 张群、郭艳、刘青:《外生优势向内生优势转化下的贸易结构调整研究》,载《商业时代》2013年第21期。

要深化改革，以保证经济增长并兼顾发展质量。出台激励企业自我升级积极性的产业政策具有必要性。政策引导提高了民营企业自我升级的积极性，进而促进形成宏观政策引导为辅，企业自发升级为主的良性局面。积极的产业政策和发挥企业自我升级的能动性将能更好地促进产业结构优化和升级。

采取积极措施应对人民币汇率升值对一般贸易出口的冲击。人民币汇率变动对一般贸易而言，其影响大于加工贸易；在加工贸易中，汇率对进料加工的作用大于来料加工。因此，贸易企业提高出口品的技术水平，提高加工贸易所使用的零部件国产化率，拓展新市场和巩固原有主要贸易伙伴之间的经贸关系，不断走出去，加大对外直接投资等都有助于减少这种不利的影响。

三、优化中国货物贸易主体结构的政策建议

合理配置不同类型的贸易企业主体，使得产业结构更加合理化。产业结构的合理化就是为了保证各产业能够持续和协调地发展，使其内部形成与产业的内在联系和发展规律一致的比例，其本质就是协调。这表现在贸易主体结构上，就是要求各类型企业协调发展。以前，我国对外贸易的基本战略是贸易立国，加工企业发展迅猛，尤其是外商企业在我国占据最重要的地位，加速了我国的工业化进程；而今在通往贸易强国的过程中，必须大力发展自主创新型企业，外资企业只能是重要的组成部分，只有这样的贸易主体格局，才能巩固工业化进程的成果，继续保持产业结构的合理化。因此，产业结构的发展必然要求我国对外贸易主体结构应该是多种并存，以内资企业为主的充满竞争活力的格局。具体措施包括：增强国有企业特别是大型企业的创新能力，将其打造成具有较强国际竞争力的跨国公司；对于有条件、有实力的民营企业，鼓励其进入资本技术密集产业和允许其进入以往只有外商投资可以进入的领域，与外商投资企业进行国际化竞争，提升其国际竞争力；搭建民营企业和国有企业合作的桥梁，通过完善政策鼓励国有企业与民营企业进行技术研发合作、人员培训合作等，树立各自企业的优势和特色，拓展产业链，从而提高中国在全球生产体系中的地位。

从对外直接投资的流出角度看。第一，培育大型民营企业，让其享有同类国有企业的各方面待遇，并将其海外研发投入加入到国家创新体系中统一规划，增强其国际竞争力和自主创新力；第二，境内企业可以投资与境外的关联企业，并对境外的关联企业指定相关机构提供专业的有效的海外投资政策建议；第三，规划设立“走出去”基金，对开拓新型市场的项目给予资金支持，允许和鼓励更多的股份制和地方银行为中国境外的工程承包和其他项目提供贷款和担保等业务；①第四，政府鼓励能源类的加工企业将部分钢铁、有色金属、石化等产能转移出去，变大规模进口能源类初级产品为进口能源资源密集产品，如众多的日本企业接受了政府的技术和资金支持，在埃及、安哥拉和阿尔及利亚等国大规模勘探和开采石油，并通过购买股份参与开发、直接投资开发油田、签订产量分成协议和转让协议等方式合作经营，享有了更多的油气资源和“股份油”。②

加强国内企业的内部管理，通过技术创新改变传统的要素禀赋。一方面，在经营过程中必须规范财务制度、完善会计资料、采取正当的竞争方式，在国际贸易中注重双方共同的利益，互利互惠从而建立良好的商业基础；另一方面，在生产过程中，提高产品的技术含量、减少劳动含量、保持适中的资本含量，使得产品的技术标准达到国际相应的技术标准水平，从而形成较强的竞争力。

提升贸易开放的水平。贸易开放虽然有利于技术的创新，给内资企业带来更多的机会，但是高科技人力资本短缺、外资企业比重过大、跨国公司技术溢出效应不明显和国内配套政策不健全等因素限制了内资企业在进出口中的比例和规模。因此，政府必须建立有效的贸易开放政策体系，完善财税、金融、汇率、投资保障等方面的政策规定；企业要积极承接产业转移和对外产业转移，引进高层次人才，给予现有人才更多的职业技能培训机会，不断提升自我企业贸易开放的水平。

---

① 赵蓓文：《实现中国对外贸易的战略升级：从贸易大国到贸易强国》，载《世界经济研究》2013年第4期。

② 李莉莉：《大国博弈下我国自然资源进口战略研究》，硕士学位论文，天津财经大学，2011。

四、优化中国货物贸易模式结构的政策建议

通过不断的技术创新,推动贸易模式结构向更高层次发展。在产业间分工向产业内分工甚至产品内分工转移过程中,要不断提高贸易自由化程度及加快融入全球价值链分工体系。当前我国处在全球价值链分工体系相对较低的阶段,应更偏重通过中间品进口的方式,在转移原材料、零部件等高能耗、高污染生产环节的同时引进低碳清洁型产品、设备和技术,向价值链上游攀升。应采取积极的政策措施,鼓励企业通过不断提高自身竞争力来承接高附加值、低碳环保型的生产环节或区段。同时,抓住“一带一路”倡议的机遇,积极构建并主导区域价值链,改变我国在全球价值链分工体系中低端锁定的不利地位,形成较强的国际竞争力,推动贸易模式的升级。[①]

稳定人民币汇率水平,有利于贸易模式结构的演进。从目前中国的各类贸易主体的不同贸易模式来看,内资企业主要从事产业间和产业内贸易,而外资企业大多进行产品内贸易。人民币汇率频繁的波动对内资企业形成了较大的冲击,而对外资企业冲击比较小。[②] 这样就会大大不利于内资企业由从事产业内贸易向从事产品内贸易转型。

五、优化中国货物贸易区域结构的政策建议

提高金融服务质量。短期内,金融发展对贸易的影响负面作用更大。所以必须坚持金融为实体经济服务这一本质,为经济发展塑造良好的金融环境。具体包括:第一,实现对外贸易和区域金融的协调发展,营造和谐的金融发展环境,保证各区域具有几乎平等的金融条件;第二,提升区域金融实力,不断完善各区域的金融市场体系,提升金融服务于贸易的质量和效率。如构建满足实体经济转型和增长所需资金的立体式金融服务网络、推进资本市场和保险市场建设、对各类机构所能提供的金融服务进行差异化

① 陈颂、卢晨:《国际产品内分工对中国工业行业环境技术效率的影响效应研究》,载《国际贸易问题》2019 年第 12 期。

② 戴翔:《中国贸易收支对汇率波动的敏感性分析——基于不同贸易模式的比较研究》,载《世界经济研究》2011 年第 3 期。

定位、开发新型贷款产品、完善各种融资方式等。吴石磊(2018)指出创业投资作为一种促进创新、创业的重要工具,是发展高新技术产业的孵化器和助推器。①

制定合理的外资政策。应结合各区域发展特点和对外资的不同需求制定不同引资策略。如针对东部地区,应更注重对高质量外资的需求,鼓励外商投资企业设立地区总部、研发中心等,创造条件让内外资企业开展更多的合作创新,并引导东部沿海地区传统的外商投资企业向中、西部转移;针对中部地区,政府在关注引资数量的同时也要注重引资的质量,同时应更重视本地企业创新能力的培养,预防外资对本地企业的挤出效应;而对于西部地区,政府应该根据当地的市场规模和当地产业发展的资源要素禀赋基础,合理匹配引进外资的类型,避免盲目引进导致后续服务滞后等问题。②

制定有利的产业布局政策。产业布局政策是结合国民和区域经济发展的需要,政府制定并实施的有关特定空间的社会生产力分布及区际之间、区域内部经济协调发展的各种政策总和。必须将我国目前的产业布局政策和贸易发展乃至区域经济发展有效结合,使得其在各种区域战略如中部崛起、西部大开发、振兴东北老工业基地的具体实施过程中发挥积极的作用。第一,在东部发达的省份发展技术密集型、高附加值产业和总部经济,将附加值较低的劳动密集型生产环节和部分不能满足需求的高新技术产业向其他地区转移,以便提高资源使用效率,从而在国际贸易中获得更大的利益;第二,东北地区、中西部地区必须加强基础设施建设和投资环境的改造,培养有效承接东部地区产业转移的能力,避免粗放型的贸易发展模式,将产业转移、产业升级、技术改造、产品更新结合起来,实现贸易结构的升级。其中,东北和中部地区在利用自然资源和区位优势的基础上,可以对本土出口企业进行重点扶持,提高其通关效率,带动国内其他企业的发展;西部地区应结合自身位于边境的区位优势,和周边国家保持良好的贸易合作关系,并以中心城市为关键点形成贸易集聚区。

---

① 吴石磊:《现代农业创业投资的梭形投融资机制构建及支持政策研究》,经济科学出版社2018年版,第9页。

② 李志翠、马雪梅、陈颖:《改革开放以来中国利用外资的实践、成效、经验及对策》,载《国际贸易》2019年第12期。

出口市场要保持多元化。从国内贸易区域来看,“一带一路”建设将利用西部地区的地理优势,充分激发其比较优势,利用陆路贸易实现西部地区的外贸发展。地理位置较远但经济发展快的拉美国家大量进口中国的商品,非洲和大洋洲与中国的互补性较强,这几地应当被看作潜在的贸易伙伴。传统的欧美市场是我国出口的主要地区,故要更加留意对这些地区出口的稳定性。为了大力发展出口市场,减少贸易摩擦和风险,应该大力实施“FTA”战略。一是通过中国－东盟自由贸易区的建设,带动广西、云南、重庆、四川、贵州等省份同东盟主要国家间在农业、工业、机械制造、轻工业、旅游等方面的贸易往来,并拉动宁夏、青海、西藏等省份的对外贸易;二是完善东北亚经济圈的建设,不断增强东北地区和环渤海地区与周边主要国家如日本、韩国及俄罗斯远东地区的贸易联系;三是提高边境口岸和国际通道的建设速度,推进黑龙江、新疆、内蒙古等省份和自治区与邻国的贸易往来。

不但要坚持出口市场多元化战略,而且要更重视进口市场多元化战略。增加进口来源地,减少进口的效率损失。在全球范围内配置资源,巩固原有的主要地区进口优势,保持相对稳定的外部区域结构。同时,逐步扩大从发展中国家的进口。进一步利用区域经济一体化的贸易条件和转移效应,转变进口来源国,特别是转移到进口贸易顺差国,从而有利于减少进口的效率损失,促进我国的贸易平衡。①

六、优化中国服务贸易商品结构的政策建议

要营造良好的服务业投资环境,扩大服务业 FDI(国际直接投资)的投资总量。积极清除宏观环境中的不利因素,大力营造规范严格的法制环境、公平竞争的市场环境以及有利舒适的政策环境。以良好的环境吸引外资,扩大市场的开放程度。政府需要通过制定一套成熟稳定保护投资自由化的国际直接投资规则,确保中国能够紧跟国际投资新规则。同时,扩大生产性服务业的对外开放程度,提供多元化外资吸引方式,从而实现内资、外资的强强联合,充分发挥外商直接投资获得国外先进技术知识的作用。发挥政府

① 张群、张曙霄、吴石磊:《优化贸易结构促进扩大内需的对策研究》,载《经济纵横》2014 年第 1 期。

在吸引外商直接投资中的引导作用，优化服务业的外资结构。① 政府要吸引并引导外资进入中国一些发展相对滞后同时又是服务业竞争力制高点的行业，即增长潜力大的高端服务业比如金融、计算机信息服务等。优先鼓励具有较高创新研发实力、国际影响力品牌化及高端服务业的跨国公司入境投资。审慎批准欧美高污染、低利润、高能耗企业的投资申请。地方政府要仔细调研，摸底分析地区经济发展环境和居民对现代服务业消费的接受度，通过科学合理规划分析制定本地区现代服务业的类别边界、规模数量和评定标准。②

大力促进服务领域技术创新。技术对于服务贸易竞争力的提升起着重要的推动作用，目前科技含量高、附加值大的保险服务、金融服务、计算机和信息服务等服务贸易项目占比依然较低，在这些领域推动技术创新和技术引进，不仅可以优化现有的服务贸易结构，同时可以为从劳动和资源主导型服务贸易到知识和技术主导型服务贸易的转变提供重要的科技支撑。③ 大力发展软件、互联网、云服务等数字服务贸易合作。虽然中国的软件和服务外包，国内相关产业竞争力强，但是国内的相关软件和信息系统完全可以加以本地化改造后在“一带一路”沿线国家和地区加以应用。

注重服务贸易领域，特别是生产性服务贸易领域的人力资本积累。要发展服务贸易，特别是发展高附加值的生产性服务贸易，要尤为重视该领域内的人力资本积累。首先，国家应重视教育，提高对教育的资金支持。其次，企业员工的培养十分重要，要通过培训不断提高员工学习和创新的能力，并且通过学习心得交流会使劳动生产力得到一定程度的提高，在此基础上，完善的福利制度也至关重要，这不仅可以激发员工的积极性和潜力，还可以帮助公司得到更大的利益，使公司得到更快发展。④

注重政策协调推进，探索加强开放后业务管理。当前，我国不断扩大开

---

① 胡大立、金晨远、李致远：《服务业开放、低端锁定程度与制造业技术创新能力》，载《企业经济》2019 年第 38 卷第 12 期。

② 张群：《外商直接投资对区域贸易结构的空间效应分析——基于东部和中部地级市的比较》，载《社会科学家》2018 年第 12 期。

③ 张群：《全球经济一体化，中国如何趋利避害》，载《人民论坛》2017 年第 18 期。

④ 杨洪爱、殷为华：《中国服务贸易结构优化影响因素与策略研究》，载《商业经济研究》2019 年第 22 期。

放，探索构建全面开放新格局，通过在自由贸易试验区等试点地区进行政策突破和探索，来带动全国范围内的开放。在这个过程中，容易出现新的开放措施与之前的管理政策并存的现象，导致各地在执行过程中出现差异。因此，针对这种情况需要及时对政策体系进行系统性梳理，比如在全国负面清单中对外资电子商务企业进行开放，这就需要修改《外商投资电信企业管理规定》相关内容。此外，需要着力在开放后的业务流程方面加强管理，推动“一线放开，二线管住”。比如在第三方支付方面，可以借鉴美国管理经验，对相关支付业务进行开放探索，对开放后的资金流动业务加强监管，而不是对经营资格进行审查。

大力发展数字服务贸易，创造公平有利的国际环境。首先，妥善处理中美数字贸易分歧。研究“美式模板”的核心规则，从数据跨境流动合作角度对接相关规定。制定合理的国际贸易政策，加强数据监管，构建符合自身利益发展的数字贸易法规。其次，借鉴发达国家的数字贸易规则谈判经验，从知识产权保护、数字贸易壁垒、新型数字贸易规则影响等方面分析可能产生的问题，以完善我国数字贸易规则体系。同时，致力形成透明、公平的全球数字贸易规则新框架。数字贸易规则的制定是全球多边贸易治理的新内容，要以此为契机，提升在此领域的话语权，减少与欧美数字贸易规则的分歧。同时，尊重不同国家的数字主权，推动公平治理数字贸易，实现全球数字贸易的包容性增长。①

建立完善的旅游政策法规体系，扶持旅游服务贸易发展。中国旅游法律的建设远远落后于中国旅游业发展规模。直到2013年6月才出台了《中华人民共和国旅游法》，2016年出台了《旅游安全管理办法》，2017年出台了《导游管理办法》，但“旅游安全法”“饭店法”等至今尚未出台。国家应进一步完善相关的旅游政策与法规，杜绝旅游服务过程中的宰客、甩客、以次充好、诱骗购物等旅游市场乱象，让旅游市场回归正常状态。政府要针对旅游服务贸易发展的特点，制定一系列的扶持政策，如简化签证手续，增加入境落地签的机场数量，延长入境落地签时间，全面施行离境退税政策，刺激旅

① 张群、周丹、吴石磊：《我国数字贸易发展的态势、问题及对策研究》，载《经济纵横》2020年第2期。

游服务贸易出口。

七、优化中国服务贸易模式结构的政策建议

相比传统产业间、产业内分工，服务贸易扩张会更加依赖全球价值链分工，尤其是生产性服务贸易。一方面，尝试建立与更多国家间的“多边”国际价值链分工联系；另一方面，重视发达国家在服务环节全球价值链分工体系中的重要影响，拓展与他们建立价值链分工联系的机会，并提升协作水平。激发国内价值链拓展的服务贸易增长效应，会在较长时期内都具有很强的发展意义。现阶段要利用我国经济高质量发展契机，增加制造业与服务业的深度融合，进而增强制造环节国内价值链分工联系拓展的服务贸易效应。①

有序加强服务业市场化程度，降低服务贸易壁垒。两国服务业市场的直接开放程度相似代表着贸易保护实施力度相似，双边贸易机会更多，则两国的互相出口程度接近，进出口差额变小，服务产业内贸易比例较大。中国要有序扩大服务领域的开放程度，放宽教育、电子商务、旅游、金融等服务行业的市场限制标准，降低贸易壁垒，放宽政策，减少管束，积极实行服务外包，将互联网技术融入服务市场，紧跟时代潮流，让资源得到高效率的分配，促进整个服务业的发展。② 应进一步放宽市场准入限制，探索、完善跨境交付、境外消费、自然人移动等模式下服务贸易市场准入制度，有序推进对外开放，把服务进口作为“一带一路”建设的重要内容，扩宽国际服务合作新空间。

大力培育贸易新业态、新模式。近年来，跨境电商、市场采购、外贸综合服务企业等贸易新业态、新模式快速发展，成为外贸发展的新动力和新亮点。新时期支持贸易新业态、新模式发展，是适应产业革命新趋势、促进外贸稳中提质、增强贸易服务民生能力的重要举措，有助于带动国内产业升

---

① 陈健、赵洋、赵迪：《全球价值链分工嵌入、价值链解构与服务贸易发展研究》，载《经济问题探索》2019 年第 10 期。

② 晁文琦、胡婧玮、王晓云：《中美旅游服务产业内贸易的影响因素研究——基于灰色关联分析》，载《经济问题》2018 年第 11 期。

级，增加创业、创新和就业，激发市场活力，加快培育形成外贸竞争新优势，推动贸易高质量发展。持续推动制度创新、管理创新和服务创新，进一步改善贸易新业态、新模式发展的整体环境，探索支持贸易新业态、新模式发展的新举措。完善跨境电商相关政策，扎实推进跨境电商综合试验区建设；继续推进市场采购贸易方式试点建设；继续支持外贸综合服务企业健康发展；加快推进加工贸易保税维修项目落地；积极培育数字服务出口等服务贸易新业态、新模式。

八、优化中国服务贸易区域结构的政策建议

积极开发服务贸易新兴市场。第一，夯实产业基础，政府相关部门帮助企业研究目标市场以及服务产品，建立与企业间的沟通机制，帮助企业解决困难。第二，积极推进文化创意、技术研发、中医药等领域服务贸易发展，落实国家相关进出口扶持政策。第三，完善地区基础设施，着力培育服务外包产业园区，使其产生一定的集聚效应。第四，巩固并完善美国、日本、韩国等国家及欧盟地区的传统服务贸易市场，积极拓展非洲、拉美、东盟等新兴服务贸易市场。第五，鼓励优势企业开拓新的国际市场，积极参加国内外展会，与国内外优势企业进行业务交流，互通经验，开拓新市场带动服务贸易产业升级。

打造地区特色服务贸易。如东北地区在旅游、劳务服务以及对外承包工程等领域拥有较具优势的龙头企业，这些特色企业也是东北地区对外服务贸易能够保持竞争优势的支撑。优化东北地区产业结构，应推动高附加值服务产业的发展，形成东北地区服务贸易特色，这样才能有效吸引国内外资本和新技术的进入，促进服务贸易可持续发展。又如西部民族 8 省区中，有 5 省区与周边国家接壤，区位优势明显。所以，我们应根据全球服务贸易发展趋势和民族地区发展服务贸易的优势与潜力，挖掘和提升具有传统优势的服务贸易行业的出口潜力，重点培育服务出口的新增长点。①

利用自然资源，设计旅游产品并用多种方式培育和壮大旅游企业。旅

① 黄毅：《我国西部民族地区服务贸易竞争力研究》，载《国际商务（对外经济贸易大学学报）》2017 年第 1 期。

游产品和资源是吸引境外游客最重要的因素，2017 年中国旅游资源排在世界第 5 位，但境外游客对中国旅游总体评价不高。境外游客多对特色自然景观、异域民族风情、特色田园风光等感兴趣。因此，要根据其兴趣偏好，开发不同特色景观产品，如中国西南岩溶地貌景观，长江中下游水乡景观，热带海岸红树林等自然景观，以及民族风情浓郁的民族景观如蒙古族的“那达慕”节日，傣族的“泼水节”，壮族的赛山歌，高山族的杵舞等旅游产品，努力提高国际旅游核心吸引力。①

入境旅游的发展一般都需要有强大的旅游企业提供战略支撑。北京首旅集团经过 4 次重组，其业务已经遍布旅游产业链的六大主要板块——食、宿、行、游、购、娱，成为名副其实的大型旅游企业集团。与北京首旅集团相似，同样具有较大的区域影响力的旅游企业还有上海的锦江国际集团、广东的岭南集团、浙江的杭州商旅集团等。这些大型的旅游企业集团具有非常雄厚的资金力量、较为先进的经营管理理念，在本行业领域，如旅游产品开发、旅游产品销售、旅游服务等多方面都能够为旅客提供较高质量的旅游体验。强化旅游企业的战略支撑功能，大力吸收民间投资，壮大旅游企业的资金实力，大力培育一批具有较强市场竞争力的旅游企业。②

---

① 熊珍琴、汤金丽、洪秀丽：《中美两国旅游服务贸易国际竞争力比较研究》，载《亚太经济》2019 年第 5 期。

② 秦继伟：《“一带一路”背景下河南省入境旅游发展对策研究》，载《经济地理》2019 年第 39 卷第 11 期。

参考文献

[1]戴翔,宋婕. 我国外贸转向高质量发展的内涵、路径及方略[J]. 宏观质量研究,2018,6(3):22-31.

[2]黄锦明. 我国出口商品结构优化:进展、机理与对策——基于1980—2008年数据的分析[J]. 工业技术经济,2010(11):7-14.

[3]戴翔,宋婕. 中国贸易条件变动趋势再考察——基于贸易增加值的新测算[J]. 贵州商学院学报,2019,32(3):27-37.

[4]张曙霄. 中国对外贸易结构论[M]. 北京:中国经济出版社,2003.

[5]姚枝仲. 中国贸易结构的变化:2001—2008[J]. 国际经济评论,2008(6):28-30.

[6]联合国出版物. 按经济大类分类:以《标准国际贸易分类》订正3以及《商品名称及编码协调制度》(2002年)第三版界定[Z]. 2002.

[7]PAVITT K. Sectoral patterns of technical change:Towards a taxonomy and a theory[J]. Research Policy,1984,13(6):343-373.

[8]HATZICHRONOGLOU T. Globalisation and Competitiveness:Relevant Indicators[J]. OECD Science, 1996(61).

[9]LALL S. The Technological Structure and Performance of Developing Country Manufactured Exports,1985-1998[J]. Oxford Development Studies,2000,28(3):337-369.

[10]刘钻石,张娟. 中国商品贸易结构升级了吗——基于贸易品类别、技术附加值和质量水平的分析[J]. 南方经济,2016(8):24-41.

[11]贾杉,甘子夏. 比较优势与中国出口商品结构升级:1992—2007[J]. 统

计与决策,2009 (4):107 - 109.

[12]郑展鹏. 中国对外贸易结构及出口竞争优势的实证研究[J]. 国际贸易问题,2010(7):42 - 47.

[13]王秋红,王聪. 基于聚类分析的我国出口结构研究——以 13 个省（自治区）为例[J]. 管理学刊,2014,3(27):44 - 48.

[14]张曙霄. 关于中国对外贸易模式及其结构问题的探讨[C]//全国高校社会主义经济理论与实践研讨会第 20 次会议论文集(第四册). 2006:167 - 175.

[15]梁碧波. 技术进步、制度变迁与国际贸易模式演进:一个分析框架[J]. 国际经贸探索,2013,29(12):4 - 16.

[16]侯增艳. 产品内分工与贸易的决定因素——基于贸易理论和不完全契约理论相结合的分析[D]. 天津:南开大学,2009.

[17]夏平. 中国中间产品贸易分析——基于产品内国际分工视角[D]. 北京:对外经济贸易大学,2007.

[18]Robert K, Wang Z, Wei S J. Estimating domestic content in exports when processing trade is pervasive[J]. Journal of Development Economics,2012, 99(1):178 - 189.

[19]亚当・斯密. 国民财富的性质和原因的研究:上卷[M]. 郭大力,王亚楠,译. 北京:商务印书馆,1972.

[20]大卫・李嘉图. 政治经济学及赋税原理[M]. 郭大力,等,译. 北京:商务印书馆,1962.

[21]彭徽. 国际贸易理论的演进逻辑:贸易动因、贸易结构和贸易结果[J]. 国际贸易问题,2012(2):169 - 176.

[22]KRUGMAN P. Scale Economics, Product Differentiation, and the Pattern of Trade[J]. American Economic Review,1980(5):950 - 959.

[23]张曙霄,李秀敏. 国际贸易 理论・政策・措施[M]. 北京:中国经济出版社,2001.

[24]MICHAEL P. The Competitive Advantage of Nations[J]. Harvard Business Review, 1990:73 - 74.

[25]侯蕾. 新兴古典贸易理论述评[D]. 长春:吉林大学,2005.

[26]杨小凯,张永生.新贸易理论、比较利益理论及其经验研究的新成果:文献综述[J].经济学(季刊),2001,10(1):19-44.

[27]MELITZ M J. The Impact of Trade on Intra-Industry Reallocations and Aggregate Industry Productivity[J]. Econometrics,2003,71(6):1695-1725.

[28]ANTRAS P,HELPMAN E. Global Sourcing[J]. Journal of Political Economy,2004,112(3):552-580.

[29]HYMER S H. The International Operations of National Firms:A Study of Direct Foreign Investment[M]. Cambridge:The MIT Press,1976.

[30]MUNDELL R A. International Trade and Factor Mobility[J]. American Economic Review, 1957,47(3):321-335.

[31]小岛清.对外直接投资的宏观经济分析方法[J].一桥大学经济学杂志,1973,6(14).

[32]卢进勇,杜奇华,杨立强.国际经济合作[M].北京:北京大学出版社,2013.

[33]BRAINARD S L. A Simple Theory of Multinational Corporations and Trade with a Trade-Off between Proximity and Concentration[R]. NBER working paper,No. 4269,1993.

[34]陈燕.国际金融[M].北京:北京大学出版社,2011.

[35]王曙光.金融发展理论[M].北京:中国发展出版社,2010.

[36]简新华,杨艳琳.产业经济学[M].2版.武汉:武汉大学出版社,2009.

[37]林毅夫.新结构经济学——重构发展经济学的框架[J].经济学(季刊),2010,9(1):1-32.

[38]卢现祥,朱巧玲.新制度经济学[M].2版.北京:北京大学出版社,2012.

[39]顾建清.中国加工贸易研究[M].上海:复旦大学出版社,2008.

[40]裴长洪、盛逖.中国进出口贸易不平衡及其调整战略[J].财经问题研究,2007(4):3-10.

[41]GRUBEL H G,LLOYD P J. Intra-industry trade:The theory and measurement of international trade in differentiated products[M]. London:The Macmillan Press Ltd,1975.

[42]东部地区百度百科[EB/OL]. http://b.baidu.com/view/1261827.htm.

[43] ROMER P M. Increasing Returns and Long - Run Growth[J]. Journal of Political Economy, 1986, 94(5): 1002 - 1037.

[44] ROBERT E, LUCAS Jr. On the Mechanics of Economic Development[J]. Journal of Monetary Economics, 1988, 22(1): 3 - 42.

[45] NAUGHTON B. The Chinese Economy: Transitions and Growth[M]. Cambridge: The MIT Press, 2007.

[46] 齐俊妍. 金融发展与贸易结构——基于 HO 模型的扩展分析[J]. 国际贸易问题, 2005(7): 15 - 19.

[47] 小岛清. 对外贸易论[M]. 周宝廉, 译. 天津: 南开大学出版社, 1987.

[48] 钱纳里, 塞尔昆. 发展的格局: 1950—1970[M]. 李小青, 译. 北京: 中国财政经济出版社, 1989.

[49] 库兹涅茨. 现代经济增长[M]. 戴睿, 易诚, 译. 北京: 北京经济学院出版社, 1989.

[50] LLOYD P J, MACLAREN D. Measures of Trade Openness Using CGE Analysis[J]. Journal of Policy Modeling, 2002, 22(1): 67 - 81.

[51] BECK T. Financial Dependence and International Trade[J]. Review of International Economics, 2003, 11(2): 296 - 316.

[52] 张林, 冉光和, 陈丘. 区域金融实力、FDI 溢出与实体经济增长——基于面板门槛模型的研究[J]. 经济科学, 2014(6): 76 - 89.

[53] MUNDLAK Y. Empirical Production Function Free of Management Bias [J]. Journal of Farm Economics, 1961, 43(1): 44 - 56.

[54] BALESTRA P, NERLOVE M. Pooling Cross Section and Time Series Data in the Estimation of Dynamic Model: The Demand for Natural Gas[J]. Econometrica, 1966, 34(3): 585 - 612.

[55] 吴石磊. 中国文化产业发展对居民消费的影响研究[D]. 长春: 东北师范大学, 2014.

[56] BREUSCH T S, PAGAN A R. The Lagrange Multiplier Test and Its Applications to Model Specification in Econometrics[J]. Review of Economic Studies, 1980, 47(1): 239 - 253.

[57] HAUSMAN J A. Specification Tests in Econometrics[J]. Econometrica,

1978,46(6):1251 -1271.

[58]沈国兵,黄铄珺.外资进入与中国多产品企业出口技术含量[J].国际经贸探索,2020,36(2):4 -22.

[59]苏庆义.贸易结构决定因素的分解:理论与经验研究[J].世界经济,2013,36(6):36 -58.

[60]尹斯斯,潘文卿,高云舒,等.中国企业对外直接投资与贸易福利:理论与经验研究[J].世界经济,2020,43(7):26 -48.

[61]刘志成,刘斌.外资进入与出口溢出:基于企业异质性角度的分析[J].山西财经大学学报,2014,36(3):1 -10.

[62]陈福中,陈诚.贸易开放水平、区位差异与中国经济增长:基于1994—2011年中国省级数据的实证考察[J].国家贸易问题,2013(11):82 -93.

[63]刘海云,董志刚.全球价值链视角下 IFDI 是否促进了 OFDI——基于跨国面板数据的实证分析[J].国际商务(对外经济贸易大学学报),2018(1):72 -84.

[64]刘思峰,郭天榜,党耀国,等.灰色系统理论及其应用[M].2 版.北京:科学出版社,1999.

[65]张群,郭艳,吴志超.基于灰色关联分析的黑龙江省物流业影响因素研究[J].物流技术,2012(21):250 -252.

[66]DALUM B, LAURSEN K, VILLUMSEN G. Structural Change in OECD Export Specialisation Patterns: De - specialisation and "Stickiness"[J]. International Review of Applied Economics, 1998, 12(3): 423 - 443.

[67]BENDER S. Suggestion for Two New Trade Performance Indices: Trade Specialization Index and Beneficial Structural Change Index[C]. Working Paper, Economic Growth Center, Yale University, 2001.

[68]FINGER J M, KREININ M E. A Measure of "Export Similarity" and Its Possible Uses[J]. Economic Journal, 1979, 89(356): 905 -912.

[69]李国英,陆善勇.新时代中国加工贸易综合优势培育的路径思考[J].国际贸易,2019(4):46 -51.

[70]胡浩然,李坤望.企业出口国内附加值的政策效应:来自加工贸易的证

据[J].世界经济,2019,42(7):145-170.

[71]黄锦明.我国出口商品结构优化:进展、机理与对策——基于1980—2008年数据的分析[J].工业技术经济,2010(11):7-14.

[72]BRULHART M. Marginal Intra - Industry Trade: Measurement and Relevance for the Pattern of Industrial Adjustment[J]. Weltwirtschaftliches Archiv,1994,130(3):600-613.

[73]许统生,万兆泉,涂远芬,等.中美制造业产业内贸易对就业调整成本影响的估计[J].经济学动态,2012(1):35-40.

[74]蒋庚华.中国服务贸易结构问题研究[D].长春:东北师范大学,2011.

[75]吴贤彬,陈进,华迎.基于SRCA和Lafay指数的"金砖五国"服务贸易结构竞争力分析[J].宏观经济研究,2012(2):42-49.

[76]田文.产品内贸易的定义、计量及比较分析[J].财贸经济,2005(5):77-79.

[77]HUMMELS D,RAPOPORT D,YI KM. Vertical Specialization and the Changing Nature of World Trade[J]. Economic Policy Review,1998,4(2):79-99.

[78]HUMMELS D, ISHII J,YI KM. The Nature and Growth of Vertical Specialization in World Trade[J]. Journal of International Economics,2001,54(1):75-96.

[79]北京大学中国经济研究中心.垂直专门化、产业内贸易与中美贸易关系[R].北京大学中国经济研究中心讨论稿系列, NO. C2005005,2005.

[80]DEAN J M, FUNG K C, WANG Z. Measuring the Vertical Speeialization in Chinese Trade[R]. U. S. International Trade Commission,Offiee of Economics Working Paper No. 2007-01-A, 2007.

[81]KOOPMAN R, WANG Z, WEI S J. How Much of Chinese Exports is Really Made in China: Assessing Foreign and Domestic Value - Added in Gross Exports[R]. U. S. International Trade Commission, Offiee of Economics Working Paper No. 2008-03-B,2008.

[82]YEATS,ALEXANDER. Just How Big is Global Production Sharing? [C]//ARNDT S W, KIERZKOWSKI. Fragmentation:New Production Patterns in

the World Economy. Oxford:Oxford University Press,No. 1082143,2001.

[83]魏浩. 中国进出口地区结构及其对称性问题的实证研究[J]. 财贸经济,2007(5):11-17.

[84]ROMME W H. Fire and landscape Diversity in Subalpine Forests of Yellowstone National Park[J]. Ecological Monographs,1982,52(2):199-221.

[85]张明志,林娟,铁瑛. 出口专业化、出口多样化与中国经济增长:兼谈中国经济增长出口驱动力的转换[J]. 国际贸易问题,2013(6):16-26.

[86]饶友玲,张伯伟. 国际服务贸易[M]. 北京:首都经济贸易大学出版社,2005.

[87]伍华佳,张莹颖. 中国服务贸易对产业结构升级中介效应的实证检验[J]. 上海经济研究,2009(3):20-27.

[88]王欠欠,夏杰长. 全球价值链视角下中国旅游贸易测算分析[J]. 国际贸易,2019(2):46-54.

[89]贾俊平,何晓群,金勇进. 统计学[M]. 2版. 北京:中国人民大学出版社,2004.

[90]张红霞,范跃进. 对外贸易与进区差距:中国的经验研究[M]. 北京:经济科学出版社,2010.

[91]吴石磊. 中国文化产业发展对居民消费的影响研究[M]. 北京:经济科学出版社,2016.

[92]张群. 中国货物贸易结构演进研究[M]. 哈尔滨:哈尔滨工程大学出版社,2016.

[93]张群,张曙霄,吴石磊. 优化进口贸易结构促进扩大内需的对策研究[J]. 经济纵横,2014(1):68-72.

[94]李志翠,马雪梅,陈颖. 改革开放以来中国利用外资的实践、成效、经验及对策[J]. 国际贸易,2019(12):58-67.

[95]刘洪愧. 新时期中国对外直接投资高质量发展的实践基础、前景及建议[J]. 经济学家,2020(6):118-128.

[96]张群,郭艳,刘青. 外生优势向内生优势转化下的贸易结构调整研究[J]. 商业时代,2013(21):54-55.

[97]吴石磊. 现代农业创业投资的梭形投融资机制构建及支持政策研究

[M]. 北京:经济科学出版社,2018.

[98]赵蓓文. 实现中国对外贸易的战略升级:从贸易大国到贸易强国[J]. 世界经济研究,2013(4):3-9.

[99]李莉莉. 大国博弈下我国自然资源进口战略研究:以石油和铁矿石为例[D]. 天津:天津财经大学,2011.

[100]陈颂,卢晨. 国际产品内分工对中国工业行业环境技术效率的影响效应研究[J]. 国际贸易问题,2019(12):46-60.

[101]戴翔. 中国贸易收支对汇率波动的敏感性分析:基于不同贸易模式的比较研究[J]. 世界经济研究,2011(3):51-57.

[102]胡大立,金晨远,李致远. 服务业开放、低端锁定程度与制造业技术创新能力[J]. 企业经济,2019(12):131-138.

[103]张群. 外商直接投资对区域贸易结构的空间效应分析——基于东部和中部地级市的比较[J]. 社会科学家,2018(12):43-49.

[104]张群. 全球经济一体化,中国如何趋利避害[J]. 人民论坛,2017(18):84-85.

[105]杨洪爱,殷为华. 中国服务贸易结构优化影响因素与策略研究[J]. 商业经济研究,2019(22):153-156.

[106]张群,周丹,吴石磊. 我国数字贸易发展的态势、问题及对策研究[J]. 经济纵横,2020(2):106-112.

[107]陈健,赵洋,赵迪. 全球价值链分工嵌入、价值链解构与服务贸易发展研究[J]. 经济问题探索,2019(10):90-99.

[108]晁文琦,胡婧玮,王晓云. 中美旅游服务产业内贸易的影响因素研究——基于灰色关联分析[J]. 经济问题,2018(11):74-79.

[109]黄毅. 我国西部民族地区服务贸易竞争力研究[J]. 国际商务(对外经济贸易大学学报),2017(1):75-87.

[110]熊珍琴,汤金丽,洪秀丽. 中美两国旅游服务贸易国际竞争力比较研究[J]. 亚太经济,2019(5):85-93,151.

[111]秦继伟."一带一路"背景下河南省入境旅游发展对策研究[J]. 经济地理,2019,39(11):235-240.

本书是黑龙江省省属本科高校基本科研业务费青年创新人才项目（项目编号:135409253），黑龙江省教育厅普通本科高等学校青年创新人才培养计划项目（项目编号:UNPYSCT－2016092）的研究成果之一。